85式杨式太极拳

意气势练习及用法

安在峰　编著

人民体育出版社

图书在版编目（CIP）数据

85式杨式太极拳意气势练习及用法 / 安在峰编著
. -- 北京 : 人民体育出版社, 2013 (2025.12重印)
ISBN 978-7-5009-4435-5

Ⅰ. ①8… Ⅱ. ①安… Ⅲ. ①太极拳—基本知识
Ⅳ. ①G852.11

中国版本图书馆CIP数据核字(2013)第034329号

85式杨式太极拳意气势练习及用法

安在峰　编著
出版发行：人民体育出版社
印　　装：北京中献拓方科技发展有限公司

开　本：850×1168　32开本　　印　张：14.5　　字　数：339千字
版　次：2013年6月第1版　　印　次：2025年12月第6次印刷
书　号：ISBN 978-7-5009-4435-5
印　数：15,001—16,000册
定　价：55.00元

购买本社图书，如遇有缺损页可与发行与市场营销部联系
联系电话：（010）67151482
社　　址：北京市东城区体育馆路8号（100061）
网　　址：https://books.sports.cn/

前　言

太极拳是一种取阴阳动静虚实之理，导引、吐纳之法，顺应自然生理之机，使人身心得到锻炼的体育运动。杨式太极拳由杨露禅所创，本书所介绍的85式杨式太极拳是杨露禅之孙杨澄甫最后定型的套路。85式杨式太极拳的特点是举动轻灵，运行和缓，连贯均匀，圆活舒展，呼吸自然，用意不用力，协调完整，动中求静，刚柔相济。经常练习可在运动中得以通气活血，静中修身养性，内外兼顾，身心交修。也就是使意识、呼吸、动作三者密切结合，从而达到调整阴阳、疏通经络和顺畅气血的目的。

近几十年来，为了突出太极拳易学、易练的特点，往往只传播粗略的拳架形式，而很少强调用意运气及实战运用，使得真正的太极拳被淡忘，出现了大量的把太极拳练成“太极操”的现象。因此，当前太极拳运动存在着一个从普及到提高、从练形到强调用意运气，逐步做到内外合一、形神俱备的亟待解决的问题。作者针对这一问题，就太极拳经典套路之一的85式杨式太极拳，加以对用意运气及实战用法的阐述，定名为《85式杨式太极拳意气势练习及用法》。

本书既讲功理（介绍85式杨式太极拳的起源发展、套路综述、技术特点、姿势要求、练习要领、练法要求、注意事项、练习步骤），又讲基本技法（基本手型、基本步型、基本手法、基本步法、基本眼法、基本身法、呼吸方法、意念方法）。重点讲述套路练法和功夫练法及招式的实战用法，兼顾用意和运气。书中着重对套路、功法动作的呼吸配合意念中的导引法和技击法等进行了详尽的讲述，并配以作者亲自演练的标准动作示范照片，旨在启发学练者习练用意和运气，使学练者能真正掌握85式杨式太极拳内外结合的要领和方法。

本书不仅对套路进行分段，还对动作加注了分解式名，新编了动作歌诀，揭示了动作与呼吸、意念密切结合的奥秘，披露了动作在实战中的应用方法，这些内容都是其他同类书中很少涉及的。

“太极拳在内不在外”“练意不练力”，这是对太极拳练法的要求。“内”是指运气和用意，讲究的是精气神。怎样才能掌握练“内”呢？这就是本书所要阐明的主要问题。编写此书的目的，就是让学习85式杨式太极拳的习练者练会套路之后，学会配合呼吸和用意的方法及每个动作在实战时的用法，使拳理和动作结合起来，真正掌握杨式太极拳的内在实质，全面提高运动技术水平，使锻炼效果更好，能有效地起到预防疾病、增进健康、延年益寿和防身自卫的作用。

本书内容全面、系统，讲解深入浅出，图文并茂，通俗易懂，旨在成为广大太极拳爱好者的良师益友。

本书在编写过程中得到主治中医师、太极拳传人刘召侠和摄影师赵立玲女士的大力支持与帮助，在此一并表示衷心感谢！

由于作者水平所限，书中难免有不足之处，恳请广大读者批评指正。

编著者

2012年10月23日于汉高故里

目　录

第一章　概述 …………………………………………（1）
第一节　杨式太极拳起源发展 ……………………（1）
第二节　杨式太极拳套路综述 ……………………（3）
第三节　杨式太极拳技术特点 ……………………（6）
一、缓慢柔和 ………………………………………（6）
二、轻松连绵 ………………………………………（7）
三、上下相随 ………………………………………（7）
四、内外合一 ………………………………………（7）
第四节　姿势要求 …………………………………（8）
一、对头颈部位姿势的要求 ………………………（8）
二、对躯干部位姿势的要求 ………………………（8）
三、对上肢部位姿势的要求 ………………………（9）
四、对下肢部位姿势的要求 ………………………（9）
第五节　练习要领 …………………………………（10）
一、注意放松，不用拙力 …………………………（10）
二、虚实分明，重心稳定 …………………………（10）
三、呼吸随势，意气相合 …………………………（11）
第六节　练法要求 …………………………………（12）
一、掌握动作，明确运动方法 ……………………（13）
二、熟悉结构，做到连贯协调 ……………………（13）
三、提高节律，达到内外合一 ……………………（14）

四、勤学苦练，做到精益求精 …………………… （14）
第七节　注意事项 ……………………………… （15）
一、谨防速度忽快忽慢 ………………………… （15）
二、谨防架势忽高忽低 ………………………… （15）
三、谨防运动量过大或过小 …………………… （15）
四、谨防“三天打鱼，两天晒网” …………… （16）
五、注意练拳环境的选择 ……………………… （16）
六、注意合理安排饮食 ………………………… （18）
七、注意练拳时间的安排 ……………………… （19）
第八节　练习步骤 ……………………………… （19）
一、练势阶段 …………………………………… （20）
二、练气阶段 …………………………………… （21）
三、练意阶段 …………………………………… （23）

第二章　85 式杨式太极拳基本技法 ………………… （25）

第一节　手型、步型 …………………………… （25）
一、基本手型 …………………………………… （25）
二、基本步型 …………………………………… （27）
第二节　手法、步法、眼法、身法 …………… （31）
一、基本手法 …………………………………… （31）
二、基本步法 …………………………………… （33）
三、基本眼法 …………………………………… （37）
四、基本身法 …………………………………… （37）
第三节　呼吸方法 ……………………………… （37）
第四节　意念方法 ……………………………… （38）
一、导引法 ……………………………………… （38）
二、技击法 ……………………………………… （40）

第三章　85 式杨式太极拳意气势练法 ………………（41）
第一节　动作名称顺序 …………………………………（41）
第二节　套路练习图解 …………………………………（56）
一、预备式 ……………………………………………（56）
二、起势 ………………………………………………（58）
第一段 …………………………………………………（59）
三、揽雀尾 ……………………………………………（59）
四、单鞭 ………………………………………………（66）
五、提手上势 …………………………………………（69）
六、白鹤亮翅 …………………………………………（71）
七、左搂膝拗步 ………………………………………（73）
八、手挥琵琶 …………………………………………（76）
九、左右搂膝拗步 ……………………………………（77）
十、手挥琵琶 …………………………………………（83）
十一、左搂膝拗步 ……………………………………（85）
十二、进步搬拦捶 ……………………………………（87）
十三、如封似闭 ………………………………………（91）
十四、十字手 …………………………………………（93）
十五、抱虎归山 ………………………………………（95）
十六、肘底看捶 ………………………………………（101）
第二段 …………………………………………………（104）
十七、左右倒撵猴 ……………………………………（104）
十八、斜飞式 …………………………………………（109）
十九、提手上势 ………………………………………（112）
二十、白鹤亮翅 ………………………………………（113）
二十一、左搂膝拗步 …………………………………（116）

二十二、海底针 …………………………………………… (118)
二十三、闪通背 …………………………………………… (121)
二十四、撇身捶 …………………………………………… (123)
二十五、进步搬拦捶 ……………………………………… (125)
二十六、上步揽雀尾 ……………………………………… (129)
二十七、单鞭 ……………………………………………… (135)
第三段 ……………………………………………………… (137)
二十八、云手 ……………………………………………… (137)
二十九、单鞭 ……………………………………………… (146)
三十、高探马 ……………………………………………… (148)
三十一、左右分脚 ………………………………………… (150)
三十二、转身左蹬脚 ……………………………………… (156)
三十三、左右搂膝拗步 …………………………………… (157)
三十四、进步栽捶 ………………………………………… (161)
三十五、翻身撇身捶 ……………………………………… (163)
三十六、进步搬拦捶 ……………………………………… (165)
三十七、右蹬脚 …………………………………………… (169)
三十八、左打虎式 ………………………………………… (171)
三十九、右打虎式 ………………………………………… (173)
四十、回身右蹬脚 ………………………………………… (176)
四十一、双峰贯耳 ………………………………………… (177)
四十二、左蹬脚 …………………………………………… (180)
四十三、转身右蹬脚 ……………………………………… (182)
四十四、进步搬拦捶 ……………………………………… (184)
四十五、如封似闭 ………………………………………… (187)
四十六、十字手 …………………………………………… (189)
四十七、抱虎归山 ………………………………………… (191)

四十八、斜单鞭 …………………………………………… (197)
第四段 …………………………………………………… (199)
四十九、野马分鬃 ………………………………………… (199)
五十、揽雀尾 ……………………………………………… (204)
五十一、单鞭 ……………………………………………… (211)
五十二、玉女穿梭（四斜角）…………………………… (213)
五十三、揽雀尾 …………………………………………… (222)
五十四、单鞭 ……………………………………………… (229)
第五段 …………………………………………………… (232)
五十五、云手 ……………………………………………… (232)
五十六、单鞭 ……………………………………………… (237)
五十七、下势 ……………………………………………… (239)
五十八、金鸡独立 ………………………………………… (241)
第六段 …………………………………………………… (244)
五十九、左右倒撵猴 ……………………………………… (244)
六十、斜飞式 ……………………………………………… (248)
六十一、提手上势 ………………………………………… (250)
六十二、白鹤亮翅 ………………………………………… (252)
六十三、左搂膝拗步 ……………………………………… (254)
六十四、海底针 …………………………………………… (257)
六十五、闪通背 …………………………………………… (258)
六十六、转身白蛇吐信 …………………………………… (260)
六十七、搬拦捶 …………………………………………… (262)
六十八、揽雀尾 …………………………………………… (266)
六十九、单鞭 ……………………………………………… (272)
第七段 …………………………………………………… (274)
七十、云手 ………………………………………………… (274)

七十一、单鞭 ………………………………………… (278)
七十二、高探马带穿掌 ……………………………… (280)
第八段 ………………………………………………… (283)
七十三、十字腿 ……………………………………… (283)
七十四、进步指裆捶 ………………………………… (285)
七十五、上步揽雀尾 ………………………………… (287)
七十六、单鞭 ………………………………………… (293)
七十七、下势 ………………………………………… (296)
七十八、上步七星 …………………………………… (297)
七十九、退步跨虎 …………………………………… (299)
八十、转身摆莲 ……………………………………… (300)
八十一、弯弓射虎 …………………………………… (303)
八十二、进步搬拦捶 ………………………………… (305)
八十三、如封似闭 …………………………………… (309)
八十四、十字手 ……………………………………… (311)
八十五、收势 ………………………………………… (313)

第四章　动作实战用法拆解 ……………………… (316)

第一节 动作实战用法 ……………………………… (316)
一、揽雀尾之“掤”的实战用法 …………………… (316)
二、揽雀尾之“捋”的实战用法 …………………… (317)
三、揽雀尾之“挤”的实战用法 …………………… (319)
四、揽雀尾之“按”的实战用法 …………………… (320)
五、单鞭之“弓步推掌”的实战用法 ……………… (321)
六、提手上势之“虚步合提”的实战用法 ………… (323)
七、白鹤亮翅之“虚步分掌”的实战用法 ………… (324)
八、搂膝拗步之“弓步搂推”的实战用法 ………… (325)

九、进步搬拦捶之“上步搬捶”的实战用法
…………………………………………………… (327)
十、进步搬拦捶之“拦掌打捶”的实战用法
…………………………………………………… (328)
十一、如封似闭之“弓步按掌”的实战用法
…………………………………………………… (329)
十二、十字手之“翻掌前撑”的实战用法 ……… (330)
十三、抱虎归山之“弓步推掌”的实战用法
…………………………………………………… (331)
十四、肘底看捶之“虚步肘捶”的实战用法
…………………………………………………… (333)
十五、倒撵猴之“退步推掌”的实战用法 ……… (334)
十六、斜飞式之“弓步分掌”的实战用法 ……… (335)
十七、海底针之“虚步插掌”的实战用法 ……… (336)
十八、闪通背之“弓步架推”的实战用法 ……… (338)
十九、撇身捶之“弓步撇拳”的实战用法 ……… (339)
二十、云手之“转身云手”的实战用法 ………… (340)
二十一、高探马之“虚步推掌”的实战用法
…………………………………………………… (341)
二十二、分脚之“分掌分脚”的实战用法 ……… (343)
二十三、进步栽捶之“弓步栽捶”实战用法
…………………………………………………… (344)
二十四、蹬脚之“分掌蹬脚”的实战用法 ……… (345)
二十五、打虎式之“弓步架掼”的实战用法
…………………………………………………… (347)
二十六、双峰贯耳之“弓步掼拳”的实战用法
…………………………………………………… (348)

二十七、野马分鬃之“弓步分掌”的实战用法 …………………………………………………… (350)
二十八、下势之“仆步穿掌”的实战用法 ……… (351)
二十九、金鸡独立之“提膝挑掌”的实战用法 …………………………………………………… (353)
三十、白蛇吐信之“弓步推掌”的实战用法 …………………………………………………… (354)
三十一、指裆捶之“弓步指裆”的实战用法 …………………………………………………… (355)
三十二、上步七星之“虚步交拳”的实战用法 …………………………………………………… (357)
三十三、退步跨虎之“虚步分掌”的实战用法 …………………………………………………… (358)
三十四、转身摆莲之“摆腿拍脚”的实战用法 …………………………………………………… (359)
三十五、弯弓射虎之“弓步架冲”的实战用法 …………………………………………………… (360)
第二节　用拳指要 ………………………………… (362)
一、以柔克刚 ………………………………… (362)
二、以静制动 ………………………………… (363)
三、后发先至 ………………………………… (364)
四、以明对暗 ………………………………… (365)
五、贵化不抗 ………………………………… (365)
六、以顺应逆 ………………………………… (366)
七、舍己从人 ………………………………… (366)
八、吃啥喂啥 ………………………………… (367)
九、以整击散 ………………………………… (368)

十、招法圆活 …………………………………… (368)
第三节　用拳秘旨 ………………………………… (370)
一、随劲而应 …………………………………… (370)
二、掤劲不丢 …………………………………… (370)
三、容吞引化 …………………………………… (370)
四、造势借力 …………………………………… (371)
五、下塌外碾 …………………………………… (371)
六、能合就赢 …………………………………… (371)
七、势走螺旋 …………………………………… (371)
八、招招递进 …………………………………… (371)
九、化打合一 …………………………………… (372)
十、意气力合 …………………………………… (372)
第四节　用拳经验 ………………………………… (372)

第五章　85 式杨式太极拳功夫练法 ……………………… (379)

第一节　桩功练习 ………………………………… (379)
一、无极桩 ……………………………………… (379)
二、太极桩 ……………………………………… (381)
三、三体桩 ……………………………………… (382)
四、四象桩 ……………………………………… (383)
第二节　基本动作 ………………………………… (384)
一、搂膝拗步 …………………………………… (385)
二、野马分鬃 …………………………………… (390)
三、玉女穿梭 …………………………………… (396)
四、云手 ………………………………………… (402)
五、揽雀尾 ……………………………………… (407)

第六章 相关基础知识 …………………………… (421)
第一节 人体经络 …………………………… (421)
一、十二经脉 …………………………… (423)
二、督任两脉 …………………………… (438)
第二节 锻炼经脉的作用 …………………………… (440)
一、联系全身 …………………………… (440)
二、运行气血 …………………………… (440)
三、协调阴阳 …………………………… (441)
四、抗御病邪 …………………………… (442)
第三节 人体穴位 …………………………… (442)
一、劳宫穴 …………………………… (443)
二、百会穴 …………………………… (443)
三、膻中穴 …………………………… (444)
四、丹田穴 …………………………… (444)
五、会阴穴 …………………………… (445)
六、涌泉穴 …………………………… (445)
第四节 锻炼穴位的作用 …………………………… (446)

第一章 概述

第一节 杨式太极拳起源发展

杨式太极拳由河北省永年县杨露禅所创。杨露禅，名福魁（1799—1872）。自幼家贫，终生致力武术，拳术造诣颇深，素有“杨无敌”之美誉。他十岁到河南温县陈家沟谋生，有机缘拜在陈长兴（1771—1853）门下学习陈式老架太极拳。他为学习陈式太极拳，徒步跋山涉水五千余里，往返三次，终将拳艺学成，至今群众中仍有“杨露禅三下陈家沟”的美谈。及至清道光三十年（1850），他返回故里传艺，以其术能避制强硬之力，故人们称为“沾绵拳”或“软拳”“化拳”。后经他苦心磨炼，不断改造，终于创出了“杨式大捋太极”。其后到北京教拳，任旗营武术教师。所传拳术以“风格匀缓、柔和、舒展大方”，“松”“沉”为旨。历经祖孙三代人的努力，在陈长兴所传太极拳基础上，经过删减、增补，演化为现在流传的杨式太极拳。

杨露禅之三子杨鉴，字健侯（1839—1917），自幼从父杨露禅习太极拳，终日苦练，终成大器。他的剑术刚柔并济，精通刀、枪等器械。由于性格温和内向，从学者甚多。为适应部分练习者的需求，他将杨露禅所传的老架改为中架，在太极拳发展和传播中起到重要作用。

杨健侯之子杨兆清，字澄甫（1883—1936）。幼承家学，勤奋钻研，寒暑苦练，功夫日深。随着火器的出现，太极拳在医疗保健方面的功能比在技击方面的作用更为人们所重视。杨澄甫（1883—1936）将太极拳在其父健侯修订的中架的基础上，再行修订，遂定型为杨式太极拳大架，即流传至今的杨式太极拳。其拳架特点是：架势舒展简洁，动作松柔，立身中正，行功轻灵洒脱。架势有高、中、低之分，适合各种人练习，套路易学易练，便于推广传播，受到社会普遍欢迎。1928年，杨澄甫巡回授拳于北京、南京、上海、杭州、广州、汉口等地，从此，其架流传于全国各地。杨澄甫也因此被誉为杨式太极拳承前启后的大家。为了使太极拳术发扬光大，杨澄甫写了《太极拳术》及《太极拳体用全书》，阐述太极拳精华，为后学者留下了宝贵的武学经典。

杨澄甫的长子杨振铭（1910—1985），得父真传，是杨氏第四代的代表人物。他的架式酷似杨澄甫，推手犹见功夫。1949年定居香港，设馆授拳，并将杨澄甫生前著作再版，将太极拳推广到港、澳、台地区及东南亚各国，使之流传世界各地。杨澄甫的次子杨振基、三子杨振铎等杨氏后裔及杨澄甫的徒弟和学生们，很好地继承了杨式太极拳，并大力推广杨澄甫生前定型的杨式大架太极拳，有的坚持十多年义务办班教拳，为杨式太极拳的普及和传播作出了很大贡献。

从20世纪50年代开始，国家体委等部门为推广太极拳，使之成为群众性的健身运动，组织创编了以杨式大架太极拳为基础的24式太极拳，1957年又出版了《太极拳运动》一书。中国武术研究院、中国武术协会也相继编制了太极拳、太极剑等的竞赛套路、竞赛规则，为推广太极拳运动做了许多工作，使太极拳在全国乃至世界得到了极大的推广。由于杨式大架太极拳动作舒展优美，易学、易练，健身功效突出，深受广大群众喜爱，已经成为学练人数最多的一种拳术。

近五十年，杨式太极拳发展最快。但是，在快速的普及推广中，暴露出了杨式太极拳易学、易练，但仅传播着粗略的拳架形式，而很少强调要领及用意运气，使得真正的杨式太极拳被淡忘，出现了大量的把太极拳练成“太极操”的问题。为此，现阶段太极拳运动面临着从普及到提高的问题，太极拳爱好者练拳不能总停留在形似上，而更要强调用意运气，逐步做到内外合一、形神兼备。为此，作者编写了这本《85 式杨式太极拳意气势练习及用法》一书，以引导读者今后在练习太极拳时，要在注重练好外型的情况下，多注重用意和运气，只有这样，才能充分发挥太极拳的功效。

第二节　杨式太极拳套路综述

太极拳是在综合吸收明代各家拳法的基础上，结合道家导引、吐纳之术，运用道家的阴阳学说和中医经络学说而形成的一种心静体松、畅通经络、壮内强外、技击实用的拳术。它是中华民族辩证的理论思维与武术、技击、艺术、导引术的完美结合，是高层次的人体文化。杨式太极拳是太极拳的一种，它拳架舒展优美，身法中正，动作和顺，平正朴实，由松入柔，刚柔相济，一气呵成，犹如湖中泛舟轻灵沉着兼而有之。练法简洁，由松入柔，刚柔相济，形成独特的风格，深受群众的喜爱，流传最为广泛。

杨式太极拳以“掤、捋、挤、按、采、挒、肘、靠、进、退、顾、盼、定”等为基本方法。动作徐缓舒畅，要求练拳时正腰、收颚、直背、垂肩，有飘然腾云之意境。清代拳师称“拳势如大海，滔滔而不绝”。在杨式太极拳的八种劲法中，掤劲是八劲之本，练太极拳中掤劲不能丢，始终如水托舟，又如戥称量；它是辨别一切外来之力大小、方向，完成引化发打的根本保证。这就要求练习杨式太极拳时必须做到势正招圆，外三合，松柔圆活，连绵不断。显则像长江大河滔滔不断，藏则像冰下流水视而不见。还要松而不懈，上下相随，开合分明，虚实分清，呼吸自然。

杨式太极拳动作柔和、缓慢、轻灵圆活并处处带弧形，绵绵不断，前后贯穿。练习时意识、动作、呼吸协调配合，因此练习杨式太极拳即能活动四肢百骸，使肌肉、关节、筋骨都得到锻炼，又能增强中枢神经系统的机能，使大脑皮质的兴奋与抑制保持良好的平衡状态，提高人们的“情绪”，使各种生理机能活跃起来。在调整中枢神经系统活动的同时，练习杨式太极拳又可加强血液和淋巴循环，加强心血管与呼吸功能，即起到了“行气”“活血”“祛瘀”的作用，又改善人的消化功能和促进新陈代谢过程。具有很好的健身、防病、保健的作用。

经常练习杨式太极拳具有锻炼神经系统、提高感觉器官功能的作用。人类的大脑皮质神经细胞，具有兴奋、抑制、调节、转化的功能，即中枢神经指挥人体的各项活动。练太极拳其“意守丹田”，即是要求精神贯注，不存杂念，“心静用意”思绪专注在动作上。因此使自我意念控制力增强，肌肉收缩、舒张，均衡灵活，反应迅速，使神经系统的功能不断改善，进而促进新陈代谢，精神爽朗。如练拳启动时，眼转手转，停势时眼向前平视，延展及远，这种对神经的长期规律锻炼，则对眼睛有保护、健全，恢复视力的作用。

经常练习杨式太极拳具有增强呼吸机能、提高肺活量的作用。练杨式太极拳采用腹式呼吸，即“气沉丹田”，使气向下沉，与动作自然配合，加强肺的通气与换气功能。所以长期练习太极拳者，可改善心肺功能，预防呼吸循环系统疾病。

经常练习杨式太极拳具有促进消化功能、加强新陈代谢的作用。练习杨式太极拳时，有的配合柔美的音乐，心情舒畅，由于动作缓慢，紧张情绪逐渐消失，通过膈肌、腹肌的收缩和舒张，对肝、胃、肠、肾都能产生适当运动，促进肝内血液循环，加强了胃肠消化和吸收的能力，增强肾上腺素的分泌功能，促进新陈代谢，进而增加食欲，减少便秘，对消化和内分泌系统有良好的促进作用。

经常练习杨式太极拳具有强化肌肉骨骼、增强关节稳固的作用。太级拳螺旋式的弧形动作，使全身各部分肌肉都能活动，其反复地缠丝绞转，使肌肉拉长，一张一弛，具有弹性，由于肌肉的缩张，牵引骨骼，使骨的血液供给增加，骨的形态性能，均产生变化。加强抗折、抗弯、抗压缩扭转的功能。由于肌肉骨骼不断的弧形动作，使关节周围肌肉，关节韧带受到牵连锻炼，进而增进其稳固性、柔韧性和灵活性。常练拳者，较少发生关节脱位、发炎、扭伤情况。特别对老年人的腰膝酸软无力、关节僵硬疼痛，行动困难等衰老现象，有很好的预防推迟和改善作用。

经常练习杨式太极拳具有畅通经络、壮盛精神的作用。中医对人体健康，讲究“精、气、神”，当太极拳练到一段时间后，即会产生腹鸣、指尖酸麻发涨针刺等感觉，此即行气现象，乃是经络的反应。太极拳的“导引法”“技击法”等意念的锻炼方法，都是锻炼经脉的重要方法。以意引气，使气势旺盛，尤其能使“肾壮则精足气充，神清目明”。

经常练习杨式太极拳能提高技击能力。杨式太极拳与其他武术一样不失 “武”之灵魂。通过长期的练习，可熟悉技法，熟练招势，增强技击意识，能提高防身护身能力和实战应用水平。

第三节　杨式太极拳技术特点

杨式太极拳风格独具，特点突出，其主要表现在以下几个方面。

一、缓慢柔和

杨式太极拳的步法无论是进退还是侧行，都要求脚必须做到点起点落，似“如履薄冰”，轻提轻放，重心转换逐步过渡，慢慢转移，由虚逐实或由实逐虚，进行着阴阳互相转化和消长，这一过程决定了杨式太极拳动作的缓慢与柔和。再者，杨式太极拳手动时要求“运动如抽丝”，这也决定了杨式太极拳动作的缓慢柔和的风格特点。因此练习杨式太极拳套路，自始至终都要缓慢柔和地进行。缓慢柔和利于意识的培养，利于以意导气，以气运身；缓慢柔和利于身体的放松，松则利于内气的畅通；缓慢柔和便于调整呼吸，使呼吸逐渐做到悠、长、细、缓、匀，以提高呼吸系统的机能和调养内气；缓慢柔和使运动量得到有效的控制，使能量消耗得到节制，符合生理保健要求而避免了运动的流弊；缓慢柔和，使太极拳适合各种年龄、不同性别和各种体质的人练习，尤其对体弱和有慢性病的人更是一种良好的辅助治疗手段。

二、轻松连绵

杨式太极拳整套动作，从起势到收势，不论动作的虚实变化和姿势的过渡转换，都紧密衔接、连贯一气，看不出有明显停顿的地方。一般前个动作的结束，就是后个动作的开始。即使套路中有一些定势，如白鹤亮翅，在调正身体之后也不应停顿，而应借回还劲，利用惯性顺势自然松柔地衔接下一动作。这样前后贯穿，连绵不断，好似行云流水，充分体现出了太极拳轻灵连绵的运动特点。

三、上下相随

杨式太极拳在运动过程中，不论是整个套路，还是单个动作姿势，都要求上下相随，内（意念、呼吸）、外（躯干、四肢动作）一体，身体各部分之间密切配合，周身协调一致，正像《拳论》所说："一动无有不动。"在完成任何动作时，整个身体，每一个部位，都要协调地动起来。决不是做成手动脚不动，脚动手不动。而是要使每一个动作"由脚而腿而腰，总须完整一气"，使上、下肢和躯干的运动协调配合。练起拳来，步随身换，手领神随，姿势既协调又优美。

四、内外合一

内外相合是指动作、呼吸、意念三者结合的方法。只有这样，在练习太极拳时才能达到全身上下内外统一、和谐、完整。42 式太极拳所练在神，神为主帅，身为驱使。精神能提得起，自然举动轻灵。所以练杨式太极拳要求“先以心使身”。初练时，先想后做，边想边做，而后才能达到意动势随，而动作一变，精、气、神必须贯注到所要求的部位中去，即所谓“意动身随，势到劲发，以意击人”，内外合一，随心所欲的境界。

第四节　姿势要求

一、对头颈部位姿势的要求

杨式太极拳对头部姿势的要求是悬顶、正容、竖顶、收颌。在初学时，要注意头部须自上顶，不可歪斜摇晃。面部表情要自然放松，要注意面容正常。颈部要自然地竖起来，颌部要向里收，不可紧张用力。

二、对躯干部位姿势的要求

杨式太极拳对躯干姿势的要求是含胸拔背、松腰收臀、尾闾中正。含胸不能理解为弓背，否则将会使动作拘束，并影响人体正常生理活动。拔背主要指将背部的肌肉舒展开，但也要注意顺其自然，不可故意造作。松腰就是任腰部自然松下。收臀是指臀部微微收敛，这样才能使腰转动灵活，身体动作变化时，才能更好地调整和稳定重心。尾闾中正是要求身体中正安舒，臀部避免凸出或左右扭动，尽量保持身体自然状态。

三、对上肢部位姿势的要求

杨式太极拳对臂部的要求是沉肩垂肘，转腕旋膀、展指舒掌。沉肩是指肩关节必须松沉，并要舒展开肩部肌肉和韧带。垂肘悬指肘关节要下垂，除非是肘部与肩头相平或高于肩头的动作，一般都应使肘尖下垂或朝下方。转腕旋膀是要求手臂的一伸一屈不可直来直往，也不可平出平入，要体现“处处带弧形”的太极拳基本要求，要尽量把腕部和前臂的旋转动作表现出来。展指舒掌是指杨式太极拳的掌型必须是五指自然分开，特别是当出掌结束时，手指应微张，掌心应有微突的意念。但要防止挺掌分指和僵直的现象。

四、对下肢部位姿势的要求

杨式太极拳对腿部姿势的要求是屈膝松胯，步如猫行。太极拳套路动作都是两腿弯曲，并轮换支持着身体进行活动，以维持身体重心的稳定和虚实的变化。同时要注意胯部的放松，确保下肢活动的灵活自如。步如猫行是指太极拳的各种步法要轻灵，要像猫捉老鼠那样轻灵。一般在迈步时，先脚跟着地，然后至全脚掌。只有这样，才能达到行动灵活，旋转自如，身体稳定的目的。

第五节　练习要领

一、注意放松，不用拙力

这里的放松，不是全身的松懈疲怠，而是在身体自然活动或稳立的情况下，使某些可能放松的肌肉和关节做到最大限度地放松，动作时避免使用拙力和僵劲。在练习中，要求人体的脊柱按自然的形态直立起来，使头、躯干、四肢等部分舒松自然地进行活动。

太极拳姿势要求上体正直安舒，不要前俯后仰或左偏右斜。两臂该圆的就必须做到圆满；腿该屈的就必须屈到所要求的程度。它所用的力是维持姿势的正确和稳定的自然的力，除按照要求所用的力量之外，其他部位肌肉要尽量放松。通过这样长期练习，然后可达到式式连贯，处处圆活，不僵不拘，周身协调的要求。

二、虚实分明，重心稳定

初步了解了杨式太极拳的姿势动作要领后，就要进一步注意动作的虚实和身体重心问题。因为一个姿势与另一个姿势连接、位置和方向的改变，处处都贯穿着步法的变换和转移重心的活动。在练拳过程中要注意身法和手法的运用，由虚到实或由实到虚，既要分明，又要连贯不停，做到势断意不断，一气呵成。若虚实变化不清，进退变化就会不灵，容易发生动作迟滞、重心不稳和左右歪斜的毛病。

太极拳要求“迈步如猫行，运动如抽丝”，这就应当注意脚步轻灵和动作均匀，就必须虚实变换得当，使肢体各部分在运动中没有不稳定的现象。假若不能维持身体的平衡稳定，那就根本谈不到动作的轻灵、均匀。

练太极拳时，无论做什么动作，首先要把自己安排得舒适，这是太极拳“中正安舒”的基本要求。凡是旋转的动作，应先把身体稳住，再提腿换步；进退的动作，先落脚而后再慢慢地改变重心。同时，躯体做到了沉肩、松腰、松胯以及手法上的虚实，也会帮助重心的稳定。这样练习日久，动作无论快慢都不会产生左右摇摆、上重下轻和稳定不住的毛病。

三、呼吸随势，意气相合

练习杨式太极拳多采用腹式呼吸中的顺式呼吸或逆式呼吸方式，要求深、长、细、匀、缓。初练时呼吸要顺其自然，不要故意做作。当熟练后，呼吸与动作应协调配合，但也是在自然呼吸的基础上，顺其动作的开合、虚实来进行。

呼吸的一般规律是：蓄、收、起、屈为吸，发、放、落、伸为呼。如在做“右揽雀尾”过程中，“抱球收脚”（屈）时吸气，“弓步掤臂”（伸）时呼气。做“右分脚”过程中，“提膝叠抱”（收）时吸气，“摆踢撑掌”（发）时呼气。做“收势”过程中，“翻掌前撑”（起）时吸气，“分手下落”（落）时呼气。

杨式太极拳中的意念，又称意识，是练拳时的一种念头、想象或思维活动，也叫心法。该拳的心法有导气法和技击法三种。在练拳时可任选其一种，采用导气法意念，可使人体内气充盈，培育元气，疏通经络，调和气血，平衡阴阳，维持内环境稳定，改善微循环功能，促进营养，增强消化功能，提高免疫功能，起到祛病健身的作用。采用技击法意念可使人能知练所用，熟悉技击招法，强化技击意识，提高攻防能力和实战水平，利于防身护身。

意气相合就是呼吸、意念密切结合。导气法的气行路线是：①吸气时意想丹田内气向下经会阴穴向后沿督脉过大椎穴行至百会穴（简称为：丹田内气行至百会穴），呼气时意想内气由百会穴向前下过膻中穴沿任脉沉入丹田（简称为：内气由百会穴行至丹田穴）。②吸气时意想内气由两手外劳宫穴沿两臂外侧（手三阳经）行经百会穴向前下过膻中穴沿任脉沉入丹田（简称为：内气由两手行至丹田穴），呼气时意想丹田内气向下经会阴穴向后上沿督脉过百会穴向前下至膻中穴，再由膻中穴分两股过两腋下沿两臂内侧（手三阴经）行至两手内劳宫穴（简称为：丹田内气行至两手）。③吸气时意想内气由两脚沿两腿前内侧（足三阴经）上行至丹田穴（简称为：内气由两脚行至丹田穴），呼气时意想丹田穴内气沿两腿外侧（足三阳经）下行至两脚涌泉穴（简称为：丹田内气至两脚）。采用技击法意念时，一般是吸防呼攻或者是吸化呼打。

这样呼吸随势、意气相合就构成了动作、呼吸、意念三者的结合。只有这样，才能在练习杨式太极拳时，达到全身上下内外统一，和谐、完整。才能内外一气，功夫自然成。

第六节　练法要求

练习杨式太极拳首先要掌握动作，明确运动方法；第二要熟悉结构，做到连贯协调；第三要提高节律，达到内外合一；第四是勤学苦练，做到精益求精。为使练习者能掌握这些练习要求，现将其分述如下。

一、掌握动作，明确运动方法

初习杨式太极拳应该在姿势、动作上打好基础，把手型、手法、步型、步法、身型、身法和眼法等基本要求弄清楚，掌握其运动方法及动作的规格，了解套路路线、动作运动的方向及每个完整动作的方法、相对静止的拳架结构及发力特点等。杨式太极拳每个动作都是以螺旋式和抽丝式运动为核心的、由内及外的圆弧运动，动作路线多往复曲折，因此初习者应在掌握动作、明确运动方法上多下功夫。这样才能在已经弄清楚动作方法的基础上，做到姿势正确，手型、步型、身型工整，手法、步法、身法、眼法准确，才能使动作分解活动过程中的手、眼、身、法、步变换无误，才能算是真正的入了门。

二、熟悉结构，做到连贯协调

当掌握了杨式太极拳动作，明确了其运动方法后，就应当熟悉套路结构，做到连贯协调。这时应着重掌握动作的变化规律及特点，熟悉动作之间的衔接过程，做好每个过渡动作，做到式式连贯，动作协调圆活。要使动作连贯完整，使分解的动作连贯起来，除掌握好过渡动作外，还要掌握动作的完整性。练习时要正确、连贯、完整地按正常速度进行，并且要注意意念的引导和呼吸的配合。此外，还要注意使劲力运用顺达合理。久练则可使动作协调、前后衔接、节节贯穿，一气呵成。

三、提高节律，达到内外合一

当整个套路打得式式连贯，动作协调圆活之后，要进一步巩固和提高套路动作练习的技巧。不断地提高刚柔、虚实、快慢、蓄发等抑扬顿挫的节律感，着重“劲儿”的运用，做到意念、呼吸、动作高度协调配合、达到意气势内外合一。要达到内外合一的境界，练习时除熟悉动作的劲力、节奏、精神、眼法等技巧外，还要了解杨式太极拳每个动作各个环节的技术要求，以及在意念支配下呼吸与动作的协调配合，明确动作的攻防含意。这样久练才能逐步达到内外合一、神形兼备的要求。

四、勤学苦练，做到精益求精

勤学苦练就是要求坚持长期有恒，不间断地练习，做到“一苦、二严、三勤、四恒”。只要明确锻炼目的，能吃大苦，耐大劳，不避酷暑，不畏严寒，坚持经常练习，定能做到又专又精。

精益求精就是要求脚踏实地，一丝不苟，从理论到技法，从功法到套路仔细推敲，苦练不懈，先求姿势，再求精神，后求功夫。“冬练三九，夏练三伏”，专中求精，精益求精，练就虚中有实，实中有虚，刚柔相济，内外合一的上乘功夫，达到随心所欲的最高境界。

第七节　注意事项

一、谨防速度忽快忽慢

初学杨式太极拳时宜慢不宜快，从慢上练功夫，打基础，先把动作学会，把要领掌握好，熟练以后，动作快慢从头到尾要保持均匀，不能忽快忽慢。这是因为匀速容易做到精神镇定，呼吸配合协调，用意不用力和内外放松，并可以逐步体会和纠正全身内外不放松之处。匀速还可保持呼吸自然深长，较易做到气沉丹田或气循经运行，这是保持体力的一个好办法。一般而言，打一套 85 式杨式太极拳，正常速度是 15 ~ 25 分钟。

二、谨防架势忽高忽低

初学杨式太极拳时，架势可以高一点，在起势时就要确定高低标准，以后整套动作要大体上保持同样高度，由于屈膝程度一致，则能确定运动量的大小，也易于保持上体正直，不在高低起伏中造成前伏后仰，避免凸臀、挺胸的毛病，还易于保持重心。体弱者也应采用高一点的架势练习，随着动作的熟练和体质的增强，再练中架和低架。

三、谨防运动量过大或过小

每次练习杨式太极拳的时间长短、趟数多少、架子高低、速度快慢直接影响运动量的大小。运动量的大小应因人而异，健康无病的人运动量可以略大一些，可以连续打一趟或二趟。老年人和体弱者，要根据自己的身体情况适当调节运动量，可以单练一组或几组，也可专练一两个架子，或架式稍高一些。伤病者，运动量不宜太大，要注意循序渐进，逐步加大运动量，必要时要征求医生的意见。总之在初学太极拳时，运动量的大小要因人因病制宜，不应太大或过小。这是因为运动量大了疲累过度，影响病情；假若运动量过小，则达不到锻炼的目的。运动量要适中，以收势后感到余力未尽，精神焕发为宜。

四、谨防“三天打鱼，两天晒网”

练习杨式太极拳与从事其他体育锻炼一样，贵在坚持，要每天都能安排一定的练习时间，切不可“三天打鱼，两天晒网”或认为自己已经练会了，或病情有所好转，就不要再继续坚持练习了。这样不仅不能逐步提高太极拳技术水平，不能精益求精，而且更重要的是不能更好地收到坚持练杨式太极拳增强体质和治病的效果。一般选择每天晨、晚在空气新鲜，环境安静的地方练习。要把练习太极拳当成生活。

五、注意练拳环境的选择

练杨式太极拳最好在光线充足、空气新鲜、地面平坦、环境幽静、气温适宜的室外或室内进行。这是因为：

适时适度（夏季上午9～11时、下午4～6时；冬季上午10时；下午14时。每天2小时左右）的阳光（避免在强烈的直射光下），可对人体产生适度的刺激，能收到调节和改善人体机能、提高适应能力的效果。阳光射出的红外线、紫外线和可见光线对人体有不同的作用。紫外线有加强血液和淋巴循环、促进代射过程、活跃网状内皮系统功能以及加强机体免疫力等作用，还可使皮肤中的麦角固醇变成维生素 D，调节钙、磷代射，促使骨骼正常发育，防止佝偻病的发生，另外紫外线还有强大的杀菌作用，是一种良好的天然消毒剂。远红外线能通过皮肤表皮到深部组织，使照射部位特别是肌肉和腺体组织的温度升高，在远红外线的照射下，机体深部组织血管扩张，可促进血液循环，使全身温度有所增加，新陈代谢旺盛。可见光线通过视觉和皮肤对人体有振奋情绪的作用，使之心情舒畅。

新鲜的空气中含有大量的空气负氧离子，这不仅有利于吸入大量的氧气，而且不可以使氧气在肺内充分交换，迅速进入血液，与血液中的红蛋白相结合，为练习太极拳过程中“能量物质”的转化和激发提供丰富的物质基础。污染的空气，影响呼吸的气体交换，一旦污染的空气进入肺泡，会损伤肺泡和呼吸机能，进入血液后则影响血红蛋白的携氧能力；还会引起剧烈的咳嗽、窒息、胸闷、气短、头晕等。

地面平坦，有利于运动，上步、进步、退步等活动不受阻。若是地面高低不平，或硬若板石或有砖石及锋利物等，在运动过程中极易损伤脚跟、踝关节或脚趾等。

幽静的环境，没有外界事物的刺激和不良影响，容易做到精神集中，情绪镇定，能够专心致志地练拳。如果没有幽静的处所，就要“闹中取静”进行练习，时间长了也可逐渐适应。另外集体练习，也可配乐，能创造一个好的环境氛围，可使动作整齐，节奏分明，有助于练拳。

在大热、大寒、大风、雷雨等情况下，忌练太极拳，特别是那些患有慢性病的练拳者，更是应该禁忌。大热、大寒、大风、雷雨的条件下，能使症状恶化，或能诱发出其他的疾病。强烈日光暴晒或高温易致皮肤损伤、热痉挛、中暑等；寒冷易致荨麻疹及冻伤等；寒风易致感冒、咳嗽、关节炎等病；雷雨易于造成惊吓，诱发风湿等症。因此，练习太极拳要在气温适宜的环境下进行。

六、注意合理安排饮食

一般早晨练习太极拳可不吃东西，但是空腹练拳有人会有饥饿感，运动量大时还会有头昏、心慌、手脚发软等，这是由于血糖偏低而引起的。这时应即刻停止练拳，最好喝一杯糖水。因此，血糖偏低的人在早饭前练拳时间不宜过长，以半小时为宜。

练拳后人体还处于兴奋状态，练拳后立即进食，往往食欲不佳，最好练拳后能休息 20 分钟再进食为佳。

饭后不可马上练拳，因刚吃饱饭，胃肠内盛满食物，如果练拳会引起左右来回晃荡，使人感到不适。人体循环血液量为 2～3 公升，这些血液不是平均分配的，而是哪个脏器需要量多就多流。如在饭后，为了消化食物，胃肠胰脏等血管大量扩张，血流增多，功能活跃，分泌量增加。在运动时，肌肉韧带关节等运动器官功能活跃，四肢血管扩张，大量开放，血流大量增加，而肠胃胰脏等器官收缩，血液减少，消化能力就下降。因此饭后立即练拳是不适宜的，最好饭后休息半小时以后再练拳为好。

七、注意练拳时间的安排

练习太极拳每日安排在早晨的太阳刚出后或傍晚较为合适。这是因为早晨太阳刚出后空气新鲜，环境安静，而且可使人从睡眠的抑制状态进入到积极活动的状态，使身体各种器官的功能都活跃起来，给一天的工作做好精神、身体的准备。

傍晚时体力发挥、适应能力最佳，全身协调能力最强，此时锻炼最能保护机体，还能消除一天工作、劳动、学习带来的紧张疲劳。因此，傍晚也是较为理想的锻炼时间。

如果在上述时间不可能进行锻炼，可根据个人具体情况拟订计划。练拳时间要因人、因时、因地制宜。只要抽出时间练习，就可收到增强体质的效果。

第八节　练习步骤

练习杨式太极拳与练习其他太极拳一样，要经过一个由生到熟、由熟到巧的逐步提高过程。

大致说来，学练杨式太极拳可以分为三个阶段，有人称为三步功夫：

第一阶段为练势阶段，此阶段主要是在姿势上、动作上打好基础，初学者应把套路中的手型、手法、步型、步法、身型、身法及腿法、眼法等基本技术、要领弄清楚，做到动作端正舒展、缠绕连贯、协调圆活。

第二阶段为练气阶段，此阶段应在呼吸方法及呼吸与拳势配合规律和运动特点上下功夫，做到由自然呼吸过渡到拳势呼吸，最后达到拳势呼吸自然。

第三阶段为练意阶段，此阶段要掌握好意念方法。做到意念集中，意念引导，意气势合一。

现把练习杨式太极拳的各阶段的要点简述如下：

一、练势阶段

在打基础练势的第一阶段，应注意以下几点。

（一）端正舒松

练习杨式太极拳首先要保持身体中正安舒，姿势正确，在悬头竖项、沉肩垂肘、松腰敛臀等要领中，特别要注意腰脊中正，两肩两胯放松放平，以保持上体自然正直。身体其他部位的姿势也要认真按动作要求做好。要使上体端正舒展，还必须保持下肢稳定，掌握好步型、步法及身体重心转换的要领和时机；其次要注意姿势动作的舒松自然，按照具体要求把动作做舒展柔和；再次要注意姿势动作要慢、要柔，运动路线准确，姿态正确。

（二）缠绕连贯

在姿势动作有了一定的基础之后，要努力做到速度均匀、节节贯穿。各个姿势动作前后衔接，一气呵成，好像行云流水一样，绵绵不断，前个动作的完成就是下个动作的开始，看不清衔接之处，圆转自如，滔滔不绝，如环无端，浑然而成。

（三）协调圆活

练习杨式太极拳是全身活动，要求上下相随，完整一气，“一动内外俱动”，全身各部的运动保持协调一致。动作时处处带有弧形，使动作圆活，避免直来直往和转死弯、拐直角。在动作要领上，要特别注意运用腰脊带动四肢进行活动，只有做到以腰为轴，才能使手法、步法变转圆活，动作轻灵顺遂。这时柔中寓刚，刚柔相济，内劲沉重而又灵活。

二、练气阶段

练势纯熟之后，开始进入练气阶段。在练气阶段应注意以下几点。

（一）自然呼吸

初练气时，首先要注意保持自然呼吸，这就是说，练习者应按照自己的习惯和当时的需要进行呼吸，该吸就吸，该呼就呼，动作和呼吸不互相约束。呼吸时必须以鼻呼鼻吸，唇齿轻合，舌抵上腭，徐徐而行，逐步达到太极拳对呼吸的五字要求，即呼吸要“深、长、细、匀、缓”。

1. 深长

整个练拳过程，均以深呼吸为主，并要求腹式呼吸。吸气时引气入丹田，呼气时将丹田之气行于梢达于体外。只有这样才能使呼吸深长，符合太极拳对呼吸的基本要求“气沉丹田”。对身体来讲，也可以提高吐故纳新的效果。

2. 细匀

练习杨式太极拳还要求呼吸“细匀”。细，不可粗气猛呼猛吸；匀是要求均匀，不可忽快忽慢。呼吸做到细匀，就能起到“调息养气，宁神逸志”的作用。

3. **和缓**

练习杨式太极拳要求呼吸和缓，就是要求轻声柔和缓慢地呼吸。只有柔和缓慢地呼吸，才能做到呼吸深长、细匀，才能满足身体对氧的需要。

（二）拳势呼吸

自然呼吸纯熟之后，可根据个人锻炼体会的程度，毫不勉强地随着动作速度的快慢和幅度的大小，按照起吸落呼、合吸开呼的要求，使呼吸与动作自然配合。这种呼吸与动作的密切配合，就是拳势呼吸，也是太极拳的特定要求。通过拳势呼吸，可以使动作更加协调圆活，轻灵沉稳。在技击上才能起到以气催力的作用。它的基本做法是：当动作是开、起、升、屈的时候，就要有意识地深深吸气。动作是合、落、降、伸时，就应有意识地呼气。具体来讲，主要表现在开与合、起与落、升与降、屈与伸这四对矛盾上。

1. **开与合**

当动作和劲力向左右、上下舒展开的时候称为“开”，这时就徐徐地吸气。当动作和劲力向里合或集中向某一方向时称为“合”，这时应徐徐地呼气。

2. **起与落**

手臂由下向上举起时或脚屈膝上提欲向前迈、后退、侧行时为“起”，这时应徐徐地吸气。当手臂由上下落时或脚步落地时为“落”，这时应徐徐地呼气。

3. **升与降**

主要指身体的上升与下降。当身体重心上升时，应徐徐地吸气。当身体重心下降时，应徐徐呼气。

4. 屈与伸

当手臂屈肘或腿屈膝回缩时，应徐徐地吸气。当手臂或腿由屈到伸时，应徐徐地呼气。

总之，拳势呼吸是根据动作的活动性质来配合的。除上述四对矛盾外，还有一些配合呼吸的方法。如蓄吸发呼、收吸放呼等，这些也都可以理解为按虚实配合的呼吸，即“虚”为吸，“实”为呼。只有这样进行拳势呼吸，才会使肢体的活动无形之中贯注内在的劲力，才能使功夫逐渐深厚。

（三）呼吸自然

达到拳势呼吸后，通过锻炼要逐步地去除动作与呼吸配合的强求性，使呼吸与动作自然结合形成习惯，习惯了就成为自然。这种拳势的自然呼吸，才是呼吸与动作结合的顺畅妥善，才符合太极拳“气以直养而无害”的原则要求。

三、练意阶段

练至拳势呼吸自然时，开始着重于意的练习。练意时应注意以下几点。

（一）意念集中

意念集中是练好杨式太极拳的基本方法，它对于其他方法的运用和掌握起着一种保证作用。意念集中就是练习时，思想上要尽量排除一切杂念，心理上要保持相对安静、专一的状态，使精神能贯注到每一个细小的动作中去，做到专心练拳，以心使身，用意识引导动作。达到意动身随，势到劲发，想象力自然地与拳势动作密切配合的要求。

（二）意念引导

意念引导是指以意念引导动作的运行，把注意力贯注到动作之中去。

意念引导必须安静。安静首先要从心理上安静下来，不再思考别的问题，专注于练拳准备和整个练拳过程中。练拳时，无论动作如何变化，心理上要始终保持安静状态。安静才能保持意识集中，精神贯注到每个动作之中。用意还必须集中注意力。在心理安静的前提下，要把注意力放在引导动作和考虑要领及体会动作含义上，专心致志地练习。

练习杨式太极拳时意念导引的方法有多种。一般来说，动作记熟后，可把注意力专注于动作的开合虚实变化，或注意于动作的技击含义，或注意于信息的捕抓，或注意于引导气血的运行，或注意于意念、呼吸、动作三者的密切配合上。总之，要把“用意”这一要求贯穿于整套太极拳练习的始终。逐步从先想后练，边想边练，达到意动身随、手到劲发、随心所欲的高级程度。

（三）意气势合

意气势合就是意念、呼吸、动作三者密切结合在一体的方法。只有这样，才能在练拳时，达到全身上下内外统一、和谐、完整。太极拳所练在神，神为主帅，身为驱使。练拳时能内外相合，即意念一动，就能随心所欲地做出“拳势呼吸”的动作；而动作一变，精气神必然贯注到所要求的部位中去，功夫自然而成。

第二章　85 式杨式太极拳基本技法

第一节　手型、步型

一、基本手型

杨式太极拳中所涉及的基本手型有拳、掌、勾等。现分别图解如下：

（一）拳

【方法】 四指并拢卷握，拇指紧扣食指和中指的第二节指骨上。（图 2–1）

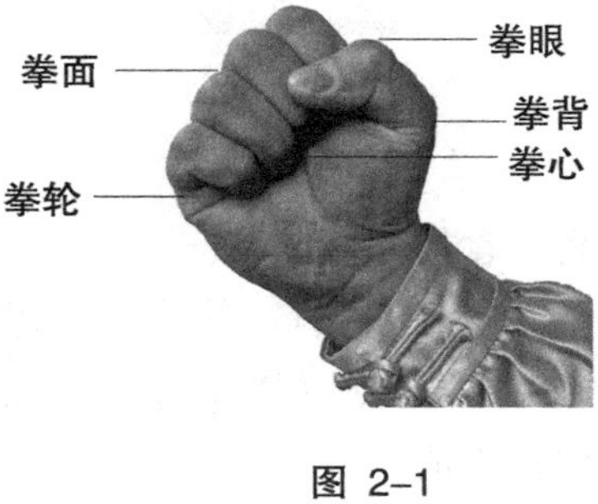

图 2–1

【要求】拳紧握，拳心空含，拳面平，腕挺直。

【组成】由拳面（食指、中指、无名指和小指第一节指骨相并形成的平面）、拳心（手心的一面，也就是五指弯曲的一面）、拳背（手背的一面，也就是拳心的反面）、拳眼（虎口处，拇指、食指屈卷而形成的圆孔）、拳轮（小指一边的圆孔）组成。

（二）掌

【方法】五指自然舒张，掌心微含，虎口呈弧形。（图2–2）

根据掌位的变化，掌有立掌（手腕上翘，指尖朝上）、仰掌（掌心朝上）、俯掌（掌心朝下）和横掌（俯掌，小指侧朝外）之分。

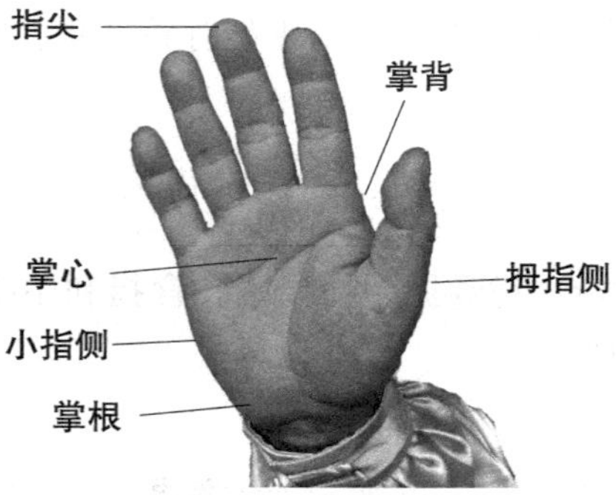

图 2–2

【要求】掌心内含，食指外张。

【组成】由掌心（手心的一面）、掌背（手背的一面）、掌根（掌心一侧突出处）、小指侧（掌外侧）、拇指侧（拇指一侧）、指尖（手指指尖）组成。

（三）勾

【方法】五指指尖捏拢在一起，屈腕。（图 2–3）

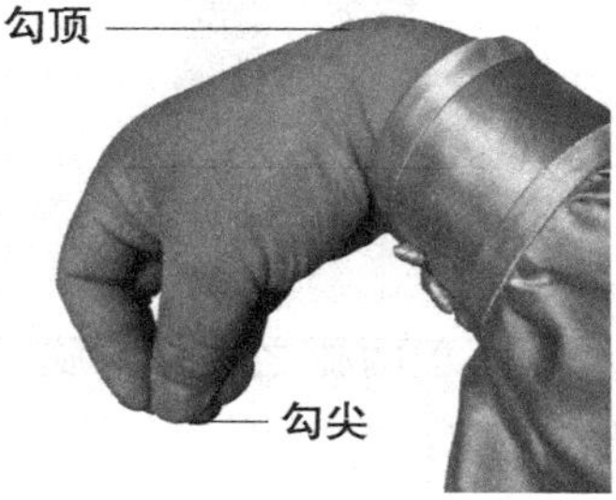

图 2–3

【要求】五指指尖捏拢成一撮，手腕屈紧。

【组成】由勾顶（手腕屈紧的顶部）、勾尖（捏拢的指尖）组成。

二、基本步型

步型是增进腿部的速度和力量，是提高动作造型和稳固性的基本元素。杨式太极拳的步型主要有开立步、马步、弓步、丁步、虚步和仆步等。现分别介绍如下：

（一）开立步

【方法】两脚横开一步，两脚平行，与肩同宽，两脚脚尖均向前，微向内扣，两腿自然伸直。（图 2–4）

图 2–4

【要求】身体重心落于两腿之间，两腿微屈，两脚尖稍内扣，五趾抓地，脚心含空。

（二）马步

【方法】两脚横开一步，两脚平行，与肩同宽，两脚脚尖均向前，微向内扣，两腿屈膝半蹲，大腿接近水平位置，膝不超过脚尖。（图 2–5）

图 2–5

【要求】屈膝松腰，臀部不可凸出，身体重心落于两腿中间，两膝不超出脚尖，两脚尖稍内扣，五趾抓地，脚心含空。

（三）弓步

【方法】两脚前后站立，前腿屈膝，大腿高于水平位置，膝不超过脚尖。后腿挺膝自然蹬直，两脚尖斜向前方，身体重心偏向前腿。（图 2–6）

图 2–6

【要求】塌腰沉髋，脚尖向前，膝不超过脚尖，后腿自然伸直，前后脚夹角成 40° ~ 60°。

（四）丁步

【方法】一腿屈膝半蹲，脚尖稍外撇，大腿接近水平位置，另一腿屈膝收于屈蹲腿之脚内侧，脚尖虚点地。（图 2–7）

图 2–7

【要求】身体重心落于屈蹲腿上，收腹、塌腰、敛臀，两腿要虚实分明。

（五）虚步

【方法】两脚前后开立，后脚外展45°，屈膝半蹲，前脚脚尖翘起，脚跟着地（另一种：脚跟离地，脚面绷平，脚尖稍内扣，虚点地面）膝微屈，重心落至后腿上。（图 2–8）

图 2–8

【要求】收腹、塌腰、敛臀，两腿要虚实分明。

（六）仆步

【方法】

两脚左右开立，一腿屈膝全蹲，大腿和小腿靠紧，臀部接近小腿，全脚着地，脚和膝外展，另一腿挺膝平仆，脚尖里扣，全脚着地。（图 2–9）

【要求】塌腰、沉胯，一腿全蹲，另一腿仆平，全脚着地，脚不可翘起。

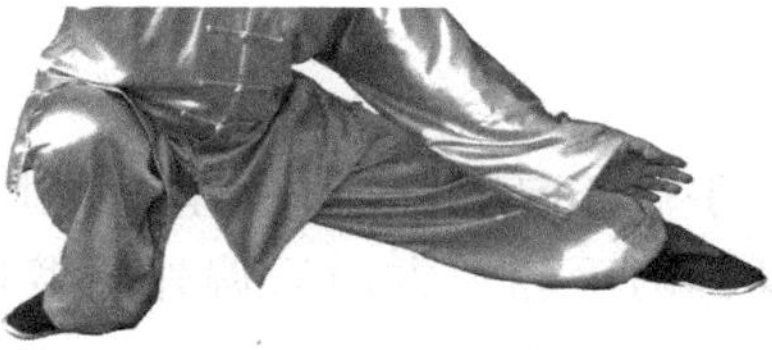

图 2–9

第二节　手法、步法、眼法、身法

一、基本手法

杨式太极拳的基本手法有掤、捋、挤、按等。现将其介绍如下：

（一）掤

【方法】手臂呈弧形，前臂由下向前上、向外张架。（图 2–10）

【要求】劲力浑圆向外，圆满有张力。

图 2–10

（二）捋

【方法】一手掌心向下，另一手掌心向上辅助，身体中轴旋转，随转身，两手侧前方向后偏外屈臂回收领拽。（图2–11）

图 2–11

【要求】要腰带手，随转随捋，手腰一致。

（三）挤

【方法】一手搭于另一手腕内侧，两臂成圆，身形如弓，手背向外，由里向外撑张靠挤。（图 2–12）

图 2–12

【要求】劲力向前，以身催力，力达前臂。

（四）按

【方法】两掌掌心向前，双掌同时，由里向上、向前下弧形推出，腕高与肩平。（图 2–13）

图 2–13

【要求】整体下沉，手走弧线，以身催劲，劲达两掌，手臂中的劲道与足跟上下随应，上下协调，浑圆一体。

二、基本步法

杨式太极拳常用步法有上步、侧行步和退步等。现分述如下：

（一）上步

【方法】一腿支撑，另一腿提起向前或经支撑腿内侧向前上步，脚跟先着地，随着重心前移，全脚踏实。（图 2–14、图 2–15、图 2–16）

图 2-14

图 2-15

图 2-16

【要求】上步平稳，上步之脚要做到点起点落，步法轻灵。

（二）侧行步

【方法】一腿支撑，另一腿提起侧向开步，以脚前掌先着地，随着重心横移，全脚着地，逐渐过渡到支撑腿，另一腿提起，向支撑腿内侧并步，仍须先以脚前掌着地，随着重心横移，全脚着地过渡为支撑腿，并步时两脚间距为 10 ~ 20 厘米。（图 2-17、图 2-18、图 2-19）

图 2-17

图 2-18

图 2-19

【要求】松腰、松胯，动作平稳，重心稳定，步子要点起点落，脚前掌先着地再踏实，脚尖向前，步法轻灵。

（三）退步

【方法】一腿支撑，另一腿经支撑腿内侧退一步，脚前掌

先着地，随着重心后移，全脚掌着地。（图 2-20、图 2-21、图 2-22）

图 2-20

图 2-21

图 2-22

【要求】 脚掌先着地，再慢慢全脚掌踏实，同时，前脚随转身以脚前掌为轴扭正，退步略向偏外后斜。身体要平稳，步子要轻便灵活。

三、基本眼法

眼是传神之窗，是内在意识的表露。意识贯注于动作之中，外在的体现便是手眼相随。眼法的一般规律是：目光平视，看进攻的手或主攻的方位。忌偏头斜视，瞪目圆睁；神态应自然，具体做法如下。

在动作运行过程中，眼神随着主要进攻手（较前方的手）运行（即眼随手转）。目光宜灵活有神，眼要自然睁开，威而不猛，表现出沉着、机敏、严肃的神态。

手位于面前的动作定势时，眼神自食指或中指尖端向前延展及远。

凡是两手上下、左右展开的亮势动作（如白鹤亮翅），目光要平视远望，有待机而动的神态。

四、基本身法

杨式太极拳的身法讲究“上下相随”“周身协调”“一动无有不动”“灵活自然”，达到身体的高度平衡。动时步在先，根在脚，全身相随，“完整一气”。“迈步如猫行，手动如抽丝”，动作缓慢、均匀、平稳，连绵不断，轻灵变化，圆转自如，刚柔相济。势“如长江大河，滔滔不绝”，贯穿一气。

第三节　呼吸方法

太极拳的呼吸一般是鼻呼鼻吸，采用腹式逆呼吸，即缓缓深吸气时脐下小腹逐渐内收，缓缓呼气时则脐下小腹部外突。一般要求呼吸要深、长、细、匀、缓，呼吸与动作要密切结合。动作与呼吸相配合的一般规律是：蓄、收、起、屈为吸，发、放、落、伸为呼。总之，在变换姿势时吸气，掌或拳向前击出时呼气，应尽可能地做到起吸落呼，收吸发呼，开吸合呼，屈吸伸呼，轻吸重呼。

在呼吸结合动作时，呼吸不可勉强，不可憋气。也就是说，虽然有意识地调节呼吸，但要使呼吸与动作自然结合；如果呼吸有意识的与动作结合而产生胸闷、头晕的现象，那就不要勉强去做，而要注意全身放松，采取纯自然的呼吸。通过长期练习，会不自觉地自然使动作与呼吸结合起来。

第四节　意念方法

杨式太极拳中的意念，又称意识，是练拳时的一种念头、想象或思维活动，也叫心法。在练拳过程中除支配动作、呼吸的意识外，还有导气法和技击法两种特设的意念。

一、导引法

导引法就是用意识沿经络导引内气的方法。其内气沿经路线有：

（一）丹田穴内气行至百会穴

丹田穴内气向下经会阴穴向后上过长强穴沿督脉上行至百会穴。

（二）内气由百会穴行至丹田穴

内气由百会穴向前下过膻中穴沿任脉行至丹田穴。

（三）内气由两手行至丹田穴

内气由两手沿两臂外侧（手三阳经）行至百会穴再向前下过膻中穴沿任脉行至丹田穴。

（四）丹田穴内气行至两手

丹田穴内气向前下经会阴穴向后上沿督脉上行过百会穴向前下至膻中穴分两股过两腋下沿两臂内侧（手三阴经）行至两手。

（五）内气由两脚行至丹田穴

内气由两脚向前上沿两腿内前侧（足三阴经）上行过会阴穴行至丹田穴。

（六）丹田穴内气行至两脚

丹田穴内气分两股沿两腿外侧（足三阳经）下行至两脚。

（七）丹田穴内气行至膻中穴

丹田穴内气向下向后沿督脉上提过头顶百会穴向前下至膻中穴。

（八）内气由膻中穴沉入丹田穴

内气由膻中穴向下沿任脉沉入丹田穴。

采用导引法意念，可使人体内气充盈，培育元气，扶植正气，疏通经络，调和气血，保持阴阳平衡，以维持内环境稳定，改善微循环功能，促进营养，增强消化功能，提高免疫功能，能收到祛病健身的效果。

二、技击法

技击法意念是练拳时，根据拳势动作和技法设想与对手进行攻防格斗的一种意识。它是面前无敌似有敌的一种练习方法。通过这种练法练习，可使人能练知其用，熟悉技击招法，领略动作的技击含义，能提高攻防能力和实战水平，有利于防身护身。

第三章　85式杨式太极拳意气势练法

第一节　动作名称顺序

一、预备式

（一）并步直立　（二）开步站立

二、起势

（一）两臂前举　（二）屈膝按掌

第一段

三、揽雀尾

（一）转身抱球　（二）弓步左掤　（三）收脚合手
（四）弓步双掤　（五）后坐下捋　（六）弓步前挤
（七）后坐收掌　（八）弓步前按

四、单鞭

（一）扣脚撑掌　（二）提脚勾手　（三）弓步推掌

五、提手上势

（一）弓步分掌　（二）虚步合提

六、白鹤亮翅

（一）转身抱球　（二）虚步分掌

七、左搂膝拗步

（一）转身落步　（二）转身收脚　（三）迈步屈肘
（四）弓步搂推

八、手挥琵琶

（一）弓步松手　（二）后坐挑掌

九、左右搂膝拗步

（一）转身落手　（二）转身收脚　（三）迈步屈肘
（四）弓步搂按　（五）转身跟脚　（六）迈步屈肘
（七）弓步推按　（八）转身跟脚　（九）迈步屈肘

（十）弓步推按

十、手挥琵琶

（一）弓步松手　（二）后坐挑掌

十一、左搂膝拗步

（一）转身落手　（二）转身收脚　（三）迈步屈肘
（四）弓步推按

十二、进步搬拦捶

（一）提脚挽拳　（二）踩脚翻砸　（三）上步拦掌
（四）弓步打拳

十三、如封似闭

（一）穿掌翻手　（二）后坐收掌　（三）弓步按掌

十四、十字手

（一）转身扣脚　（二）弓步分掌　（三）收脚合抱

十五、抱虎归山

（一）转身运臂　（二）弓步推按　（三）弓步伸臂

（四）转身后捋　（五）转身搭手　（六）弓腿前挤
（七）后坐收掌　（八）弓步按掌

十六、肘底看捶

（一）左转摆掌　（二）右转摆掌　（三）跟步摆掌
（四）虚步藏捶

第二段

十七、左右倒撵猴

（一）转身撤手　（二）提膝屈肘　（三）退步搓手
（四）虚步推掌　（五）提膝屈肘　（六）退步搓手
（七）虚步推掌　（八）提膝屈肘　（九）退步搓手
（十）虚步推掌

十八、斜飞式

（一）合抱转身　（二）弓步斜分

十九、提手上势

（一）跟步挑掌　（二）虚步合提

二十、白鹤亮翅

（一）转身抱球　（二）虚步分掌

二十一、左搂膝拗步

（一）转身落手　（二）转身收脚　（三）迈步屈肘
（四）弓步搂推

二十二、海底针

（一）跟步松手　（二）虚步插掌

二十三、闪通背

（一）提手收脚　（二）弓步推撑

二十四、撇身捶

（一）转身握拳　（二）提脚挽拳　（三）踩脚翻砸
（四）弓步推掌

二十五、进步搬拦捶

（一）后坐翻砸　（二）提脚挽拳　（三）踩脚翻砸
（四）上步拦掌　（五）弓步打拳

二十六、上步揽雀尾

（一）提脚合手　（二）弓步双掤　（三）后坐下捋

(四) 弓步前挤　(五) 后坐收掌　(六) 弓步前按

二十七、单鞭

(一) 扣脚摆掌　(二) 提脚勾手　(三) 弓步推掌

第三段

二十八、云手

(一) 弓步撑掌　(二) 撑掌收脚　(三) 转身云手
(四) 撑掌收脚　(五) 转身云手　(六) 撑掌收脚
(七) 转身云手　(八) 撑掌收脚　(九) 转身云手
(十) 撑掌收脚

二十九、单鞭

(一) 转身勾手　(二) 弓步推掌

三十、高探马

(一) 后坐翻掌　(二) 虚步推掌

三十一、左右分脚

(一) 穿掌提脚　(二) 跟步合抱　(三) 分脚撑臂

（四）落步合抱　（五）合抱提脚　（六）分脚撑臂

三十二、转身左蹬脚

（一）收脚合抱　（二）蹬脚撑臂

三十三、左右搂膝拗步

（一）收脚屈肘　（二）弓步推搂　（三）转身跟脚
（四）迈步屈肘　（五）弓步推搂

三十四、进步栽捶

（一）提脚按掌　（二）弓步栽拳

三十五、翻身撇身捶

（一）提脚挽拳　（二）踩脚翻砸　（三）弓步推掌

三十六、进步搬拦捶

（一）后坐穿捶　（二）提脚挽拳　（三）踩脚翻砸
（四）上步推掌　（五）弓步打拳

三十七、右蹬脚

（一）提脚合抱　（二）蹬脚撑掌

三十八、左打虎式

（一）落步摆掌　（二）弓步掼架

三十九、右打虎式

（一）收步摆掌　（二）弓步掼架

四十、回身右蹬脚

（一）合抱提脚　（二）蹬脚撑掌

四十一、双峰掼耳

（一）收腿落手　（二）迈步分手　（三）弓步掼拳

四十二、左蹬脚

（一）转身分掌　（二）提脚合抱　（三）蹬脚撑掌

四十三、转身右蹬脚

（一）收腿转身　（二）丁步合抱　（三）蹬脚撑掌

四十四、进步搬拦捶

（一）收脚挽拳　（二）踩脚翻砸（三）上步拦掌

（四）弓步打拳

四十五、如封似闭

（一）穿掌翻手　（二）后坐收掌　（三）弓步按掌

四十六、十字手

（一）转身扣脚　（二）弓步分掌　（三）收脚合抱

四十七、抱虎归山

（一）转身运臂　（二）弓步推搂　（三）弓步伸臂
（四）转身后捋　（五）转身搭手　（六）弓腿前挤
（七）后坐收掌　（八）弓步按掌

四十八、斜单鞭

（一）扣脚摆掌　（二）提脚勾手　（三）弓步推掌

第四段

四十九、野马分鬃

（一）收脚抱球　（二）弓步右掤　（三）抱球跟脚
（四）弓步左掤　（五）抱球跟脚　（六）弓步右掤

五十、揽雀尾

（一）转身抱球　（二）弓步左掤　（三）收脚合手
（四）弓步双掤　（五）后坐下捋　（六）弓步前挤
（七）后坐收掌　（八）弓步前按

五十一、单鞭

（一）扣脚摆掌　（二）提脚勾手　（三）弓步推掌

五十二、玉女穿梭（四斜角）

（一）提脚运手　（二）抱球跟脚　（三）弓步架推
（四）扣脚转身　（五）迈步滚球　（六）弓步架推
（七）迈步滚球　（八）弓步架推　（九）扣脚转身
（十）迈步滚球　（十一）弓步架推

五十三、揽雀尾

（一）转身抱球　（二）弓步左掤　（三）收脚合手
（四）弓步双掤　（五）后坐下捋　（六）弓步前挤
（七）后坐收掌　（八）弓步前按

五十四、单鞭

（一）扣脚摆掌　（二）提脚勾手　（三）弓步推掌

第五段

五十五、云手

（一）弓步撑掌　（二）撑掌收脚　（三）转身云手
（四）撑掌收脚

五十六、单鞭

（一）转身勾手　（二）弓步推掌

五十七、下势

（一）蹲身仆步　（二）仆步穿掌

五十八、金鸡独立

（一）弓步起身　（二）提膝挑掌　（三）提膝挑掌

第六段

五十九、左右倒撵猴

（一）退步搓手　（二）虚步推掌　（三）提脚屈肘
（四）退步搓手　（五）虚步推掌　（六）提脚屈肘

（七）退步搓手　（八）虚步推掌

六十、斜飞式

（一）合抱转身　（二）弓步斜分

六十一、提手上势

（一）跟步挑掌　（二）虚步合提

六十二、白鹤亮翅

（一）转身抱球　（二）虚步分掌

六十三、左搂膝拗步

（一）转身落手　（二）转身收脚　（三）迈步屈肘
（四）弓步搂推

六十四、海底针

（一）跟步松手　（二）虚步插掌

六十五、闪通背

（一）提膝收脚　（二）弓步架推

六十六、转身白蛇吐信

（一）转身挽拳　（二）踩脚翻砸　（三）弓步推掌

六十七、搬拦捶

（一）后坐穿捶　（二）提膝挽拳　（三）踩脚翻砸
（四）上步拦掌　（五）弓步打拳

六十八、揽雀尾

（一）提脚合手　（二）弓步双掤　（三）后坐下捋
（四）弓步前挤　（五）后坐收掌　（六）弓步前按

六十九、单鞭

（一）扣脚摆掌　（二）提脚勾手　（三）弓步推掌

第七段

七十、云手

（一）弓步撑掌　（二）撑掌收脚　（三）转身云手
（四）撑掌收脚

七十一、单鞭

(一) 转身勾手　(二) 弓步推掌

七十二、高探马带穿掌

(一) 后坐翻掌　(二) 虚步推掌　(三) 弓步穿掌

第八段

七十三、十字腿

(一) 提膝合抱　(二) 蹬脚撑臂

七十四、进步指裆捶

(一) 收脚按掌　(二) 进步打拳

七十五、上步揽雀尾

(一) 弓步双掤　(二) 后坐下捋　(三) 弓步前挤
(四) 后坐收掌　(五) 弓步前按

七十六、单鞭

(一) 扣脚摆掌　(二) 提脚勾手　(三) 弓步推掌

七十七、下势

（一）蹲身仆步　（二）仆步穿掌

七十八、上步七星

（一）起身收脚　（二）虚步交拳

七十九、退步跨虎

（一）退步交手　（二）虚步分掌

八十、转身摆莲

（一）碾脚摆掌　（二）转身摆掌　（三）摆腿拍脚

八十一、弯弓射虎

（一）落脚抱拳　（二）弓步架冲

八十二、进步搬拦捶

（一）后坐翻砸　（二）提膝挽拳　（三）踩脚翻砸
（四）上步拦掌　（五）弓步打拳

八十三、如封似闭

（一）穿掌翻手　（二）后坐收掌　（三）弓步按掌

八十四、十字手

（一）转身扣脚　（二）弓步分掌　（三）收脚合抱

八十五、收势

（一）翻掌前撑　（二）分掌下落　（三）收脚还原

第二节　套路练习图解

一、预备式

【动作歌诀】

混沌初开法为先，气走经络沉丹田。

体松心静神贯注，直立垂臂势自然。

【动作方法】

（一）并步直立

身体自然直立，两腿自然伸直，两脚脚尖向前，胸部放松，两臂自然下垂，两手放在两腿外侧，手指微屈，头颈正直，颌部微回收，口微闭，上齿轻叩下齿，舌抵上腭，面部表

情自然；目视前方，精神集中。（图 3–1）

（二）开步站立

左脚脚跟、脚尖依次缓缓提起，向左迈出一步，前脚掌着地，再脚跟着地，随即全脚掌踏实，脚尖向前，两脚距离与肩同宽，成开立步；目视前方。（图3–2）

图 3–1

图 3–2

【练习要点】

身体直立时要立身中正，不偏不倚，不俯不仰，重心放在两脚中心。身体要含胸拔背，沉肩垂臂腕舒指，尾闾中正，收腹敛臀。

【呼吸方法】

鼻呼鼻吸，呼吸调匀。

做并步直立时，静站一下，以求意识集中，一般做三次深呼吸。

做开步直立的提脚开步时吸气，落脚踏实时呼气。

【意念方法】

导引法：做并步直立时，意守丹田穴。做开步直立的提脚开步时意想丹田穴内气向下过会阴穴向后上沿督脉至头顶百会穴（以下简称为：丹田穴至百会穴）。落步踏实时意想内气由百会穴向前下过膻中穴沿任脉沉入丹田穴（以下简称为：百会穴至丹田穴）。

技击法：想象守我之静，待彼之动。

二、起势

【动作歌诀】

沉气上提指腕松，双臂前举与肩平。

屈膝双掌向下按，吐尽浊气清气生。

【动作方法】

（一）两臂前举

两臂徐徐向前平举至肩平，同肩宽，同时臂内旋使两掌心朝下，五指朝前；目视前方。(图 3–3)

图 3–3

（二）屈膝按掌

上体保持正直，两腿慢慢屈膝微蹲，松腰松胯，身体重心落至两腿中间，同时，随屈膝下蹲，两臂慢慢下落，两掌轻轻下按至与腹部同高，两掌掌心均向下，

指尖均向前；目视前方。（图 3–4）

图 3–4

【练习要点】

两臂上举时自然伸直，两肘微下垂，肘尖不可外撇，两肩松沉。屈膝按掌时要松腰松胯，展掌、舒指，两肩松沉，两肘微下垂与膝相对，落臂按掌须与屈膝下蹲协调一致。

【呼吸方法】

做两掌上提时吸气，做屈膝下按时呼气，呼至此动作结束。

【意念方法】

导引法：两掌上提时想象气由两手外劳宫穴沿两臂外侧（手三阳经）经百会穴向前下过膻中穴沿任脉沉入丹田穴（以下简称为：两手至丹田穴）。屈膝下按时意想丹田穴内气向下过会阴穴向后上沿督脉经百会穴前下至膻中穴分两股过两腋下沿两臂内侧（手三阴经）到两手内劳宫穴（以下简称为：丹田穴至两手）。

技击法：设想对方两手向我胸部攻来，我顺其来劲用两臂向上掤架开来手，并顺势抓住对方两手下压，并向上翘其腕，使其两腕受制。

第一段

三、揽雀尾

【动作歌诀】

初运鸿朦阴阳现，起落开合太极圈。
掤捋挤按为总手，雀尾动作技法全。

【动作方法】

（一）转身抱球

右脚尖微向外撇，两腿屈膝半蹲，同时身体微向右转，右臂平屈于胸前，左手随身体转动向下、向右方划弧至左肋旁，掌心向右，指尖向前；目视前方。（图 3–5）

身体重心右移落在右腿上，左腿屈膝提起于左腿踝内侧，脚尖自然下垂，同时右掌向右、向上、向左划弧平屈于右胸前，掌心向下，拇指侧在里，左掌向右上划弧于右肋下，掌心向上，拇指侧向外，与右手相对成抱球状；目视右手方向。（图 3–6）

图 3–5

图 3–6

（二）弓步左掤

上体向左转，左脚向左前方迈一步，脚尖向前，右腿自然蹬直，左腿屈膝，成为左弓步，同时，左臂向左前方平屈掤出，左手与前臂高与肩平，掌心向里，拇指侧向上，右掌向右、向下落于右胯旁，肘微屈，掌心向下，指尖向前；目视左前臂方向。（图 3–7）

（三）收脚合手

身体微向左转，右脚向里收至左脚踝内，脚尖自然下垂，身体重心落在左腿上，同时，左臂平屈于左胸前，与肩同高，掌心向下，拇指侧向里，右手经腹前向左、向上、向右划弧于屈于右肋旁，掌心向里，拇指侧向上；目视右手方向。（图 3–8）

图 3–7

图 3–8

（四）弓步双掤

上体右转，右脚向右前方迈出一步，脚跟着地，同时，两掌向右前伸，右掌在前，掌心向上，指尖向前，左掌在后于右上臂内侧旁，掌心向下，指尖向右前；目视右掌方向。

(图3–9)

身体重心前移，右脚前掌向下，全脚掌踏实，右腿屈膝半蹲，左腿挺膝蹬直，成为右弓步，同时，右臂稍平屈向前上掤出，掌心向里，拇指侧向上，左掌掤附于右前臂内侧，掌心向前，指尖向上；目视两手方向。（图 3–10）

图 3–9

图 3–10

（五）后坐下捋

上体稍向右转，右手随即内旋翻掌前伸，掌心向下，指尖向前，左手掌稍外旋，前伸于右前臂内侧，掌心向右，指尖向前；目视右掌方向。（图 3–11）

图 3–11

紧接上动，身体重心后移，上体稍左转，同时，两掌随转身向下、向左划弧捋手，右掌于右侧，掌心向前，拇指侧斜向上，左掌于右胸前，掌心向里，拇指侧向上；目视右掌方向。（图 3–12）

上动不停，身体重心继续移向左腿，成为右虚步，上体稍左转，同时，两掌随转身继续向左后上捋，右掌捋于右胸前，掌心斜向上，拇指侧向外，左掌捋于胸前，掌心斜向下，拇指侧向里；目视右掌方向。（图 3–13）

图 3–12

图 3–13

（六）弓步前挤

上体稍向右转，身体重心逐渐前移，同时，两掌向左、向上、向右慢慢划弧挤出，右掌挤于右胸前，右臂平屈成半圆，右掌掌心向里，拇指侧向上，左掌附于右手腕里侧，左臂肘下垂屈成半圆，左掌掌心向前，指尖向上；目视右掌方向。（图3–14）

图 3–14

图 3–15

上动不停，身体重心继续前移，右腿屈半蹲，左腿挺膝蹬直，成为右弓步，同时，两掌继续前挤，右掌挤于右胸前，右臂平屈成半圆，右掌掌心向里，拇指侧向上，左掌附于右手腕里侧，左臂肘下垂屈成半圆，左掌掌心向前，指尖向上；目视右掌方向。（图 3–15）

（七）后坐收掌

左手经右腕上方向前、向左伸出，与右手齐平，手心向下，右手随即翻掌向下，两手左右分开与肩同宽；目视两掌方向。（图 3–16）

图 3–16

上动不停，上体后坐，身体重心移至左腿，右脚尖翘起，同

时，两臂屈收至胸前，掌心均向前下方，指尖均向前上方；目视两掌方向。（图 3–17）

（八）弓步前按

紧接上动，身体重心前移，右腿屈膝半蹲，左腿挺膝蹬直成为右弓步，同时，两手慢慢继续向后收，然后经腹前再向前、向上按出，掌心均向前，指尖均向上，手腕高与肩平；目视前方。（图 3–18）

图 3–17

图 3–18

【练习要点】

掤出时两肩下沉，两臂成弧形，分手、松腰和弓腿要协调一致。下捋时上体不可前倾，臀部不要凸出，两臂下捋要随腰旋转，仍走弧线。向前挤时，上体要正直，挤的动作要与松腰、弓腿相一致。向前按时，上体要正直，松腰、松胯。两臂要随着松腰、弓腿徐徐向前按出，沉肩垂肘，两掌须走曲线。整个动作要以腰为主宰，两臂绕行，须圆活自然。腿部的前弓后坐要灵活稳健。

【呼吸方法】

转身抱球时吸气，弓步左掤时呼气。收脚合手时吸气，弓步双掤时呼气。后坐下捋时吸气，弓步前挤时呼气。后坐收掌时吸气，弓步前按时呼气。

【意念方法】

导引法：转身抱球时想象气由两手行至丹田，弓步左掤时意想丹田内气行至两手。收脚合手时想象气由两手行至丹田，弓步双掤时意想丹田内气行至两手。后坐下捋时想象气由两手行至丹田，弓步前挤时意想丹田内气行至两手。后坐收掌时想象气由两手行至丹田，弓步前按时意想丹田内气行至两手。

技击法：设对方用右拳向我左肋部击打，我用左掌粘住其来拳之肘顺其来劲捋引开其来拳，接着，我前上左脚于对方右脚外侧挂住其腿，并用左臂挑靠对方右腋或肋部，使其后倒。对方若用左拳向我右肋部击打，我用右手粘住其来拳之肘，顺其劲捋引开其来拳，并前上右脚于对方左脚外侧绊住其腿，并用双掤掌掀对方左腋，使其后倒。若对方化解，我左手粘其左腕，右手粘其左肘向下捋对方左臂。当对方有前倾感，回抽左臂时，我借其劲挤其胸部，使对方后倒。若对方化解，用双手向我胸部击来时，我两手粘其腕，顺其劲后坐回引对方两手。当对方有前倾感回抽时，我借其劲用两掌前按对方胸部，将其按出后倒。

四、单鞭

【动作歌诀】

单鞭多用可防攻，左像箭来右似弓。

体正松腰勿屈下，翻掌前推转腰行。

【动作方法】

（一）扣脚撑掌

右脚尖翘起，以脚跟为轴向内扣脚下落踏实，身体左转，重心左移，同时，随转身两手向左横摆划弧，左掌摆撑于身体左侧，腕高与肩平，掌心向左，指尖向上，右掌摆于左腋前，掌心向后，拇指侧向上；目视左掌方向。（图 3–19）

上动不停，上体右转，随转身两手向上、向右摆撑，左掌摆撑于身体右侧，腕高与肩平，掌心向右，拇指侧向下，左掌摆于右上臂内前侧，掌心向后，拇指侧向上；目视右掌方向。（图 3–20）

图 3–19

图 3–20

（二）提脚勾手

身体稍左转，重心右移至右腿，左脚提起里收于右脚内侧，脚尖自然下垂，同时，右掌成勾右撑屈腕下勾，勾尖向

下，左掌向上、向左云摆于左肩前，掌心向里，拇指侧向上；目视左掌方向。（图 3–21）

（三）弓步推掌

上动不停，身体继续左转，左脚向左上一步，脚跟先着地，然后脚尖再踏实，左腿屈膝半蹲，右腿挺膝蹬直成为左弓步，同时，左掌内旋翻掌向左立掌推出，掌心向左，指尖向上；目视左掌方向。（图 3–22）

图 3–21

图 3–22

【练习要点】

完成姿势上身正直，松腰，右肘部稍下垂，左肘与左膝上下相对，两肩下沉。左手内旋翻掌立掌推出时要随转身边翻边推出，不要翻掌太快或最后突然翻掌。全部过渡动作，上下要协调一致。

【呼吸方法】

扣脚撑掌的前半动作左摆撑掌时吸气，扣脚撑掌的后半动作右摆撑掌时呼气。提脚勾手时吸气，弓步推掌时呼气。

【意念方法】

导引法：扣脚撑掌的前半动作左摆撑掌时想象气由两手行至丹田，扣脚撑掌的后半动作右摆撑掌时意想丹田内气行至两手。提脚勾手时想象气由两手及两脚涌泉穴沿两腿内前侧（足三阴经）上行至丹田（以下简称为：两足至丹田），弓步推掌时意想丹田内气行至两手及沿两腿外后侧（足三阳经）下行至两脚涌泉穴（以下简称为：丹田至两脚）。

技击法：设想对方左拳向我胸部击打，我左手粘其腕，右手粘其肘顺其来劲向左捋对方左臂。当对方有前倾感，后抽左臂调整身体时，我借其劲，用右勾顶击其胸部，使其向后飞出。若对方顺我捋臂，跟进化解时，我用左掌推击其胸部，将对方推出。

五、提手上势

【动作歌诀】

两手合提于胸前，虚步上势劲蓄含。

上下呼应相一致，内外相合意气连。

【动作方法】

（一）弓步分掌

上体稍右转，重心稍右移，左脚尖翘起，以脚跟为轴向里扣脚，前脚掌踏实，同时，左掌向前、向右划弧摆掌于身体左前侧，掌心向右，拇指侧斜向上，右勾成掌向前、向左划弧摆

掌于身体右前侧，掌心向左，拇指侧斜向上；目视前方。（图 3–23）

（二）虚步合提

紧接上动，身体左转，重心移至左腿，右脚提起落于左脚前，脚跟着地，成为右虚步，同时，左掌向左横摆于胸前，掌心向右，拇指侧向里，右掌向左横摆挑掌于面前，掌心向左，拇指侧向里；目视右掌食指。（图 3–24）

图 3–23

图 3–24

【练习要点】

在移动身体重心时，上体要平稳自然，臀部不可外凸，在右脚跟着地时，右膝微屈，两肩放松下沉，两臂微屈，肘尖下垂。胸部肌肉放松。

【呼吸方法】

弓步分掌时吸气，虚步合提时呼气。

【意念方法】

导引法：弓步分掌时想象气由两手、两脚行至丹田，虚步合提时意想丹田内气行到两手、两脚。

技击法：设想对方由对面用左手向我胸部击打，我右手粘其腕，左手粘其肘部向右横拍，两手合劲，使对方肘断。

六、白鹤亮翅

【动作歌诀】

白鹤展翅立鸡群，左来右掤两臂分。

沉气落胯腰拔起，开中寓合须用心。

【动作方法】

（一）转身抱球

身体向左转，同时，两手向左下划弧，在身体左侧相抱，左手在上，左掌掌心向下，拇指侧向里，右手在下，掌心向上，拇指侧向前；目视左掌方向。（图 3–25）

图 3–25

上体左转，右脚稍向后移，脚尖里扣，同时，右手随转身向左上划弧，掌心向上，拇指侧向前；目视左掌方向。（图3–26）

图 3–26

（二）虚步分掌

上体右转，右脚稍向右，同时，两手随转身分别向右上、左下分开，右手上提于右胸前，掌心向左，拇指侧向上，左掌下落于右臂内下侧，掌心向下，指尖向前；目视前方。（图 3–27）

上动不停，上体右转后再左转，重心后移至右腿上，左脚移至体前，脚尖点地，成为左虚步，同时，两手继续分别向左上、左下分开，右手上提停于右额前，手心向前，指尖向上，左掌下按落于左胯前，手心向下，指尖向前；目视前方。（图3–28）

图 3–27

图 3–28

【练习要点】

胸部含蓄，臀部收敛，步法虚实分明，左手上提展时，要以腰脊之力提领。左手肘部须有沉意，不可挺直，两臂上下都要保持平圆形，左膝微屈，重心后移和右手上提、左手下落要协调一致。

【呼吸方法】

转身抱球时吸气，虚步分掌时呼气。

【意念方法】

导引法：转身抱球时想象气由两手行至丹田，虚步分掌时意想丹田内气行至两手。

技击法：设想对方以左拳击我面部，用左腿踢我裆部，我用右臂掤架开来拳，左手向下分挂开其来腿以护裆部。

七、左搂膝拗步

【动作歌诀】

起肩过胯膝外搂，拗步推掌沉腕肘。

搂推弓步相一致，身体中正上顶头。

【动作方法】

（一）转身落步

接上动作，上体稍右转，同时，左掌外旋向前、向上最低点摆于左肩前侧，肘微屈，手与耳同高，掌心向右，拇指侧向里，右外旋向下、向里划弧于左胸前，掌心向左，拇指侧向里；目视左掌方向。（图 3–29）

图 3–29

上动不停，上体继续右转，同时，右掌向下、向后划弧落至右胯旁，肘微屈，掌心向下，指尖向左，左掌向右下划弧于左肩外前侧，掌心向右，拇指侧向里；目视右前方。(图 3–30)

（二）转身收脚

上体右转，重心移至右腿，左脚收回至右脚内侧，脚尖自然下垂，同时，右手向后、向上划弧至右肩部外侧，肘微屈，手与耳同高，掌心向左，指尖向上，左掌向上、向右下方划弧至右胸前，掌心向右，拇指侧向里；目视右手方向。(图3–31)

图 3–30

图 3–31

（三）迈步屈肘

上体左转，左脚向左前迈出，先脚跟着地，然后脚尖再向前下踏实，左腿屈膝半蹲，同时，左手向下、向外搂掌于左膝

前，掌心向下，拇指侧向里，右掌屈臂向上、向里于右耳外侧旁，掌心向前，指尖向上；目视前方。（图 3–32）

（四）弓步搂推

上动不停，重心前移，右腿挺膝蹬直，成为左弓步，同时，左掌由左前向外搂掌于左胯旁，掌心向下，指尖向前，右掌由右耳侧向前推出，高与鼻尖平，掌心向前，指尖向上；目视右掌方向。（图 3–33）

图 3–32

图 3–33

【练习要点】

右手推出时，须沉肩坠肘，坐腕舒掌，身体不可前俯后仰，要与松腰、弓腿上下协调一致。搂膝拗步弓步时，两脚跟的横向距离保持 30 厘米左右。如果在向前迈步时，能掌握好变换身体重心的要领，可脚尖着地，也可不着地向前迈出，但前进之脚务必经过支撑脚的内侧再向前上步，身体保持平稳。

【呼吸方法】

转身落步、转身收脚时吸气，迈步屈肘、弓步搂推时呼气。

【意念方法】

导引法：转身落步、转身收脚想象气由两手行至丹田穴，迈步屈肘、弓步搂推时意想丹田穴内气行至两手。

技击法：设想对方用右脚向我裆部踢来，我用左手将其来腿搂开，同时用右掌向其胸部推击，将其推出。

八、手挥琵琶

【动作歌诀】

双手合抱似琵琶，合肘虚步下坐胯。
三尖相照气下沉，里外圈儿由我划。

【动作方法】

（一）弓步松手

身体微前移动，右脚跟抬起，同时，右掌松腕外旋稍向下，掌心向左，指尖向前，左掌向前、向上于右肘下内侧，掌心向下，拇指侧向里；目视右掌方向。（图 3–34）

图 3–34

（二）后坐挑掌

右脚提起向前上半步，屈膝半蹲，重心后移

至右腿，上体右转，左脚提起略向前移，脚跟着地，脚尖翘起，成为左虚步，同时，左手由左下向上、向前上方挑举，高与鼻尖平，掌心向右，拇指侧向里，臂微屈，右掌收回在左臂肘部里侧，掌心向左，拇指侧向里；目视左手食指。（图 3–35）

图 3–35

【练习要点】

身体要平稳自然，臀部不要外凸。沉肩坠肘，胸部放松。左手上起时，不要直向上挑，要由左向上、向前微带弧形。右脚跟进时，脚掌先着地再全脚踏实。身体重心后移与上体右转、左手上起、右手回收要协调一致。

【呼吸方法】

弓步松手时吸气，后坐挑掌时呼气。

【意念方法】

导引法：跟步松手时想象气由两手行至丹田，后坐挑掌时意想丹田内气行至两手。

技击法：设想对方由对面用左手向我胸部击打，我右手粘其腕，左手粘其肘部向右横拍，两手合劲，使对方肘断。

九、左右搂膝拗步

【动作歌诀】

起肩过胯膝外搂，拗步推掌沉腕肘。
搂推弓步相一致，身体中正上顶头。

【动作方法】

（一）转身落手

重心稍前移，左脚前脚掌下落踏地，上体右转，同时，左手向右下落于左胸前，掌心向下，指尖向右，右掌向下、向后摆于右肋旁，臂微屈，掌心向下，指尖向前；目视右掌方向。（图 3–36）

（二）转身收脚

上体右转，重心移至右腿，左脚收回至右脚内侧，脚尖自然下垂，同时，右手向后、向上划弧至右肩部外侧，肘微屈，手与耳同高，掌心向左，指尖向上，左掌向右下方划弧至右胸前，掌心向右，拇指侧向里；目视右手方向。（图 3–37）

图 3–36

图 3–37

（三）迈步屈肘

上体左转，左脚向左前迈出，先脚跟着地，然后脚尖再向前下踏实，左腿屈膝半蹲，同时左手向下、向外搂掌于左膝前，掌心向下，拇指侧向里，右掌屈臂向上、向里于右耳外侧旁，掌心向前，指尖向上；目视前方。（图 3–38）

（四）弓步搂按

上动不停，重心前移，右腿挺膝蹬直，成为左弓步，同时，左掌由左前向外搂掌于左胯旁，掌心向下，指尖向前，右掌由右耳侧向前推出，高与鼻尖平，掌心向前，指尖向上；目视右掌方向。（图 3–39）

图 3–38

图 3–39

（五）转身跟脚

右脚慢慢屈膝，上体后坐，身体重心移至右腿，身体左转，左脚尖翘起微向外撇再下落踏实，同时，右手向左、向下屈臂摆按于胸前，掌心向左，拇指侧向里，左掌向下、向后摆于左胯旁，掌心向下，拇指侧向里；目视右手方向。

（图 3–40）

重心前移至左腿，左腿屈膝半蹲，右脚收回至左内侧，脚尖自然下垂，同时，左掌向后、向上划弧至左肩部外侧，肘微屈，手与耳同高，掌心向右，指尖向上，右掌向左下方划弧至左胸前，掌心向左，拇指侧向里；目视左手方向。（图 3–41）

图 3–40

图 3–41

（六）迈步屈肘

上体右转，右脚向右前迈出，先脚跟着地，然后脚尖再向前下踏实，右腿屈膝半蹲，同时，右手向下、向外搂掌于右膝前，掌心向下，拇指侧向里，左掌屈臂向上、向里于左耳外侧旁，掌心向前，指尖向上；目视前方。（图 3–42）

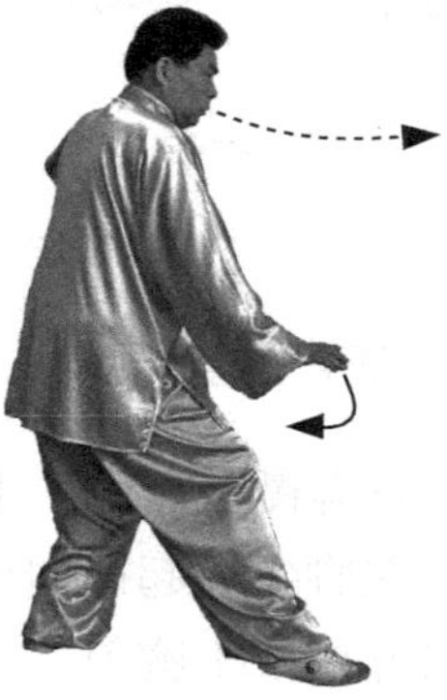

图 3–42

（七）弓步推按

上动不停，重心前移，左腿挺膝蹬直，成为右弓步，同时，右掌由右前向外搂掌于右胯旁，掌心向下，指尖向前，左掌由左耳侧向前推出，高与鼻尖平，掌心向前，指尖向上；目视左掌方向。（图 3–43）

（八）转身跟脚

左脚慢慢屈膝，上体后坐，身体重心移至左腿，身体右转，右脚尖翘起微向外撇再下落踏实，同时，左手向右、向下屈臂摆按于胸前，掌心向右，拇指侧向里，右掌向下、向后摆于右胯旁，掌心向下，拇指侧向里；目视左手方向。（图 3–44）

图 3–43

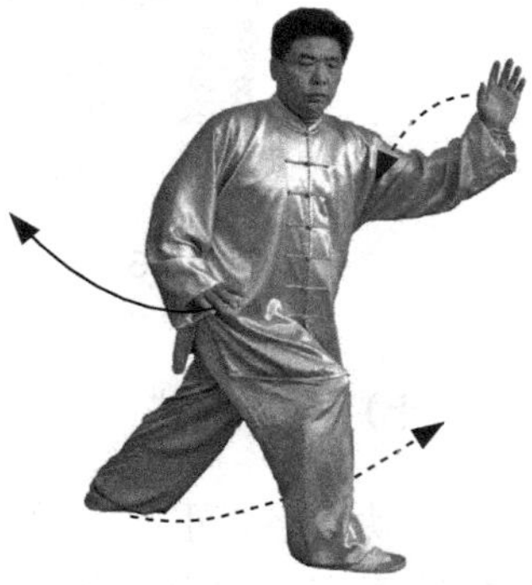

图 3–44

重心前移至右腿，右腿屈膝半蹲，左脚收回至左内侧，脚尖自然下垂，同时，右掌向后、向上划弧至右部外侧，肘微屈，手与耳同高，掌心向左，指尖向上，左掌向右下方划弧至

右胸前，掌心向右，拇指侧向里；目视右手方向。（图 3–45）

（九）迈步屈肘

上体左转，左脚向左前迈出，先脚跟着地，然后脚尖再向前下踏实，右腿屈膝半蹲，同时，左手向下、向外搂掌于左膝前，掌心向下，拇指侧向里，右掌屈臂向上、向里于右耳外侧旁，掌心向前，指尖向上；目视前方。（图 3–46）

图 3–45

图 3–46

（十）弓步推按

上动不停，重心前移，右腿挺膝蹬直，成为左弓步，同时，左掌由左前向外搂掌于左胯旁，掌心向下，指尖向前，右掌由右耳侧向前推出，高与鼻尖平，掌心向前，指尖向上；目视右掌方向。（图 3–47）

图 3–47

【练习要点】

手推出时，须沉肩坠肘，坐腕舒掌，身体不可前俯后仰，要与松腰、弓腿上下协调一致。搂膝拗步弓步时，两脚跟的横向距离保持 30 厘米左右。如果在向前迈步时，能掌握好变换身体重心的要领，可脚尖着地，也可不着地向前迈出，但前进之脚务必经过支撑脚的内侧再向前上步，身体保持平稳。

【呼吸方法】

转身落手、转身收脚时吸气，迈步屈肘、弓步搂按时呼气。

【意念方法】

导引法：转身落手、转身收脚时想象气由两手行到丹田穴，迈步屈肘、弓步搂按时意想丹田穴内气行至两手。

技击法：搂膝拗步时设想对方用右脚向我裆部踢来，我用左手将其来腿搂开，同时用右掌向其胸部推击，将其推出。

十、手挥琵琶

【动作歌诀】

双手合抱似琵琶，合肘虚步下坐胯。
三尖相照气下沉，里外圈儿由我划。

【动作方法】

（一）弓步松手

身体微前移动，右脚跟抬起，同时，右掌松腕外旋稍向下，掌心向左，指尖向前，左掌向前、向上于右肘下内侧，掌心向下，拇指侧向里；目视右掌方向。（图 3–48）

图 3–48

图 3–49

（二）后坐挑掌

右脚提起向上半步，屈膝半蹲，重心后移至右腿，上体右转，左脚提起略向前移，脚跟着地，脚尖翘起，成为左虚步，同时，左手由左下向上、向前上方挑举，高与鼻尖平，掌心向右，拇指侧向里，臂微屈，右掌收回在左臂肘部里侧，掌心向左，拇指侧向里；目视左手食指。（图 3–49）

【练习要点】

身体要平稳自然，臀部不要外凸。沉肩坠肘，胸部放松。左手上起时，不要直向上挑，要由左向上、向前微带弧形。右脚跟进时，脚掌先着地再全脚踏实。身体重心后移与上体右转、左手上起、右手回收要协调一致。

【呼吸方法】

弓步松手时吸气，后坐挑掌时呼气。

【意念方法】

导引法：弓步松手时想象气由两手行至丹田，后坐挑掌时意想丹田内气行至两手。

技击法：设想对方由对面用左手向我胸部击打，我右手粘其腕，左手粘其肘部向右横拍，两手合劲，使对方肘断。

十一、左搂膝拗步

【动作歌诀】

起肩过胯膝外搂，拗步推掌沉腕肘。

搂推弓步相一致，身体中正上顶头。

【动作方法】

（一）转身落手

接上动作，上体稍右转，同时，左掌外旋向上、向右摆于左肩前侧，肘微屈，手与耳同高，掌心向右，拇指侧向里，右掌外旋向下、向右划弧于右肋前，掌心向下，拇指侧向里；目视左掌方向。（图 3-50）

图 3-50

（二）转身收脚

上体右转，重心移至右腿，左脚收回至右脚内侧，脚尖自然下垂，同时，右手向后、向上划弧至右肩部外侧，肘微屈，手与耳同高，掌心向左，指尖向上，左掌向上、向右下方划弧至右胸前，掌心向右，拇指侧向里；目视右手方向。（图 3–51）

（三）迈步屈肘

上体左转，左脚向左前迈出，先脚跟着地，同时，左手向下、向外搂掌于左膝前，掌心向下，拇指侧向里，右掌屈臂向上、向里于右耳外侧旁，掌心向前，指尖向上；目视前方。（图 3–52）

图 3–51

图 3–52

（四）弓步推按

上动不停，左脚前脚掌下落地踏实，重心前移，左腿屈膝半蹲，右腿挺膝蹬直，成为左弓步，同时，左掌由左前向外搂

掌于左胯旁，掌心向下，指尖向前，右掌由右耳侧向前推出，高与鼻尖平，掌心向前，指尖向上；目视右掌方向。（图 3–53）

图 3–53

【练习要点】

右手推出时，须沉肩坠肘，坐腕舒掌，身体不可前俯后仰，要与松腰、弓腿上下协调一致。搂膝拗步弓步时，两脚跟的横向距离保持 30 厘米左右。如果在向前迈步时，能掌握好变换身体重心的要领，可脚尖着地，也可不着地向前迈出，但前进之脚务必经过支撑脚的内侧再向前上步，身体保持平稳。

【呼吸方法】

转身落手、转身收脚时吸气，迈步屈肘、弓步推按时呼气。

【意念方法】

导引法：转身落手、转身收脚想象气由两手行至丹田穴，迈步屈肘、弓步推按时意想丹田穴内气行至两手。

技击法：设想对方用右脚向我裆部踢来，我用左手将其来腿搂开，同时用右掌向其胸部推击，将其推出。

十二、进步搬拦捶

【动作歌诀】

太极五捶此为先，搬拳之后立掌拦。

拦掌过后捶急进，上下相随劲不断。

【动作方法】

（一）提脚挽拳

身体左转，身体重心前移落至左腿，右腿微屈，脚跟提起向外扭转，同时，左掌翻转，左臂平屈胸前，手心向下，指尖向前，右掌变拳由体前向左下划弧，至左肋旁，拳心向下，拳眼向里；目视前方。（图 3–54）

上体右转，重心前移至左腿，右腿提起向前迈出，脚尖外撇，同时，左掌向后、向上、向前下划弧按掌于胸前，掌心向下，拇指侧向里，右拳向里上挽拳于左掌内侧，拳眼向上，拳心向里；目视前方。（图 3–55）

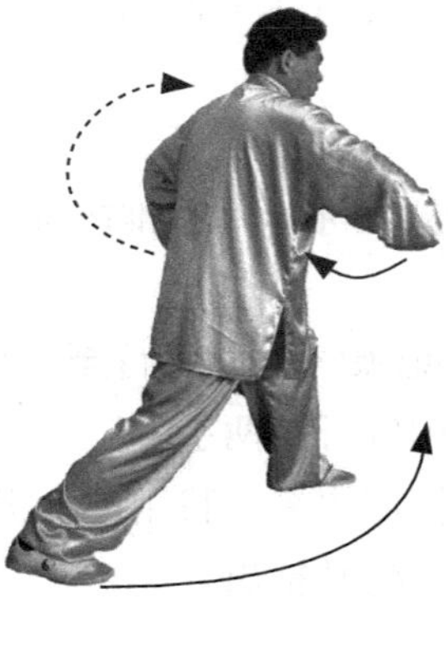

图 3–54

图 3–55

（二）踩脚翻砸

上体稍右转，右脚向前下落，脚跟着地，成为右虚步，同时，右拳向上、向前下翻拳撇出，高与鼻尖平，臂微屈，拳心向

上，拳面向前，左掌向前下按于右上臂内下侧，掌心向下，拇指侧向里；目视右拳。（图 3–56）

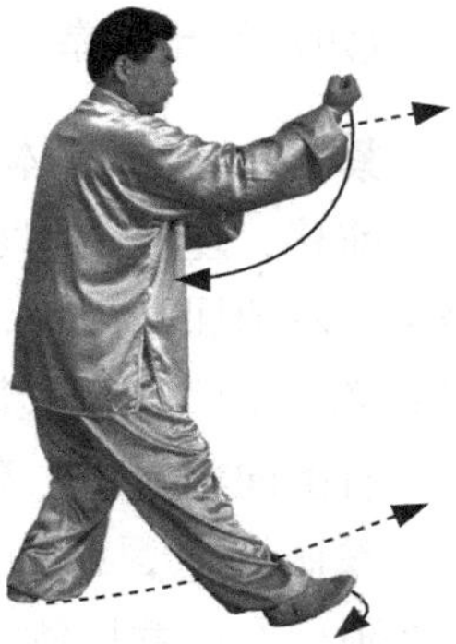

图 3–56

（三）上步拦掌

身体右转，重心前移，右脚前脚掌下落踏实，右脚支撑身体，左腿屈膝向前提起，脚尖自然下垂，同时，右拳屈肘收抱于右腰侧，拳心向上，拳面向前，左掌向左再向前划弧，掌心向前下方，指尖向前上方；目视左掌方向。（图 3–57）

上动不停，左脚向前上步下落，脚跟着地，成为左虚步，同时左掌继续向前拦掌，掌心向前下方，指尖向前上方；目视左掌方向。（图 3–58）

图 3–57

图 3–58

（四）弓步打拳

紧接上动，上体左转，重心前移，左脚前脚掌下落踏实，左腿屈膝半蹲，右腿挺膝蹬直成为左弓步，同时，右拳向前打出，高与胸平，拳眼向上，拳面向前，左掌附于右前臂里侧，拇指侧向里，指尖向上；目视右拳方向。（图 3–59）

图 3–59

【练习要点】

上体自然正直。右拳要松握。右拳回收时，前臂要慢慢内旋划弧，然后再外旋停于右腰旁，拳心向上。右拳向前打出时，右肩要随拳略向前引，沉肩坠肘，右臂要微屈。弓步两脚跟的横向距离约 10 厘米。

【呼吸方法】

提脚挽拳时吸气，踩脚翻砸时呼气。上步拦掌时吸气，弓步打拳时呼气。

【意念方法】

导引法：提脚挽拳时想象气由两手行至丹田穴，踩脚翻砸时意想丹田穴内气行至两手。上步拦掌时想象气由两手行至丹田穴，弓步打拳时意想丹田穴内气行至两手。

技击法：设想对方用左拳向我胸部击打，我用左掌按消其来拳，并用右翻背拳砸击对方面部。对方再用右拳向我胸部击打，我用左掌横拦其来拳，并用右拳击打对方胸部，使对方胸部受伤。

十三、如封似闭

【动作歌诀】

臂下穿手十字封，后坐分掌闭于胸。

两臂推按腹前下，跟步助劲显奇功。

【动作方法】

（一）穿掌翻手

左手由右前臂下穿出，掌心向上，右拳随之变掌，掌心转向上；目视右掌方向。（图 3–60）

（二）后坐收掌

上体后坐，身体重心后移，两掌分开并逐渐翻转向上并慢慢分开回收至胸前，与肩同宽，掌心斜相对，指尖均向上；目视前方。（图 3–61）

图 3–60

图 3–61

两掌翻转向下，落至腹前，两掌掌心均向前，指尖均向上；目视前方。（图 3–62）

（三）弓步按掌

重心前移，左腿屈膝半蹲，右腿挺膝蹬直，成为左弓步，同时，两掌由腹前，向上、向前推出，掌心均向前，指尖均向上；目视两掌方向。（图 3–63）

图 3–62

图 3–63

【练习要点】

身体后坐时须松腰、松胯，上体不可后仰，臀部不要外凸。两臂随转身回收时，肩、肘略向外松开，不要直着抽回。两手推出宽度不要超过两肩。

【呼吸方法】

穿掌翻手、后坐收掌时吸气，弓步按掌时呼气。

【意念方法】

导引法：穿掌翻手、后坐收掌时想象气由两手行至丹田，弓步按掌时意想丹田内气行至两手。

技击法：设想对方以左手抓住我右臂，我即用左手自右臂抽出，擒拿对方左腕。继而两掌向里引进化解对方的力，使其前仆。当对方回挣左臂时，我借其力向前推对方胸部，将其推出。

十四、十字手

【动作歌诀】

上体右移扣脚转，两掌外分似挑担。

合抱胸前十字手，收脚直立庭前站。

【动作方法】

（一）转身扣脚

身体重心稍向右移，左脚尖翘起里扣落地踏实，上体右转，同时，右掌向右横拉于右耳旁，左掌回屈于左耳旁，两掌虎口相对，指尖均向上；目视前方。（图 3-64）

图 3-64

（二）弓步分掌

上动不停，仍成横弓步，两掌同时向外、向下分掌身体两侧，高与肩平，掌心均向外，指尖均向上；目视前方。（图3–65）

（三）收脚合抱

紧接上动，右脚里收半步，成为开立步，同时，两掌向下、向里、向上合抱交叉于胸前，右掌在外，左掌在里，掌心均向里，指尖均斜向上；目视前方。（图 3–66）

图 3–65

图 3–66

【练习要点】

两掌分开和合抱时，上体不要前俯。右脚收回时，脚尖先向里扣。站起后身体自然正直，两腿微屈，头要微向上顶，颌稍向后收。两臂环抱时须圆满舒适，沉肩坠肘。

【呼吸方法】

转身扣脚、弓步分掌时吸气，收脚合抱时呼气。

【意念方法】

导引法：转身扣脚、弓步分掌时想象气由两手行至丹田，收脚合抱时意想丹田内气行至两手。

技击法：设想对方两手向我胸部打来时，我用两腋挟住对方两腕，并用两手从对方两臂下向上托其两肘，将其托起。

十五、抱虎归山

【动作歌诀】

拗步推掌膝外搂，伸臂后捋腰带手。

搭腕前挤脚催劲，挤劲过后变按柔。

【动作方法】

（一）转身运臂

身体重心微向右移，左脚尖向里扣，然后两腿屈膝，身体重心落于左腿，随即身体左转，左手由胸前向下、向左划弧至身体左侧，掌心向右，拇指侧向上，左臂屈肘，右掌回收至胸前，掌心向里，拇指侧向上；目视前方。（图 3–67）

图 3–67

紧接上动，上体微向左转，重心移至左腿，右脚提起里收，脚尖自然下垂，同时，左手向上、向右划弧于左耳侧，掌心向右，指尖向上，右掌向下、向右划弧于右胸前，掌心向下，指尖向左；目视左掌方向。（图 3–68）

图 3–68

（二）弓步推按

身体右转，右脚向右后上步，脚跟着地，成为右虚步，同时，左掌屈肘向里回收于左耳侧旁，掌心向前，指尖向上，右掌向下、向右搂于右膝上方，掌心向下，指尖向前；目视前方。（图 3–69）

上体右转，右脚前掌落地踏实，重心前移，右腿屈膝半蹲，左腿挺膝蹬直成为右弓步，同时，右手向右后搂于右胯旁，掌心向下，指尖向前，左掌向前立掌推出，掌心向前，指尖向上；目视左掌方向。（图 3–70）

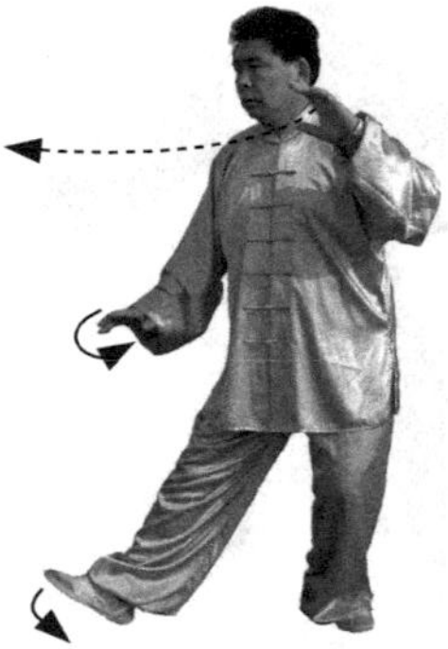

图 3–69

图 3–70

（三）弓步伸臂

上体微向右转，随转身右手从右下侧上举，约与肩同高，手心斜向下，指尖向前，左掌外旋翻掌于右腕内下侧，掌心向上，指尖向前；目视右手方向。（图 3–71）

（四）转身后捋

紧接上动，身体重心后移，上体稍左转，同时，两掌随转身向下、向左划弧捋手，右掌于右侧，掌心向前，拇指侧斜向上，左掌于右胸前，掌心向里，拇指侧向上；目视右掌方向。（图 3–72）

图 3–71

图 3–72

（五）转身搭手

上体稍向右转，身体重心逐渐前移，同时，两掌向左、向上、向右慢慢划弧，右臂平屈成半圆胸前，右掌掌心向里，拇

指侧向上，左掌附于右手腕里侧，左臂肘下垂屈成半圆，左掌掌心向前，指尖向上；目视右掌方向。（图 3–73）

（六）弓腿前挤

上动不停，身体重心继续前移，右腿屈半蹲，左腿挺膝蹬直，成为右弓步，同时，两掌向前挤出，右掌挤于右胸前，右臂平屈成半圆，右掌掌心向里，拇指侧向上，左掌附于右手腕里侧，左臂肘下垂屈成半圆，左掌掌心向前，指尖向上；目视右掌方向。（图 3–74）

图 3–73

图 3–74

（七）后坐收掌

左手经右腕上方向前、向左伸出，与右手齐平，手心向下，右手随即翻掌向下，两手左右分开与肩同宽；目视两掌方向。（图 3–75）

图 3–75

图 3–76

上动不停，上体后坐，身体重心移至左腿，右脚尖翘起，同时，两臂屈收至胸前，掌心均向前下方，指尖均向前上方；目视两掌方向。（图 3–76）

（八）弓步按掌

紧接上动，身体重心前移，右腿屈膝半蹲，左腿挺膝蹬直成为右弓步，同时，两手慢慢继续向后收，然后经腹前再向上、向前按出，掌心均向前，指尖均向上，手腕高与肩平；目视前方。（图 3–77）

图 3–77

【练习要点】

左手推出时，须沉肩坠肘，坐腕舒掌，身体不可前俯后仰，要与松腰、弓腿上下协调一致。搂膝拗步弓步时，两脚跟的横向距离保持约 30 厘米。掤出时两肩下沉，两臂成弧形，分手、松腰和弓腿要协调一致。下捋时上体不可前倾，臀部不要凸出，两臂下捋要随腰旋转，仍走弧线。向前挤时，上体要正直，挤的动作要与松腰、弓腿相一致。向前按时，上体要正直，松腰、松胯。两臂要随着松腰、弓腿徐徐向前按出，沉肩垂肘，两掌须走曲线。整个动作要以腰为主宰，两臂绕行，须圆活自然。腿部的前弓后坐要灵活稳健。

【呼吸方法】

转身运臂时吸气，弓步推按时呼气。弓步伸臂、转身后捋时吸气，转身搭手、弓腿前挤时呼气。后坐收掌时吸气，弓步按掌时呼气。

【意念方法】

导引法：转身运臂时想象气由两手行至丹田，弓步推按时意想丹田内气行至两手。弓步伸臂、转身后捋时想象气由两手行至丹田，转身搭手、弓步前挤时意想丹田内气行至两手。后坐收掌时想象气由两手行至丹田，弓步按掌时意想丹田内气行至两手。

技击法：设想对方用左脚向我裆部踢来，我用右手外搂开其腿，并用左掌推击对方胸部。当对方化解开后，用左拳向我胸部击打而来时，我左手粘其左腕，右手粘其左肘顺其来拳向左后捋领对方左臂。当对方回抽左臂时，我借劲用右臂挤靠对方胸部。当对方化解开后，用双手向我胸部攻击而来时，我两手粘其两臂下按，防开其攻击。当对方后抽两臂时，我借劲用两手向前推按对方胸部，使对方后倒。

十六、肘底看捶

【动作歌诀】

转身摆掌似运球，迈步跟脚连摆手。

捶居肘下前劈掌，三尖相照合要求。

【动作方法】

（一）左转摆掌

上体后坐，身体重心慢慢移至左腿，右脚尖里扣，同时，上体左转，随转身右掌向前、向左划弧，右肩前，臂微屈，高与鼻平，掌心向左，拇指侧斜向里，左手向左后划弧于右臂内侧旁，掌心向下，指尖向前；目视右掌。（图 3–78）

身体重心左移再渐渐移向右腿，上体左转再稍右转，同时，两掌向前、向左弧形运转，屈臂摆于胸前，两掌虎口相对，掌心均向下；目视前方。（图 3–79）

图 3–78

图 3–79

（二）右转摆掌

上动不停，身体重心右移，上体右转，同时，两掌向前、向右弧形运转摆掌，右臂平屈于身体右侧，高与鼻平，掌心向下，拇指侧向里，左掌摆于右腕内侧，掌心向下，指尖向右；目视右掌方向。（图 3–80）

身体左转，左脚提起里收、向前、向右上一步，脚跟着地，成为左虚步，同时，右掌向前、向左划弧于身体右侧，掌心向下，拇指侧向里，左掌向左摆掌屈于胸前，掌心向里，拇指侧向上；目视左前方。（图 3–81）

图 3–80

图 3–81

（三）跟步摆掌

上动不停，身体继续左转，左脚前掌下落踏实，重心前移，右脚跟提起，同时，左掌由胸前继续向左摆掌于左肩侧，

高与鼻平，掌心向前，拇指侧向里，右掌向上、向左屈臂摆于右胸前，掌心斜向下，拇指侧向里；目视左掌。(图 3–82)

图 3–82

(四) 虚步藏捶

身体稍左转，右脚前跟上半步，同时右掌向前下划弧于胸前，掌心向左，拇指侧斜向上，左掌向前、向下落于左肋前，掌心向下，拇指侧向里；目视右掌方向。(图 3–83)

紧接上动，左脚向前半步，脚跟着地，脚尖翘起，成为左虚步，同时，左掌收经左腰际成侧立掌，再经右腕上向前劈出，指尖高与鼻尖平，右掌握拳，收至左肘内下侧，拳眼向上，拳心向左；目视左掌方向。(图 3–84)

图 3–83

图 3–84

【练习要点】

整个动作要连贯一气，以腰为轴带动四肢。定势时松肩垂肘，微向下沉劲，右拳置于肘下方偏右，保持胸部舒展。鼻尖对掌尖，掌尖对脚尖，三尖相照。

【呼吸方法】

左转摆掌时吸气，右转摆掌时呼气。跟步摆掌时吸气，虚步藏捶时呼气。

【意念方法】

导引法：左转摆掌时想象气由两掌行至丹田，右转摆掌时意想丹田内气行至两手。跟步摆掌时想象气由两掌行至丹田，虚步藏捶时意想丹田内气行至两手。

技击法：设想对方用左拳向我胸部击打，我用左手粘其左腕，右手粘其左肘，顺其劲向左后捋带。当对方趁我捋劲跟步进身于我左侧时，用右拳向我腹部击打，我用右手接抓住其腕外旋回领，并用左肘臂下压对方右肘关节，使其右肘受制。

第二段

十七、左右倒撵猴

【动作歌诀】

轻灵撤步似猫行，搓掌抽臂倒卷肱。

退步搓掌相一致，左右势子法相同。

【动作方法】

（一）转身撒手

身体稍左转，左脚稍里收，脚跟提起，前脚掌着地成为左虚步，左掌松腕稍向下，指尖向前，拇指侧向上，右拳成掌向下、向后屈肘收抱于右腰侧，掌心向上，拇指侧向外；目视左手方向。（图 3–85）

（二）提膝屈肘

身体重心移至右腿，左腿屈膝提起于右腿内侧，脚尖自然下垂，同时，左掌外旋翻掌稍向下略低于肩，掌心向上指尖向前，右掌向后、向上摆屈于右耳旁，掌心向前，指尖向上；目视左掌方向。（图 3–86）

图 3–85

图 3–86

（三）退步搓手

右腿屈膝半蹲，左脚向左后侧退一步，脚前掌先着地，然后慢慢踏实，同时，右掌向前于右耳侧前，掌心向前，指尖向上；目视左掌方向。（图 3–87）

图 3–87

图 3–88

（四）虚步推掌

上动不停，身体重心逐渐后移，右脚跟提起，成为右虚步，同时，上体左转，右掌随转身沿左臂上方向前推掌，掌心向前，指尖向上，左掌回抽屈臂撤于左腰侧，掌心向上，指尖向前；目视右掌方向。（图 3–88）

（五）提膝屈肘

身体重心移至左腿，右腿屈膝提起于左腿内侧，脚尖自然下垂，同时，右掌外旋翻掌稍向下略低于肩，掌心向上指尖向前，左掌向后、向上摆屈于左耳旁，掌心向前，指尖向上；目视右掌方向。（图 3–89）

图 3–89

（六）退步搓手

左腿屈膝半蹲，右脚向右后侧退一步，脚前掌先着地，然后慢慢踏实，同时，左掌向前于左耳侧前，掌心向前，指尖向上；目视右掌方向。（图 3–90）

（七）虚步推掌

上动不停，身体重心逐渐后移，左脚跟提起，成为左虚步，同时，上体右转，左掌随转身沿右臂上方向前推掌，掌心向前，指尖向上，右掌回抽屈臂撤于右腰侧，掌心向上，指尖向前；目视左掌方向。（图 3–91）

图 3–90

图 3–91

（八）提膝屈肘

身体重心移至右腿，左腿屈膝提起于右腿内侧，脚尖自然下垂，同时，左掌外旋翻掌稍向下略低于肩，掌心向上指尖向

前，右掌向后、向上摆屈于右耳旁，掌心向前，指尖向上；目视左掌方向。（图 3–92）

图 3–92

（九）退步搓手

右腿屈膝半蹲，左脚向左后侧退一步，脚前掌先着地，然后慢慢踏实，同时，右掌向前于右耳侧前，掌心向前，指尖向上；目视左掌方向。（图 3–93）

（十）虚步推掌

上动不停，身体重心逐渐后移，右脚跟提起，成为右虚步，同时，上体左转，右掌随转身沿左臂方向前推掌，掌心向前，指尖向上，左掌回抽屈臂撤于左腰侧，掌心向上，指尖向前；目视右掌方向。（图 3–94）

图 3–93

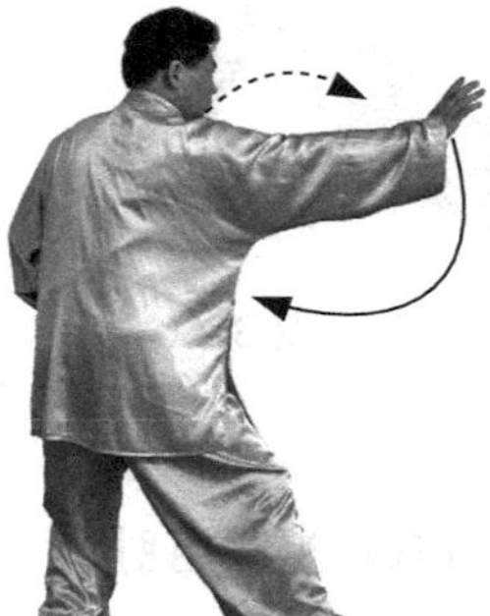

图 3–94

【练习要点】

前推的手不要伸直，后手也不可直向回抽，仍走弧线。前推时要转腰、松胯。两手的速度要一致，避免僵硬。退步时，前脚掌先着地再慢慢踏实，同时把前脚掌扭正。退左脚略向左后斜，退右脚略向右后斜。后退时避免忽高忽低，须平衡稳定。虚步的前膝不要挺直。两眼随转体动作先向左右看，然后再看前手。

【呼吸方法】

转身撒手、提膝屈肘时吸气，退步搓手、虚步推掌时呼气。提膝屈肘时吸气，退步搓手、虚步推掌时呼气。

【意念方法】

导引法：转身撒手、提膝屈肘时想象气由两手行至丹田，退步搓手、虚步推掌时意想丹田内气行至两手。提膝屈肘时想象气由两手行至丹田，退步搓手、虚步推掌时意想丹田内气行至两手。

技击法：设想对方用拳向我胸部击打，我一手接抓住其来拳外旋回领，同时用另一手推击对方面部或耳侧部。

十八、斜飞式

【动作歌诀】

两掌合抱右转身，气沉丹田身平稳。
重心前移成弓步，斜展双臂把掌分。

【动作方法】

（一）合抱转身

上体右转同时右手向右、向下、向左划弧于右腹前，掌心

向左，拇指侧向上，左掌向左、向上、向右前于胸前，掌心向右，指尖向上；目视左掌方向。（图 3–95）

紧接上动，身体向右后转身，右脚向右后撤上一步，脚跟着地，成为右虚步，同时，右掌稍向左上伸，掌心仍向上，指尖向左；目视右前方。（图 3–96）

图 3–95

图 3–96

（二）弓步斜分

身体重心逐渐前移至右腿，右腿屈膝半蹲，左腿挺膝蹬直，成为右弓步，同时，两手向右上、左下分开，右手高与眼齐，掌心斜向上，拇指侧斜向前，左手停于左胯旁，掌心向下，指尖向前；目视右手方向。（图 3–97、图 3–98）

图 3–97

图 3–98

【练习要点】

向右转身时不可太快，上下脚动作要协调一致。整个动作要稳定、自然。

【呼吸方法】

合抱转身时吸气，弓步斜分时呼气。

【意念方法】

导引法：合抱转身时想象气由两手行至丹田，弓步斜分时意想丹田内气行至两手。

技击法：设想对方用左拳向我胸部击打时，我右手粘住其臂，顺其来拳之劲，向左下捋带其臂。当对方回抽左臂时，我右脚前上一步于对方左腿外后侧，别绊住其腿，我顺其回抽之臂，用右臂挑靠对方左腋及肋胸部，使其后倒。

十九、提手上势

【动作歌诀】

两手合提于胸前，虚步上势劲蓄含。

上下呼应相一致，内外相合意气连。

【动作方法】

（一）跟步挑掌

上体稍右转，重心先移至右腿，左脚提起前跟半步踏实，重心再左移至左腿，成为右虚步，同时，上体再左转，左掌随转身稍向外撑，掌心向下，指尖向前，右掌向前、向左稍划弧摆掌于身体右前侧，掌心向左，拇指侧斜向上；目视前方。（图 3–99）

图 3–99

（二）虚步合提

图 3-100

紧接上动，身体左转重心移至左腿，右脚提起落于左脚前，脚跟着地，成为右虚步，同时，左掌向左横摆于胸前，掌心向右，拇指侧向里，右掌向左横摆挑掌于面前，掌心向左，拇指侧向里；目视右掌食指。（图 3-100）

【练习要点】

在移动身体重心时，上体要平稳自然，臀部不可外凸，在右脚跟着地时，右膝微屈，两肩放松下沉，两臂微屈，肘尖下垂。胸部肌肉放松。

【呼吸方法】

跳步挑掌时吸气，虚步合提时呼气。

【意念方法】

导引法：跳步挑掌时想象气由两手、两脚行至丹田，虚步合提时意想丹田内气行到两手、两脚。

技击法：设想对方由对面用左手向我胸部击打，我右手粘其腕，左手粘其肘部向右横拍，两手合劲，使对方肘断。

二十、白鹤亮翅

【动作歌诀】

白鹤展翅立鸡群，左来右捆两臂分。

沉气落胯腰拔起，开中寓合须用心。

【动作方法】

（一）转身抱球

身体向左转，同时，两手向左下划弧，在身体左侧相抱，左手在上，左掌掌心向下，拇指侧向里，右手在下，掌心向上，拇指侧向前；目视左掌方向。（图 3–101）

上体左转，右脚稍向右移，脚尖里扣，同时右手随转身向左上划弧，掌心向上，拇指侧向前；目视左掌方向。（图 3–102）

图 3–101

图 3–102

（二）虚步分掌

上体右转，右脚稍向右下踏实，同时，两手随转身分别向右上、左下分开，右手上提于右胸前，掌心向左，拇指侧向上，左掌下落于右臂内下侧，掌心向下，指尖向前；目视前方。（图 3–103）

图 3–103

图 3–104

上动不停，上体右转后再左转，重心后移至右腿上，左脚移至体前，脚尖点地，成为左虚步，同时，两手继续分别向左上、左下分开，右手上提停于右额前，手心向前，指尖向上，左掌下按落于左胯前，手心向下，指尖向前；目视前方。(图 3–104)

【练习要点】

胸部含蓄，臀部收敛，步法虚实分明，左手上提展时，要以腰脊之力提领。左手肘部须有沉意，不可挺直，两臂上下都要保持平圆形，左膝微屈，重心后移和右手上提、左手下落要协调一致。

【呼吸方法】

转身抱球时吸气，虚步分掌时呼气。

【意念方法】

导引法：转身抱球时想象气由两手行至丹田，虚步分掌时意想丹田内气行至两手。

技击法：设想对方以左拳击我面部、用左腿踢我裆部，我用右臂掤架开来拳，左手下分挂开其来腿以护裆部。

二十一、左搂膝拗步

【动作歌诀】

起肩过胯膝外搂，拗步推掌沉腕肘。

搂推弓步相一致，身体中正上顶头。

【动作方法】

（一）转身落手

接上动作，上体稍右转，同时，左掌外旋向前、向上最低点摆于左肩前侧，肘微屈，手与耳同高，掌心向右，拇指侧向里，右外旋向下、向里划弧于左胸前，掌心向左，拇指侧向里；目视左掌方向。（图 3–105）

上动不停，上体继续右转，同时，右掌向下、向后划弧落至右肋旁，肘微屈，掌心向下，指尖向左，左掌向右下划弧于左肩外前侧，掌心向右，拇指侧向里；目视右前方。（图 3–106）

图 3–105

图 3–106

（二）转身收脚

上体右转，重心移至右腿，左脚收回至右脚内侧，脚尖自然下垂，同时，右手向后、向上划弧至右肩部外侧，肘微屈，手与耳同高，掌心向上，指尖向右，左掌向上、向右下方划弧至右胸前，掌心向下，拇指侧向里；目视前方。（图 3–107）

（三）迈步屈肘

上体左转，左脚向左前迈出，脚跟着地，成为左虚步，同时，左手向下、向外搂掌于左膝前，掌心向下，拇指侧向里，右掌屈臂向上、向里于右耳外侧旁，掌心向前，指尖向上；目视前方。（图 3–108）

图 3–107

图 3–108

（四）弓步搂推

上动不停，重心前移，左脚前脚掌下落踏实，左腿屈膝半蹲，右腿挺膝蹬直，成为左弓步，同时，左掌由左前向外搂掌于左胯旁，掌心向下，指尖向前，右掌由右耳侧向前推出，高与鼻尖平，掌心向前，指尖向上；目视右掌方向。（图 3–109）

图 3–109

【练习要点】

右手推出时，须沉肩坠肘，坐腕舒掌，身体不可前俯后仰，要与松腰、弓腿上下协调一致。搂膝拗步弓步时，两脚跟的横向距离保持约 30 厘米。如果在向前迈步时，能掌握好变换身体重心的要领，可脚尖着地，也可不着地向前迈出，但前进之脚务必经过支撑脚的内侧再向前上步，身体保持平稳。

【呼吸方法】

转身落手、转身收脚时吸气，迈步屈肘、弓步搂推时呼气。

【意念方法】

导引法：转身落手、转身收脚想象气由两手行至丹田，迈步屈肘、弓步搂推时意想丹田内气行至两手。

技击法：设想对方用右脚向我裆部踢来，我用左手将其来腿搂开，同时用右掌向其胸部推击，将其推出。

二十二、海底针

【动作歌诀】

跟步松腕稍进身，步子虚实要明分。

上体前俯臂插下，似如海底定海针。

【动作方法】

（一）跟步松手

身体重心前移，右脚脚跟先提起，再整个脚提起向前跟半步，前脚掌先着地，同时，右掌松腕，稍向上挑，掌心向左，指尖向上，左掌稍向前上，掌心向下，指尖向前；目视右掌食指。（图 3–110）

身体重心后移，右脚跟下落踏实，左脚里收提起，同时，右手继续向上挑，掌心向左，虎口斜向上，左掌稍向上，掌心向下，指尖向前；目视右掌食指。（图 3–111）

图 3–110

图 3–111

（二）虚步插掌

接上动作，左脚向前半步，脚尖着地，成为左虚步，同时，身体稍左转，上体稍向前俯，右掌向前下插掌于裆前，掌心向左，指尖斜向下，左掌向下、向外划弧于左胯旁，掌心向下，指尖向前；目视前下方。（图 3–112）

图 3–112

【练习要点】

弓步松手、提脚挑掌与虚步插掌上下脚动作要协调一致，动作要连贯。完成姿势上体不可太前倾，避免低头和臀部外凸，左膝要微屈。

【呼吸方法】

跟步松手时吸气，虚步插掌时呼气。

【意念方法】

导引法：跟步松手时想象气由两手行至丹田，虚步插掌时意想丹田内气行至两手。

技击法：设想对方用左拳向我面部击打，我用右臂向上挑架开对方来拳。当对方回抽左臂时，我借此机用右掌向对方腹部插击。或对方用右腿向我裆部踢来，我用右臂向外挂开其来腿。

二十三、闪通背

【动作歌诀】

右臂滚架左手撑，脊连两臂劲贯通。

弓步架推浑一体，劲点确在腰际中。

【动作方法】

（一）提手收脚

身体重心后移至右腿，左脚屈膝提起，脚尖自然下垂，同时，右掌内旋向前、向上提掌与肩平，掌心向外，指尖向前，左掌向前、向上附于右肘内下侧，掌心向右，指尖斜向上；目视右掌方向。（图 3–113）

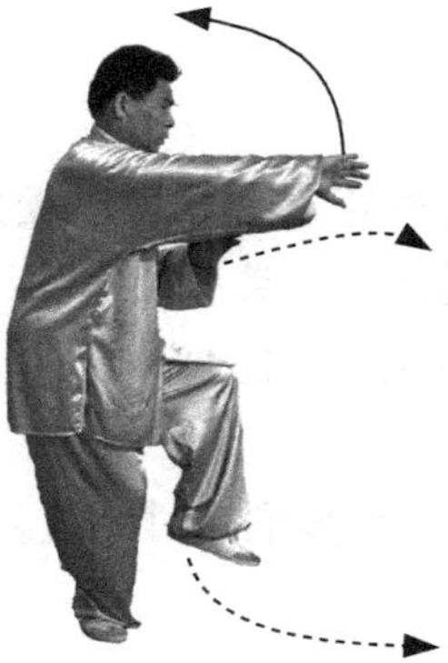

图 3–113

（二）弓步推撑

身体重心前移，左脚向前下落步，左腿屈膝半蹲，右腿挺膝蹬直成为左弓步，同时，右掌屈臂上架于额前上方，掌心向上，指尖向前，左掌上起经胸前向前推出，高与鼻尖平，掌心向前，指尖向上；目视左手方向。（图 3–114）

图 3–114

【练习要点】

完成姿势上体自然正直，松腰、松胯，左臂不要完全伸直，背部肌肉要伸展开。推掌、架掌和弓步动作要协调一致。弓步时两脚跟的横向距离约 10 厘米。

【呼吸方法】

提膝收脚时吸气，弓步推掌时呼气。

【意念方法】

导引法：提膝收脚时想象气由两手行至丹田，弓步推掌时意想丹田内气行至两手。

技击法：设想对方用右拳向我面部击打，我用右手接抓住其来拳之腕，上架并回领其臂，并用左掌推击其右胸部。

二十四、撇身捶

【动作歌诀】

横截压带闪正中，翻拳按掌劲宜整。

手眼身步要协调，收拳推掌随腰动。

【动作方法】

（一）转身握拳

身体右转，重心先右移，左脚里扣重心再移至左腿，左腿屈膝半蹲成为右虚步，同时右掌成拳向下、向里屈于右胸前，拳心向下，拳眼向里，左掌向上、向右举于头左侧上方，掌心向上，拇指侧向里；目视前方。（图 3–115）

图 3–115

（二）提脚挽拳

右腿屈膝提起，脚尖自然下垂，同时，左掌屈臂向前、向

下按于腹前，掌心向下，拇指侧向里，右拳从左腕内侧向上挽拳穿出，拳眼向上，拳心向里；目视前方。（图 3–116）

图 3–116

（三）踩脚翻砸

右脚向前下落，脚跟着地，成为右虚步，同时，右拳以拳背为力点向前下翻拳砸击，拳高与鼻尖平，右肘微屈，拳心向上，拳面向前，左掌稍向下按附于右肘内下侧旁，掌心向下，指尖向前；目视右拳方向。（图 3–117）

（四）弓步推掌

身体右转，右脚前掌下落踏实，右腿屈膝半蹲，左腿挺膝蹬直成为右弓步，同时，右拳屈肘收于右腰侧，拳心向上，拳面向前，左掌向前推出，腕高与肩平，掌心向前，指尖向上；目视左掌方向。（图 3–118）

图 3–117

图 3–118

【练习要点】

撇捶时拳臂翻转要随腰联动，有如抛物之感，做到“横肘竖落”。撇身捶整个动作，手眼身法步要处处协调、顺遂，环环相扣，不可有停顿之处。

【呼吸方法】

转身握拳吸气，提膝挽拳时呼气。踩脚翻砸时吸气，弓步推掌时呼气。

【意念方法】

导引法：转身握拳想象气由两手行至丹田，提膝挽拳时意想丹田内气行至两手。踩脚翻砸时想象气由两手行至丹田，弓步推掌时意想丹田内气行至两手。

技击法：设想对方用左拳向我胸部击打，我用左手向下按开对方来拳，并用右翻背拳砸击对方面部。当对方用右臂架防我右拳时，我用左掌推击对方胸部。

二十五、进步搬拦捶

【动作歌诀】

太极五捶此为先，搬拳之后立掌拦。
拦掌过后捶急进，上下相随劲不断。

【动作方法】

（一）后坐翻砸

身体左转，重心后移至左腿，左腿屈膝半蹲，右脚尖翘起，成为右虚步，同时，右拳向前穿过左掌背于胸前，臂微屈，拳高与鼻尖平，拳心向上，拳面向前，左掌向下、向里按附于右上臂内下侧旁，掌心向下，指尖向前；目视右拳方向。

（图 3–119）

上动不停，右拳继续向下翻砸，臂微屈，拳高与胸平，拳心向上，拳面向前，左掌向下、向里收于左腰侧，掌心向下，指尖向前；目视右拳方向。（图 3–120）

图 3–119

图 3–120

（二）提脚挽拳

右脚屈膝提起，脚尖自然下垂，同时，左掌屈臂向后、向上划弧按于额左上侧，掌心向下，拇指侧向里，右拳向下、向里上挽拳于胸前，拳眼向上，拳心向里；目视前方。（图 3–121）

图 3–121

（三）踩脚翻砸

右脚向前下落，脚跟着地，成为右虚步，同时，右拳以拳背为力点向前下翻拳砸击，拳高与鼻尖平，臂微屈，拳心向上，拳面向前，左掌向前、向下按附于右肘内下侧旁，掌心向下，指尖向前；目视右拳方向。（图 3–122）

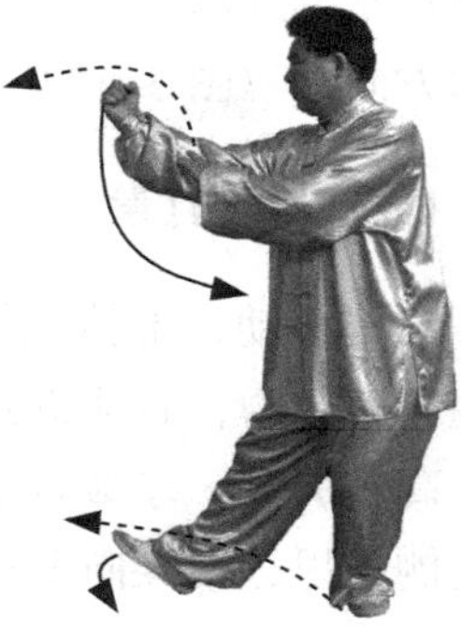

图 3–122

（四）上步拦掌

身体右转，重心前移，右脚前脚掌下落踏实，右腿支撑身体，左腿屈膝向前提起，脚尖自然下垂，同时，右拳屈肘收抱于右腰侧，拳心向上，拳面向前，左掌向左再向前划弧，掌心向前下方，指尖向前上方；目视左掌方向。（图 3–123）

图 3–123

上动不停，左脚向前上步下落，脚跟着地，成为左虚步，同时左掌继续向前拦掌，掌心向前下方，指尖向前上方；目视左掌方向。（图 3–124）

（五）弓步打拳

紧接上动，上体左转，重心前移，左脚前脚掌下落踏实，左腿屈膝半蹲，右腿挺膝蹬直成为左弓步，同时，右拳向前打出，高与胸平，拳眼向上，拳面向前，左掌附于右前臂里侧，拇指侧向里，指尖向上；目视右拳方向。（图 3–125）

图 3–124

图 3–125

【练习要点】

上体自然正直。右拳要松握。右拳回收时，前臂要慢慢内旋划弧，然后再外旋停于右腰旁，拳心向上。右拳向前打出时，右肩要随拳略向前引，沉肩坠肘，右臂要微屈。弓步两脚跟的横向距离约 10 厘米。

【呼吸方法】

后坐翻砸、提脚挽拳时吸气，踩脚翻砸时呼气。上步拦掌时吸气，弓步打拳时呼气。

【意念方法】

导引法：后坐翻拳、提脚挽拳时想象气由两手行至丹田，踩脚翻砸时意想丹田内气行至两手。上步拦掌时想象气由两手行至丹田，弓步打拳时意想丹田内气行至两手。

技击法：设想对方用左拳向我胸部击打，我用左掌按消其来拳，并用右翻背拳砸击对方面部。对方再用右拳向我胸部击打，我用左掌横拦其来拳，并用右拳击打对方胸部，使对方胸部受伤。

二十六、上步揽雀尾

【动作歌诀】

上步合手体自然，两臂前掤劲撑满。

捋掌搭手合挤出，后坐按推掌向前。

【动作方法】

（一）提脚合手

身体重心后移，左脚尖翘起外展，上体左转，同时，右拳成掌向下，向左划弧于腹前，掌心向左，指尖向前，左掌向上屈臂于胸前，掌心向右，拇指侧向里；目视前方。(图 3–126)

图 3–126

身体重心前移至左腿，右腿屈膝提起于左腿内前侧，脚尖自然下垂，同时，右掌继续向左上划弧抱于胸前，左掌稍向下、向前于胸前，掌心斜向下，指尖向前；目视两手前方。（图 3–127）

图 3–127

（二）弓步双掤

紧接上动，右脚向前下落步，脚跟着地，同时两掌向前上推送，右掌高与肩平，掌心向里，拇指侧向上，左掌于右前臂内侧，掌心向前，指尖斜向上；目视两掌方向。（图 3–128）

上动不停，身体重心前移，右脚前脚掌着地踏实，右腿屈膝半蹲，左腿挺膝蹬直，成为右弓步，同时，右臂稍平屈向前上掤出，掌心向里，拇指侧向上，左掌掤附于右前臂内侧，掌心向前，指尖向上；目视两手方向。（图 3–129）

图 3–128

图 3–129

（三）后坐下捋

图 3–130

上体稍向右转，右手随即内旋翻掌前伸，掌心向下，指尖向前，左手掌稍外旋，前伸于右前臂内侧，掌心向右，指尖向前；目视右掌方向。（图 3–130）

紧接上动，身体重心后移，上体稍左转，同时，两掌随转身向下、向左划弧捋手，右掌于右侧，掌心向前，拇指侧斜向上，左掌于右胸前，掌心向里，拇指侧向上；目视右掌方向。（图 3–131）

上动不停，身体重心继续移向左腿，成为右虚步，上体稍左转，同时两掌随转身继续向左后上捋，右掌捋于右胸前，掌心斜向上，拇指侧向外，左掌捋于胸前，掌心斜向下，拇指侧向里；目视右掌方向。（图 3–132）

图 3–131

图 3–132

（四）弓步前挤

上体稍向右转，身体重心逐渐前移，同时，两掌向左、向上、向右慢慢划弧挤出，右掌挤于右胸前，右臂平屈成半圆，右掌掌心向里，拇指侧向上，左掌附于右手腕里侧，左臂肘下垂屈成半圆，左掌掌心向前，指尖向上；目视右掌方向。（图3–133）

上动不停，身体重心继续前移，右腿屈半蹲，左腿挺膝蹬直，成为右弓步，同时，两掌继续前挤出，右掌挤于右胸前，右臂平屈成半圆，右掌掌心向里，拇指侧向上，左掌附于右手腕里侧，左臂肘下垂屈成半圆，左掌掌心向前，指尖向上；目视右掌方向。（图 3–134）

图 3–133

图 3–134

（五）后坐收掌

左手经右腕上方向前、向左伸出，与右手齐平，手心向

下，右手随即翻掌向下，两手左右分开与肩同宽；目视两掌方向。（图 3–135）

上动不停，上体后坐，身体重心移至左腿，右脚尖翘起，同时，两臂屈收至胸前，掌心均向前下方，指尖均向前上方；目视两掌方向。（图 3–136）

图 3–135

图 3–136

（六）弓步前按

紧接上动，身体重心前移，右腿屈膝半蹲，左腿挺膝蹬直成为右弓步，同时，两手慢慢继续向后收，然后经腹前再向前、向上按出，掌心均向前，指尖均向上，手腕高与肩平；目视前方。（图 3–137）

图 3–137

【练习要点】

掤出时两肩下沉，两臂成弧形，上下肢动作要协调一致。下捋时上体不可前倾，臀部不要凸出，两臂下捋要随腰旋转，仍走弧线。向前挤时，上体要正直，挤的动作要与松腰、弓腿相一致。向前按时，上体要正直，松腰、松胯。两臂要随着松腰、弓腿徐徐向前按出，沉肩垂肘，两掌须走曲线。整个动作要以腰为主宰，两臂绕行，须圆活自然。腿部的前弓后坐要灵活稳健。

【呼吸方法】

提脚合手时吸气，弓步双掤时呼气。后坐下捋时吸气，弓步前挤时呼气。后坐收掌时吸气，弓步前按时呼气。

【意念方法】

导引法：提脚合手时想象气由两手行至丹田，弓步双掤时意想丹田内气行到两手。后坐下捋时想象气由两手行至丹田，弓步前挤时意想丹田内气行到两手。后坐收掌时想象气由两手行至丹田，弓步前按时意想丹田内气行到两手。

技击法：对方若用左拳向我右肋部击打，我用右手粘住其来拳之肘，顺其劲捋引开其来拳，并前上右脚于对方左脚外侧绊住其腿，并用双掤掌掀对方左腋，使其后倒。若对方化解，我左手粘其左腕，右手粘其左肘向下捋对方左臂。当对方有前倾感，回抽左臂时，我借其劲，挤其胸部，使对方后倒。若对方化解，用双手向我胸部击来时，我两手粘其腕，顺其劲后坐回引对方两手。当对方有前倾感回抽时，我借其劲用两掌前按对方胸部，将其按出后倒。

二十七、单鞭

【动作歌诀】

单鞭多用可防攻，左像箭来右似弓。

体正松腰勿屈下，翻掌前推转腰行。

【动作方法】

（一）扣脚摆掌

右脚尖翘起，以脚跟为轴向内扣脚下落踏实，身体左转，重心左移，同时随转身两手向左横摆划弧，左掌摆撑至身体左侧，腕高与肩平，掌心向左，指尖向上，右掌摆于左腋前，掌心向后，拇指侧向上；目视左掌方向。（图 3–138）

上动不停，上体右转，随转身两手向上、向右摆撑，左掌摆撑于身体右侧，腕高与肩平，掌心向右，拇指侧向下，左掌摆于右上臂内前侧，掌心向后，拇指侧向上；目视右掌方向。（图 3–139）

图 3–138

图 3–139

（二）提脚勾手

身体稍左转，重心移至右腿，左脚提起里收于右脚内侧，脚尖自然下垂，同时，右掌成勾右撑屈腕下勾，勾尖向下，左掌向上、向左云摆于左肩前，掌心向里，拇指侧向上；目视左掌方向。（图 3-140）

（三）弓步推掌

上动不停，身体继续左转，左脚向左上一步，脚跟先着地，然后脚尖再踏实，左腿屈膝半蹲，右腿挺膝蹬直成为左弓步，同时，左掌内旋翻掌向左立掌推出，掌心向左，指尖向上；目视左掌方向。（图 3-141）

图 3-140

图 3-141

【练习要点】

完成姿势上身正直，松腰，右肘部稍下垂，左肘与左膝上下相对，两肩下沉。左手内旋翻掌立掌推出时要随转身边翻边

推出，不要翻掌太快或最后突然翻掌。全部过渡动作，上下要协调一致。

【呼吸方法】

扣脚摆掌的前半动作左摆撑掌时吸气，扣脚摆掌的后半动作右摆撑掌时呼气。提脚勾手时吸气，弓步推掌时呼气。

【意念方法】

导引法：扣脚摆掌的前半动作左摆撑掌时想象气由两手行至丹田，扣脚摆掌的后半动作右摆撑掌时意想丹田内气行至两手。提脚勾手时想象气由两手、两脚行至丹田，弓步推掌时意想丹田内气行至两手、两脚。

技击法：设想对方左拳向我胸部击打，我左手粘其腕，右手粘其肘顺其来劲向左捋对方左臂。当对方有前倾感，后抽左臂调整身体时，我借其劲，用右勾顶击其胸部，使其向后飞出。若对方顺我捋臂跟进化解时，我用左掌推击其胸部，将对方推出。

第三段

二十八、云手

【动作歌诀】

两手交替环形转，势如行云圆连绵。

腰领手转目随视，步子横行轻灵缓。

【动作方法】

（一）弓步撑掌

身体稍右转，仍成弓步，同时，左掌松腕稍向左下撑掌，

掌心向前，指尖向上，右勾成掌稍向右下撑掌，掌心斜向右，指尖向上；目视左前方。（图 3–142）

图 3–142

（二）撑掌收脚

上动不停，左脚尖里扣，身体继续稍向右转，重心稍向右移，同时，左掌向下、向右上划弧于左肩侧上方，掌心斜向下，指尖向右，右掌向下、向左划弧于右体侧，掌心向下，指尖向右；目视右前方。（图 3–143）

上动不停，身体左转，重心向左移，右腿里收于左脚内侧脚尖点地，同时，左掌向上、向左下撑掌，掌心向左，指尖向上，右掌向左上划弧于左上臂内侧，掌心向里，指尖向左；目视左手方向。（图 3–144）

图 3–143

图 3–144

（三）转身云手

上动不停，身体重心右移，身体右转，同时右掌向上经面前向右运转于右面侧旁，掌心向里，指尖向左，左掌向下、向右上运转于腹前，掌心向里，指尖向右；目视前方。（图 3–145）

上动不停，身体右转，重心继续右移，左脚跟提起，同时，右掌向右下撑掌于体右侧，掌心向前，指尖向右，左掌继续向右、向上划弧于右上臂内侧，掌心向里，指尖向右；目视右掌方向。（图 3–146）

图 3–145

图 3–146

（四）撑掌收脚

紧接上动，身体左转，重心左移，左脚向左横跨一步，同时，左掌向上经面前向左运转于左面侧旁，掌心向里，指尖向右，右掌向下、向左上运转于腹前，掌心向里，指尖向左；目视前方。（图 3–147）

图 3–147

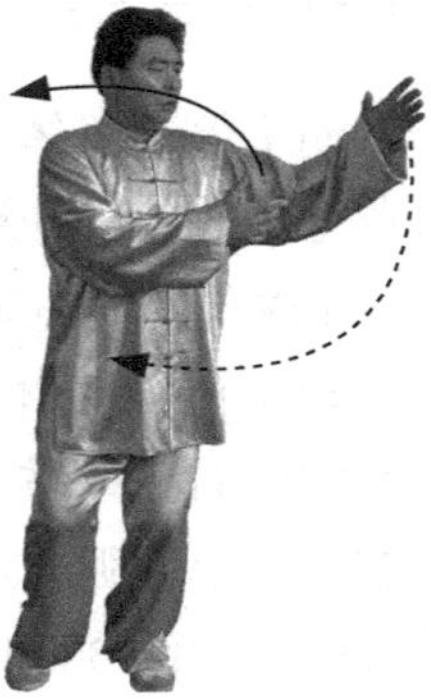

图 3–148

上动不停，身体左转，重心向左移，右腿里收于左脚内侧脚尖点地，同时，左掌向上、向左下撑掌于体左侧，掌心向左，指尖向上，右掌继续向左、向上划弧于左上臂内侧，掌心向里，指尖向左；目视左掌方向。（图 3–148）

（五）转身云手

上动不停，身体重心右移，身体右转，同时右掌向上经面前向右运转于右面侧旁，掌心向里，指尖向左，左掌向下、向右上运转于腹前，掌心向里，指尖向右；目视前方。（图 3–149）

图 3–149

上动不停，身体右转，重心继续右移，左脚跟提起，同时，右掌向右下撑掌于身体右侧，掌心向前，指尖向右，左掌继续向右、向上划弧于右上臂内侧，掌心向里，指尖向右；目视右掌方向。（图 3–150）

图 3–150

（六）撑掌收脚

紧接上动，身体左转，重心左移，左脚向左横跨一步，同时，左掌向上经面前向左运转于左面侧旁，掌心向里，指尖向右，右掌向下、向左上运转于腹前，掌心向里，指尖向左；目视前方。（图 3–151）

上动不停，身体左转，重心向左移，右腿里收于左脚内侧脚尖点地，同时，左掌向上、向左下撑掌于身体左侧，掌心向左，指尖向上，右掌继续向左、向上划弧于左上臂内侧，掌心向里，指尖向左；目视左掌方向。（图 3–152）

图 3–151

图 3–152

（七）转身云手

上动不停，身体重心右移，身体右转，同时右掌向上经面前向右运转于右面侧旁，掌心向里，指尖向左，左掌向下、向右上运转于腹前，掌心向里，指尖向右；目视前方。（图 3–153）

上动不停，身体右转，重心继续右移，左脚跟提起，同时，右掌向右下撑掌于身体右侧，掌心向前，指尖向右，左掌继续向右、向上划弧于右上臂内侧，掌心向里，指尖向右；目视右掌方向。（图 3–154）

图 3–153

图 3–154

（八）撑掌收脚

紧接上动，身体左转，重心左移，左脚向左横跨一步，同时，左掌向上经面前向左运转于左面侧旁，掌心向里，指尖向右，右掌向下、向左上运转于腹前，掌心向里，指尖向左；目

视前方。（图 3–155）

上动不停，身体左转，重心向左移，右腿里收于左脚内侧脚尖点地，同时，左掌向上、向左下撑掌于身体左侧，掌心向左，指尖向上，右掌继续向左、向上划弧于左上臂内侧，掌心向里，指尖向左；目视左掌方向。（图 3–156）

图 3–155

图 3–156

（九）转身云手

上动不停，身体重心右移，身体右转，同时右掌向上经面前向右运转于右面侧旁，掌心向里，指尖向左，左掌向下、向右上运转于腹前，掌心向里，指尖向右；目视前方。（图 3–157）

图 3–157

上动不停，身体右转，重心继续右移，左脚跟提起，同时，右掌向右下撑掌于身体右侧，掌心向前，指尖向右，左掌继续向右、向上划弧于右上臂内侧，掌心向里，指尖向右；目视右掌方向。（图 3–158）

图 3–158

（十）撑掌收脚

紧接上动，身体左转，重心左移，左脚向左横跨一步，同时，左掌向上经面前向左运转于左面侧旁，掌心向里，指尖向右，右掌向下、向左上运转于腹前，掌心向里，指尖向左；目视前方。（图 3–159）

图 3–159

上动不停，身体左转，重心向左移，右腿里收于左脚内侧脚尖点地，同时，左掌向上、向左下撑掌于身体左侧，掌心向左，指尖向上，右掌继续向左、向上划弧于左上臂内侧，掌心向里，指尖向左；目视左掌方向。（图 3-160）

图 3-160

【练习要点】

身体转动要以腰脊为主，松腰、松胯，不可忽高忽低。两臂随腰的转动而运转，要自然圆活，速度要缓慢均匀。下肢移动时，身体重心要稳定，要前脚掌先着地，再全脚掌踏实，脚尖向前。眼的视线随左右手而移动。做第五个“云手”右脚最后跟步时，脚尖微向里扣，便于接“单鞭”动作。

【呼吸方法】

弓步撑掌时吸气，撑掌收脚时呼气。转身云手时吸气，撑掌收脚时呼气。

【意念方法】

导引法：弓步撑掌时想象气由两手行至丹田，撑掌收脚时意想丹田内气行至两手。转身云手时想象气由两手行至丹田，撑掌收脚时意想丹田内气行至两手。

技击法：设想对方以手向我胸部击来，我以一手腕掤接，随翻转手腕采拿其腕，另一手击对方肋部或肘部。

二十九、单鞭

【动作歌诀】

单鞭多用可防攻，左像箭来右似弓。
体正松腰勿屈下，翻掌前推转腰行。

【动作方法】

（一）转身勾手

上动不停，身体重心右移，身体右转，同时右掌向上经面前向右运转于右面侧旁，掌心向里，指尖向左，左掌向下、向右上运转于腹前，掌心向里，指尖向右；目视前方。（图3–161）

图 3–161

身体稍右转，重心右移于右腿，左脚提起里收于右脚内侧，脚尖自然下垂，同时，右掌成勾右撑屈腕下勾，勾尖向下，左掌向上、向左云摆于左肩前，掌心向里，拇指侧向上；目视左掌方向。（图 3–162）

（二）弓步推掌

紧接上动，身体继续左转，左脚向左迈出，同时，右勾向右下稍伸，勾尖向下，左掌经面前向左运掌于左面侧旁，掌心向后，指尖向右；目视左前方。（图 3–163）

图 3–162

图 3–163

上动不停，身体继续左转，重心左移，左脚继续向左上步，脚跟先着地，然后脚尖再踏实，左腿屈膝半蹲，右腿挺膝蹬直成为左弓步，同时，右勾稍向右伸，勾尖向下，左掌内旋翻掌向左立掌推出，掌心向前，指尖向上；目视左掌方向。（图 3–164）

图 3–164

【练习要点】

完成姿势上身正直，松腰，右肘部稍下垂，左肘与左膝上下相对，两肩下沉。左手内旋翻掌立掌推出时要随转身边翻边推出，不要翻掌太快或最后突然翻掌。全部过渡动作，上下要协调一致。

【呼吸方法】

转身勾手时吸气，弓步推掌时呼气。

【意念方法】

导引法：转身勾手时想象气由两手行至丹田，弓步推掌时意想丹田内气行至两手。

技击法：设想对方左拳向我胸部击打而来，我用右手粘住其来拳之腕向右后回领其臂，并用左掌向对方胸部或肋部推击。

三十、高探马

【动作歌诀】

左带右探济阴阳，扑面索喉此式良。

后坐翻掌虚步推，沉肩拔背收腹腔。

【动作方法】

（一）后坐翻掌

身体重心后移，右腿屈膝半蹲，左脚尖翘起，成为左虚步，同时，左掌松腕稍内旋翻，指尖斜向上，拇指侧斜向里，右掌向前、向左划弧屈肘于胸前，掌心向下，拇指侧向里；目视左掌食指。（图 3–165）

（二）虚步推掌

紧接上动，身体重心全移于右腿，左腿屈膝提起，脚尖自然下垂，左掌稍向里旋翻，高与肩平，指尖斜向上，拇指侧斜向里，右掌向上，向前于左肩前，掌心向下，拇指侧向里；目视左掌方向。（图 3–166）

图 3–165

图 3–166

上动不停，身体左转，左脚前上半步，脚尖着地成为左虚步，同时，右掌从左臂上方向前立掌推出，掌心向前，指尖向

上，左掌外旋屈肘收抱于左腰侧，掌心向上，指尖向前；目视右掌方向。（图 3–167）

【练习要点】

上身自然正直，双肩要下沉，右肘微下垂。移换重心时，身体不可有起伏。

【呼吸方法】

后坐翻掌时吸气，虚步推掌时呼气。

图 3–167

【意念方法】

导引法：后坐翻掌时想象气由两手行至丹田，虚步推掌时意想丹田内气行至两手。

技击法：设对方左拳向我胸部击打，我用左手接抓住对方左腕向左后回领，同时用右掌推击对方面部或耳侧。

三十一、左右分脚

【动作歌诀】

穿掌提脚稳立站，两掌交叉抱胸前。

分撑两臂匀分脚，左右分脚紧相连。

【动作方法】

（一）穿掌提脚

身体重心后移至右腿，左脚屈膝提起，脚尖自然下垂，左掌向前上伸出，掌心向上，指尖向前，右掌向前、向右、向里、向左平抹于左上臂上，掌心向下，拇指侧向里；目视左掌

方向。（图 3–168）

左脚尖外展向前下落步踏实，左腿屈膝半蹲，右腿挺膝蹬直成为左弓步，同时，左掌向前、向右划弧，掌心向右，指尖向前，右掌向左、向前划弧于左臂外上方，掌心向下，指尖向左；目视左掌方向。（图 3–169）

图 3–168

图 3–169

（二）跟步合抱

上动不停，左掌内旋向下，向左划弧，掌心向下，指尖向前，右掌由左臂上方向前、向右划弧于左掌内侧，掌心向下，指尖向前；目视两掌方向。（图 3–170）

图 3–170

身体左转，重心前移至左腿，右脚提于左腿内侧，脚尖点地，同时，两掌向外、向下、向里划弧交叉于胸前，两掌心均向里，拇指侧均斜向上；目视两掌方向。（图 3–171）

图 3–171

（三）分脚撑臂

紧接上动，左腿支撑身体，右腿屈膝提起，脚尖自然下垂，两掌内旋翻，向上、向外架分，掌心均向下，拇指侧均向里；目视两掌前方。（图 3–172）

上动不停，右小腿慢慢向上方踢出，同时，两掌继续向左右划弧分开，平举于身体两侧，右掌于右腿上方，臂微屈，掌心均向外，指尖均向上；目视右手方向。（图 3–173）

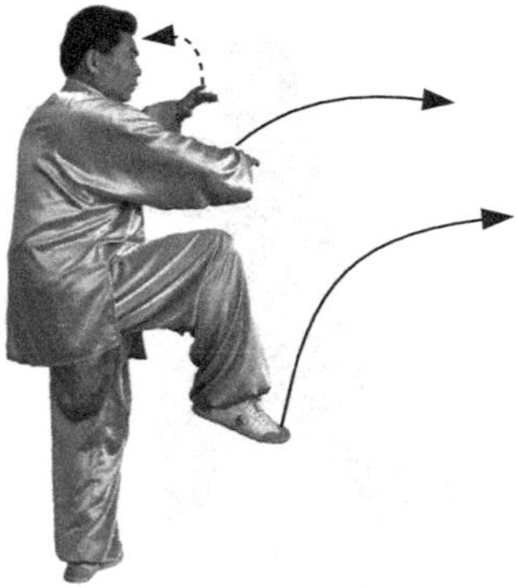

图 3–172

图 3–173

（四）落步合抱

身体右转，左腿微屈，右脚尖外展下落成为右虚步，同时，右掌向前右下划弧，掌心向下，指尖向左，左掌向前、向右前划弧于右臂内上侧，掌心向右，指尖向上；目视右掌方向。（图 3–174）

右脚稍向前上步，重心前移，右腿屈膝半蹲，左腿挺膝蹬直成为右弓步，同时，右掌向前上划弧，掌心向左，指尖向前，左掌向右前划弧，掌心向右，指尖向上；目视两掌方向。（图 3–175）

图 3–174

图 3–175

（五）合抱提脚

上体稍右转，重心前移，同时，右掌向右、向下、向左上划弧，掌心向前，拇指侧向下，左掌从右腕上方向右前伸，掌心向前，指尖向上，两掌交叉于胸前；目视两掌方向。

（图 3–176）

上动不停，身体重心继续前移至右腿，左腿提于右腿内侧，脚尖点地，同时，两掌向外、向下、向里划弧交叉于胸前，掌心均向里，拇指侧均斜向上；目视两掌方向。（图 3–177）

图 3–176

图 3–177

（六）分脚撑臂

紧接上动，右腿支撑身体，左腿屈膝提起，脚尖自然下垂，同时，两掌内旋翻，向外下分，掌心均向下，拇指侧均向内；目视两掌方向。（图 3–178）

上动不停，左小腿慢慢向上方踢出，同时，两掌继

图 3–178

续向左右划弧分开，平举于身体两侧，左掌于左腿上方，臂微屈，掌心均向外，指尖均向上；目视左手方向。（图 3–179）

图 3–179

【练习要点】

身体要稳定，不可前俯后仰。两手分开进，腕部高与肩平，沉肩垂肘。分脚时，支撑腿微屈，分脚之腿与同侧之臂上下要相对，分手与分脚动作要协调一致。

【呼吸方法】

穿掌提脚时吸气，跟步合抱时呼气。分脚撑臂前半动作提膝合抱时吸气，分脚撑臂后半动作分脚时呼气。落步合抱时吸气，合抱提脚时呼气。分脚撑臂前半动作提膝合抱时吸气，分脚撑臂后半动作分脚时呼气。

【意念方法】

导引法：穿掌提脚时想象气由两手行至丹田，跟步合抱时意想丹田内气行至两手。分脚撑臂前半动作提膝合抱时想象气由两手、两脚行至丹田，后半动作分脚时意想丹田内气行至两手、两脚。落步合抱时想象气由两手行至丹田，合抱提膝时意想丹田内气行至两手。分脚撑臂前半动作提膝合抱时想象气由两手、两脚行至丹田，后半动作分脚时意想丹田内气行至两手、两脚。

技击法：设想对方用拳向我胸部击打，我两手交叉架开来拳，并用腿踢击对方胸部。

三十二、转身左蹬脚

【动作歌诀】

转身合抱立站稳，左上蹬脚臂展分。

单腿支撑微弯曲，劲力通顺达脚跟。

【动作方法】

（一）收脚合抱

身体左转，左腿屈膝收回，脚尖自然下垂，同时，左手向上、向右下划弧，右掌向下、向前、向左划弧，两掌交叉于胸前，掌心均向下，拇指侧均向里；目视两掌前方。（图 3–180）

上动不停，右脚里碾转，身体继续向左转，同时，两掌随转身向左划弧，并向外、向下、向里搭腕交叉于胸前，左掌在外，右掌在里，掌心均向外，拇指侧均向里；目视两掌前方。（图 3–181）

图 3–180

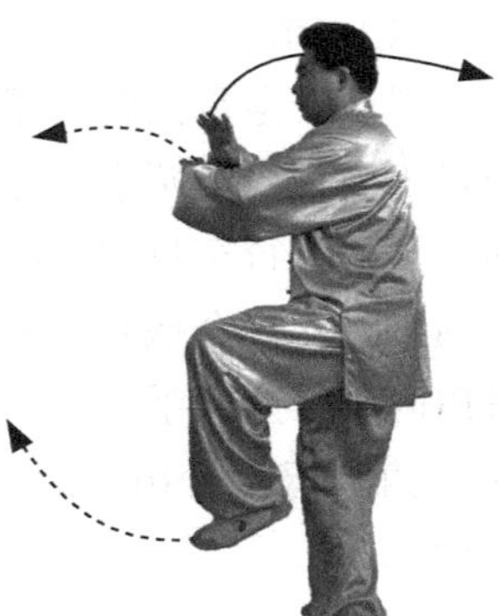

图 3–181

（二）蹬脚撑臂

图 3–182

紧接上动，左腿屈膝提起，左脚慢慢向左前方蹬出，脚尖向上，脚心向左前，同时，两臂向上、向左右划弧分开举于身体两侧，两臂微屈，高与肩平，掌心均向外，指尖均向上；目视左手方向。（图 3–182）

【练习要点】

身体要稳定，不俯不仰。两掌分开时，两掌腕高与肩平。蹬脚时，站立腿微屈，左脚脚尖回勾，用力点在脚跟，左腿和左臂上下相对。分掌与蹬脚要上下协调一致。

【呼吸方法】

收脚合抱时吸气，蹬脚撑臂时呼气。

【意念方法】

导引法：收脚合抱时想象气由两手、两脚行至丹田，蹬脚撑臂时意想丹田内气行至两手、两脚。

技击法：设想对方用右拳向我面部击打，我用左臂向外拨架开来拳，并用左脚蹬击对方右肋部。

三十三、左右搂膝拗步

【动作歌诀】

落脚上步膝外搂，拗步推掌沉腕肘。

搂推弓步相一致，身体中正上顶头。

【动作方法】

（一）收脚屈肘

左脚屈膝回收下落，脚尖自然下垂，同时，左手向右、向下按于左膝上方，掌心向下，拇指侧向里，右掌外旋屈肘里收于右耳侧旁，掌心向前，拇指侧向里；目视前方。（图 3–183）

（二）弓步推搂

左脚向下上一步，左腿屈膝半蹲，右腿挺膝蹬直成为左弓步，同时，左掌经左膝前向左搂掌于左膝外侧旁，掌心向下，指尖向前，右掌由耳侧向前立掌推出，腕高与肩平，掌心向前，指尖向上；目视右掌方向。（图 3–184）

图 3–183

图 3–184

（三）转身跟脚

身体左转，重心稍后移，左脚尖翘起外展后踏实，同时，左掌向下、向后摆于左腰侧，掌心斜向里，拇指侧向上，右

掌向上、向右摆，掌心向左，拇指侧向上；目视左前方。（图 3–185）

上动不停，身体左转，重心前移至左腿，右腿屈膝提起向前，脚尖自然下垂，同时，左手继续向后、向上摆举于身体左侧，掌心向上，指尖斜向上，右掌向左、向下划弧于左腹前，掌心向下，指尖向左；目视左方。（图 3–186）

图 3–185

图 3–186

（四）迈步屈肘

右脚前上一步，脚跟着地，同时，右手向下、向右搂于右膝上方，掌心向下，拇指侧向里，左掌屈肘向前屈于左耳侧旁，掌心斜向前，拇指侧向里；目视前方。（图 3–187）

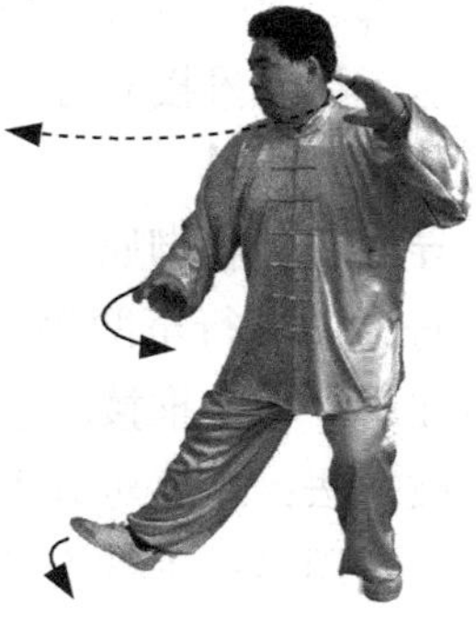

图 3–187

（五）弓步推搂

右脚尖下落踏实，右腿屈膝半蹲，左腿挺膝蹬直成为左弓步，同时，右手经右膝前向右搂掌于右膝旁，掌心向下，指尖向前，左掌由左耳旁向前立掌推出，腕高与肩平，掌心向前，指尖向上；目视左掌方向。（图 3–188）

图 3–188

【练习要点】

推掌时要沉肩坠肘，坐腕舒掌，身体不可前俯后仰，要与松腰、弓腿上下协调一致。搂膝拗步时，两脚跟的横向距离保持约 30 厘米。如果在向前迈步时要掌握好变换身体重心的要领。前进之脚要经过支撑脚的内侧再向前上步。身体保持平衡稳定。

【呼吸方法】

收脚屈肘时吸气，弓步推搂时呼气。转身跟脚时吸气，迈步屈肘、弓步推搂时呼气。

【意念方法】

导引法：收脚屈肘时想象气由两手行至丹田，弓步推搂时意想丹田内气行至两手。转身跟脚时想象气由两手行至丹田，迈步屈肘、弓步推搂时意想丹田内气行至两手。

技击法：想象对方手脚向我裆部踢来，我用一手将踢来之腿搂开，用另一手推击其胸部。

三十四、进步栽捶

【动作歌诀】

提膝按掌于腹前，进步搂手要当先。

重心前移成弓步，前下栽打出右拳。

【动作方法】

（一）提脚按掌

身体重心略向后移，右脚尖外撇，身体右转，同时，左手随转身落于右胯旁，掌心向上，拇指侧向后，左手向右、向下按左胸前，掌心向右，拇指侧向里；目视左掌方向。（图3–189）

紧接上动，左脚提起经右脚内侧向前上步，脚尖自然下垂，同时，左掌向下向左按于左膝上方，掌心向下，拇指侧向里，右掌成拳向上、向前于右腰侧，拳心向上，拳面向前；目视左掌前方。（图 3–190）

图 3–189

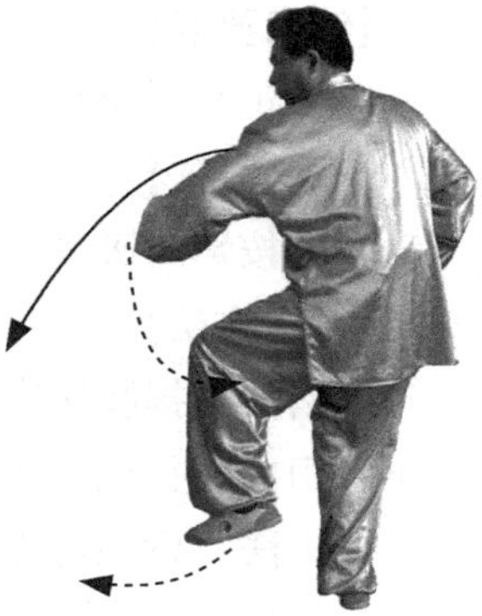

图 3–190

（二）弓步栽拳

上动不停，左脚向前下落步，左腿屈膝半蹲，右腿挺膝蹬直成为左弓步，同时，左掌经左膝前向外搂按于左膝旁，掌心向下，指尖向前，右拳向前、向下打出，拳面斜向下，拳心斜向里；目视右拳方向。（图 3–191）

图 3–191

【练习要点】

上体正直，松腰、松胯，右肩不可下倾。

【呼吸方法】

提脚按掌时吸气，弓步栽拳时呼气。

【意念方法】

导引法：提脚按掌时想象气由两手行至丹田，弓步栽拳时意想丹田内气行至两手。

技击法：设想对方用右拳向我腹部打来，我用左手搂开其来拳，并用右拳击打对方裆部。

三十五、翻身撇身捶

【动作歌诀】

横截压带闪正中，翻拳按掌劲宜整。

手眼身步要协调，收拳推掌随腰动。

【动作方法】

（一）提脚挽拳

身体右转，重心先右移，左脚里扣重心再移至左腿，左腿屈膝半蹲成为右虚步，同时右拳向上、向里屈于右胸前，拳心向下，拳眼向里，左掌向上、向右举于头左侧上方，掌心向上，拇指侧向里；目视前方。（图 3–192）

右脚屈膝提起，脚尖自然下垂，同时，左掌屈臂向前、向下按于腹前，掌心向下，拇指侧向里，右拳从左腕内侧向上挽拳穿出，拳眼向上，拳心向里；目视前方。（图 3–193）

图 3–192

图 3–193

（二）踩脚翻砸

右脚向前下落，脚跟着地，成为右虚步，同时，右拳以拳背为力点向前下翻拳砸击，拳高与鼻尖平，臂微屈，拳心向上，拳面向前，左掌稍向下按附于右肘内下侧旁，掌心向下，指尖向前；目视右拳方向。（图 3–194）

（三）弓步推掌

身体右转，右脚前掌下落踏实，右腿屈膝半蹲，左腿挺膝蹬直成为右弓步，同时，右拳屈肘收于右腰侧，拳心向上，拳面向前，左掌向前推出，腕高与肩平，掌心向前，指尖向上；目视左掌方向。（图 3–195）

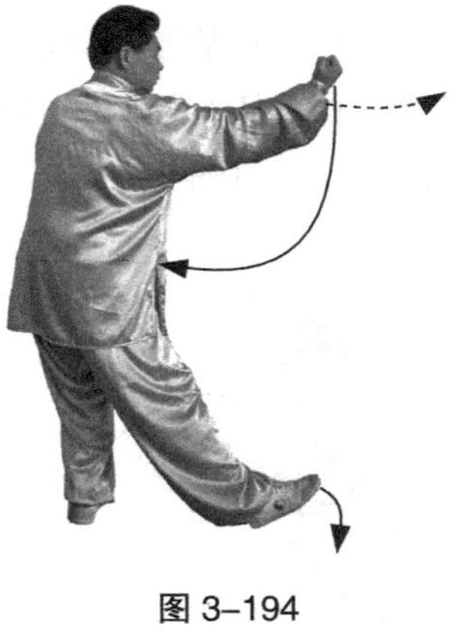

图 3–194

图 3–195

【练习要点】

撇捶时拳臂翻转要随腰联动，有如抛物之感，做到“横肘竖落”。撇身捶整个动作，手眼身法步要处处协调、顺遂，环环相扣，不可有停顿之处。

【呼吸方法】

提脚挽拳的前半动作转坐握拳时吸气，提脚挽拳的后半动作时呼气。踩脚翻砸时吸气，弓步推掌时呼气。

【意念方法】

导引法：提脚挽拳的前半动作转坐握拳时想象气由两手行至丹田，提脚挽拳的后半动作时意想丹田内气行至两手。踩脚翻砸时想象气由两手行至丹田，弓步推掌时意想丹田内气行至两手。

技击法：设想对方用左拳向我胸部击打，我用左手向下按开对方来拳，并用右翻背拳砸击对方面部。当对方用右臂架防我右拳时，我用左掌推击对方胸部。

三十六、进步搬拦捶

【动作歌诀】

太极五捶此为先，搬拳之后立掌拦。
拦掌过后捶急进，上下相随劲不断。

【动作方法】

（一）后坐穿捶

身体左转，重心后移至左腿，左腿屈膝半蹲，右脚尖翘起，成为右虚步，同时，右拳向前穿过左掌背于胸前，臂微屈，拳高与鼻尖平，拳心向左，拳面向前，左掌向下、向里按附于右上臂内下侧旁，掌心向下，指尖向前；目视右拳方向。（图 3–196）

图 3–196

上动不停，右拳继续向下翻砸，臂微屈，拳高与胸平，拳心向上，拳面向前，左掌向下、向里收于左腰侧，掌心向下，指尖向前；目视右拳方向。（图 3–197）

（二）提脚挽拳

右脚屈膝提起，脚尖自然下垂，同时，左掌屈臂向后、向上划弧按于额左上侧，掌心向下，拇指侧向里，右拳向下、向里上挽拳于胸前，拳眼向上，拳心向里；目视前方。（图 3–198）

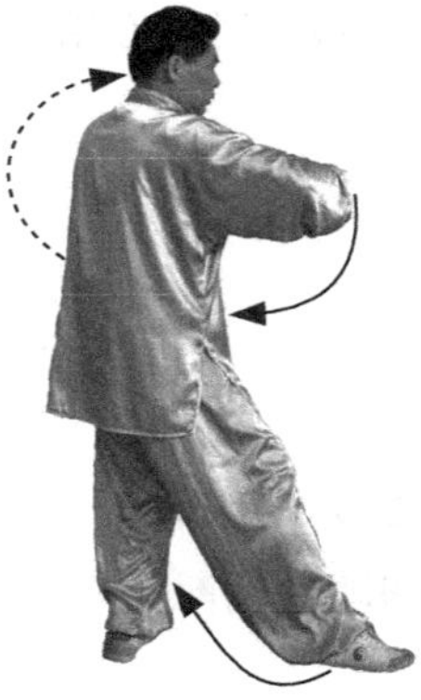

图 3–197

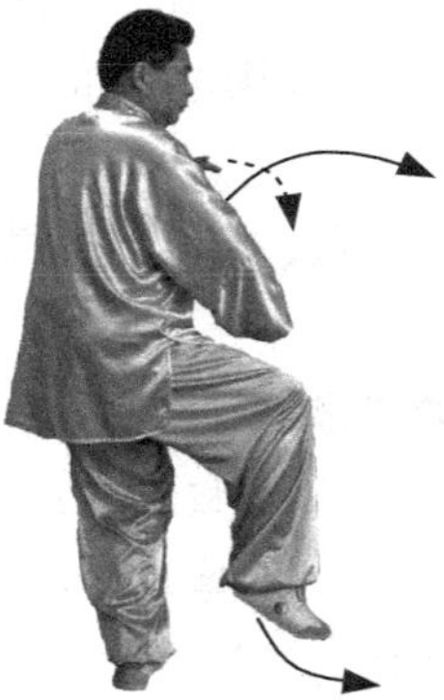

图 3–198

（三）踩脚翻砸

右脚向前下落，脚跟着地，成为右虚步，同时，右拳以拳背为力点向前下翻拳砸击，拳高与鼻尖平，臂微屈，拳心向上，拳面向前，左掌向前、向下按附于右肘内下侧旁，掌心向前，指尖向上；目视右拳方向。（图 3–199）

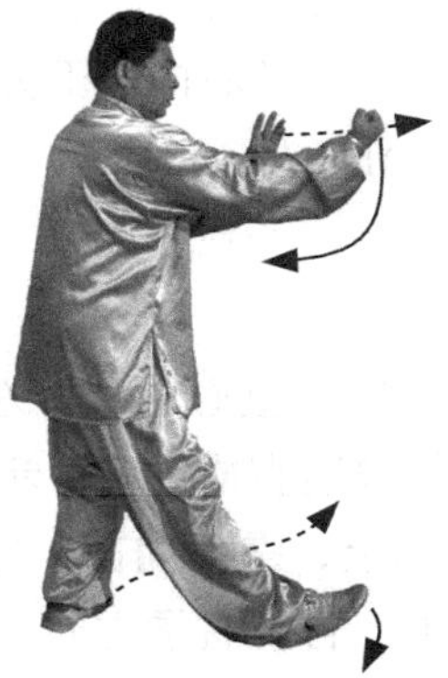

图 3-199

（四）上步推掌

身体右转，重心前移，右脚前脚掌下落踏实，右腿支撑身体，左腿屈膝向前提起，脚尖自然下垂，同时，右拳屈肘收抱于右腰侧，拳心向上，拳面向前，左掌向左再向前划弧，掌心向前下方，指尖向前上方；目视左掌方向。（图 3-200）

图 3-200

上动不停，左脚向前上步下落，脚跟着地，成为左虚步，同时，左掌继续向前拦掌，掌心向前下方，指尖向前上方；目视左掌方向。（图 3-201）

（五）弓步打拳

紧接上动，上体左转，重心前移，左脚前脚掌下落踏实，左腿屈膝半蹲，右腿挺膝蹬直成为左弓步，同时，右拳向前打出，高与胸平，拳眼向上，拳面向前，左掌附于右前臂里侧，拇指侧向里，指尖向上；目视右拳方向。（图 3-202）

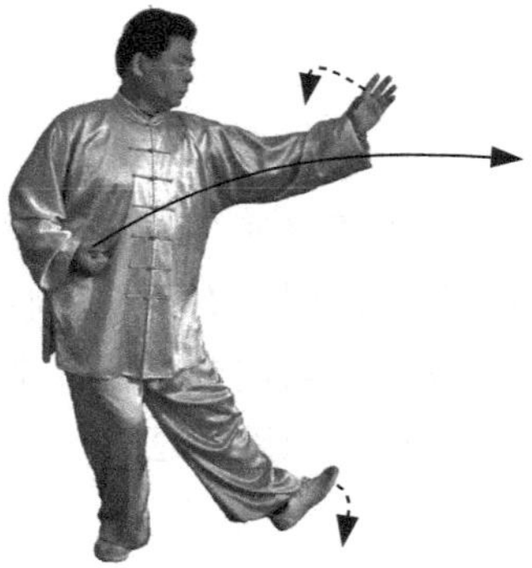

图 3-201

图 3-202

【练习要点】

上体自然正直。右拳要松握。右拳回收时，前臂要慢慢内旋划弧，然后再外旋停于右腰旁，拳心向上。右拳向前打出时，右肩要随拳略向前引，沉肩坠肘，右臂要微屈。弓步两脚跟的横向距离约 10 厘米。

【呼吸方法】

后坐穿捶、提脚挽拳时吸气，踩脚翻砸时呼气。上步推掌时吸气，弓步打拳时呼气。

【意念方法】

导引法：后坐穿捶、提脚挽拳时想象气由两手行丹田，踩脚翻砸时意想丹田内气行至两手。上步推掌时想象气由两手行丹田，弓步打拳时意想丹田内气行至两手。

技击法：设想对方用左拳向我胸部击打，我用左掌按消其来拳，并用右翻背拳砸击对方面部。对方再用右拳向我胸部击打，我用左掌横拦其来拳，并用右拳击打对方胸部，使对方胸部受伤。

三十七、右蹬脚

【动作歌诀】

两臂合抱立站稳，右上蹬脚臂展分。

单腿支撑微弯曲，劲力通顺达脚跟。

【动作方法】

（一）提脚合抱

身体略向后移，左脚尖外展踏实，同时，右拳成掌，两掌向外分，掌心均向下，两虎口相对；目视两掌方向。（图3-203）

紧接上动，重心前移至左腿，左腿支撑身体，右脚

图 3-203

前提于左脚内侧，脚尖点地，同时，两掌向里交叉于胸前，右掌在外，左掌在里，两掌掌心均向里，拇指侧均向上；目视两掌前方。（图 3–204）

（二）蹬脚撑掌

紧接上动，左腿支撑身体，右腿屈膝提起，右脚慢慢向右前方蹬出，脚尖回勾向上，脚心向右前，同时，两掌向左右分开，肘部微屈，两臂平举；目视右掌方向。（图 3–205）

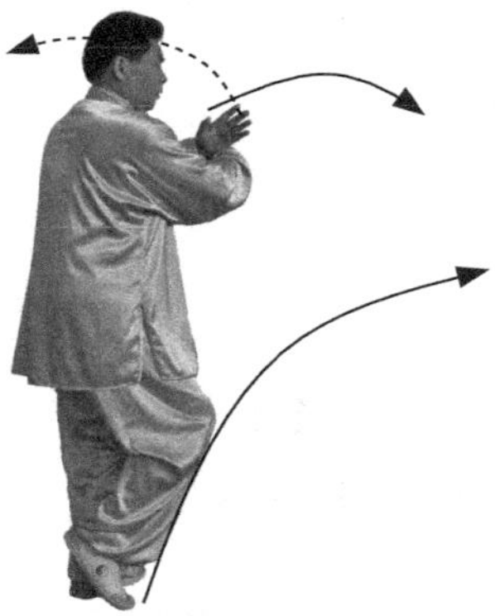

图 3–204

图 3–205

【练习要点】

身体要稳定，不可前俯后仰。两掌分开时腕部高与肩平，沉肩坠肘。蹬脚时，左腿微屈，右臂和右腿要上下相对，力达右脚脚跟，分掌与蹬脚要协调一致。

【呼吸方法】

提脚合抱时吸气，蹬脚撑掌时呼气。

【意念方法】

导引法：提脚合抱时想象气由两手行至丹田，蹬脚撑掌时意想丹田内气行至两手。

技击法：设想对方左拳向我胸部击打，我用两臂向上架开对方来拳，并用右脚蹬击对方左肋部。

三十八、左打虎式

【动作歌诀】

落步提脚掌摆出，转身上步体前俯。

腰带两拳急掼架，此招姿势似打虎。

【动作方法】

（一）落步摆掌

右脚收回落于左腿内侧，脚尖自然下垂，同时，两掌向右下摆，右掌摆于右前侧，掌心向下，指尖向前，左掌摆于左胸前，掌心向下，指尖向前；目视两掌前方。（图 3–206）

图 3–206

上动不停，右脚下落踏实，左脚提起，脚尖自然下垂，同时，两掌向下摆于胸前，掌心均向下，两虎口相对；目视两手方向。（图 3–207）

（二）弓步搌架

左脚向左迈步，身体左转，同时，两掌向右撑，右掌于身体右侧，掌心向下，指尖向右，左掌于右上臂内侧，掌心向下，拇指侧向里；目视左前方。（图 3–208）

图 3–207

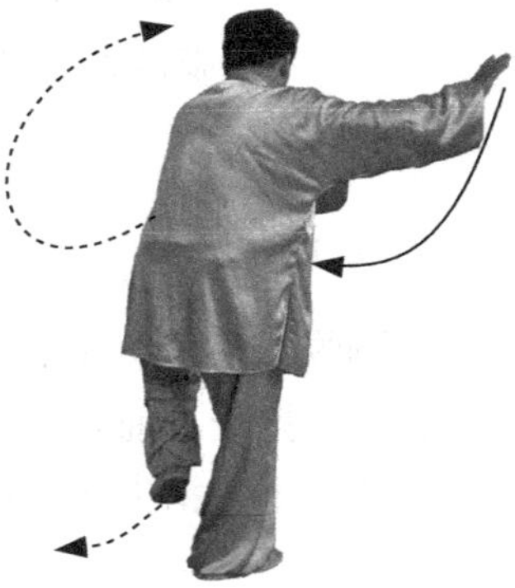
图 3–208

上动不停，左脚左下落步，左腿屈膝半蹲，右腿挺膝蹬直，成为左弓步，同时，上体稍向右转，左掌成拳向左、向上、向右屈臂架于头左前方，拳眼向下，拳心向左，右掌成拳向下、向左划弧于左肋前，拳眼向里，拳心向下；目视右前方。（图 3–209、图 3–210）

图 3–209

图 3–210

【练习要点】

完成姿势弓步方位与中轴线垂直。两臂保持半圆形，胸肌要放松。弓步要松腰、松胯。

【呼吸方法】

落步摆掌时吸气，弓步掼架时呼气。

【意念方法】

导引法：落步摆掌时想象气由两手行至丹田，弓步掼架时意想丹田内气行至两手。

技击法：设想对方用右拳向我左面部击打，我用左臂上架挡开对方来拳，并用右拳击打对方右肋部。

三十九、右打虎式

【动作歌诀】

转身提脚掌摆出，步子前上体前俯。

腰带两拳急掼架，此招姿势似打虎。

【动作方法】

（一）收步摆掌

右脚稍向里收，重心稍向右移，同时，两拳成掌向左下摆，左掌摆于左侧，掌心向下，指尖向左，右掌摆于左胸前，掌心向下，指尖向左；目视两掌前方。（图 3–211）

（二）弓步搌架

身体右转，重心移至左腿，右脚提起收于左腿内侧，脚尖自然下垂，同时，两掌向下、向右划弧摆掌，右掌摆于右肋前，掌心向下，指尖向前，左掌于左肋旁，掌心向下，拇指侧向前；目视前方。（图 3–212）

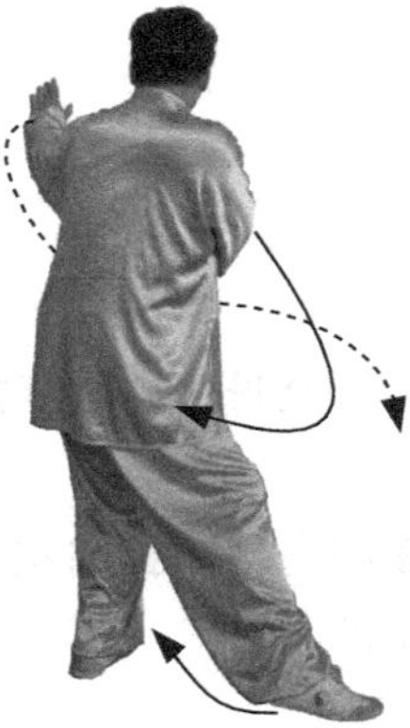

图 3–211

图 3–212

上动不停，右脚前上一步，右腿屈膝半蹲，左腿挺膝蹬直，成为右弓步，同时，右掌成拳向右、向上、向左搌架于头右前方，拳眼向下，拳心向前，左掌成拳向下、向右划弧于右肋前，拳心向下，拳眼向里；目视右前方。（图 3–213、图3–214）

图 3–213

图 3–214

【练习要点】

完成姿势弓步方位与中轴线垂直。两臂保持半圆形，胸肌要放松。弓步要松腰、松胯。

【呼吸方法】

收步摆掌时吸气，弓步掼架时呼气。

【意念方法】

导引法：收步摆掌时想象气由两手行至丹田。弓步掼架时意想丹田内气行至两手。

技击法：设想对方用左拳向我右面部击打，我用右臂上架挡开对方来拳，并用左拳击打对方左肋部。

四十、回身右蹬脚

【动作歌诀】

两臂合抱立站稳，右上蹬脚臂展分。

单腿支撑微弯曲，劲力通顺达脚跟。

【动作方法】

（一）合抱提脚

身体略向后移，左脚跟碾地，同时，右拳成掌，两掌向外分，掌心均向下，两虎口相对；目视两掌方向。（图 3–215）

紧接上动，重心前移至左腿，左腿支撑身体，右脚前提于左脚内侧，脚尖点地，同时，两掌向里交叉于胸前，右掌在外，左掌在里，两掌掌心均向里，拇指侧均向上；目视两掌前方。（图 3–216）

图 3–215

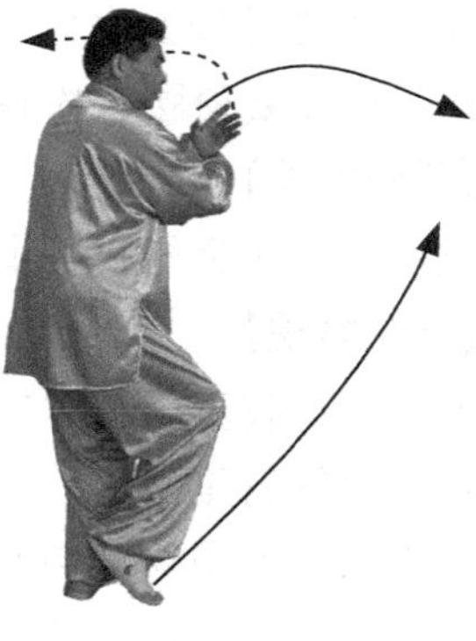

图 3–216

（二）蹬脚撑掌

紧接上动，左腿支撑身体，右腿屈膝提起，右脚慢慢向右前方蹬出，脚尖回勾向上，脚心向右前，同时，两掌向左右分开，肘部微屈，两臂平举；目视右掌方向。(图 3–217)

图 3–217

【练习要点】

身体要稳定，不可前俯后仰。两掌分开时腕部高与肩平，沉肩坠肘。蹬脚时，左腿微屈，右臂和右腿要上下相对，力达右脚脚跟，分掌与蹬脚要协调一致。

【呼吸方法】

合抱提脚时吸气，蹬脚撑掌时呼气。

【意念方法】

导引法：合抱提脚时想象气由两手行至丹田，蹬脚撑掌时意想丹田内气行至两手。

技击法：设想对方左拳向我胸部击打，我用两臂向上架开对方来拳，并用右脚蹬击对方左肋部。

四十一、双峰贯耳

【动作歌诀】

屈腿收掌于膝旁，落脚上步两分掌。
得心前移成弓步，力掼双拳取太阳。

【动作方法】

（一）收腿落手

身体右转，右腿屈膝收回上提，同时，两掌随转身向前向右下划弧落于胸前，掌心均向上，指尖均向前；目视两掌前方。（图 3–218）

（二）迈步分手

右脚前上一步，脚跟着地，成为虚步，同时，两掌向外、向下分手于胯两侧旁，掌心均斜向前，拇指侧均斜向外；目视前方。（图 3–219）

图 3–218

图 3–219

（三）弓步攒拳

上动不停，右脚尖向前下踏实，右腿屈膝半蹲，左腿挺膝蹬直成为右弓步，同时，两掌成拳，向上、向前、向里掼拳，高与耳平，两拳面相对，拳眼均向下，两拳间距离为 10~20 厘米；目视两拳方向。（图 3-220、图 3-221）

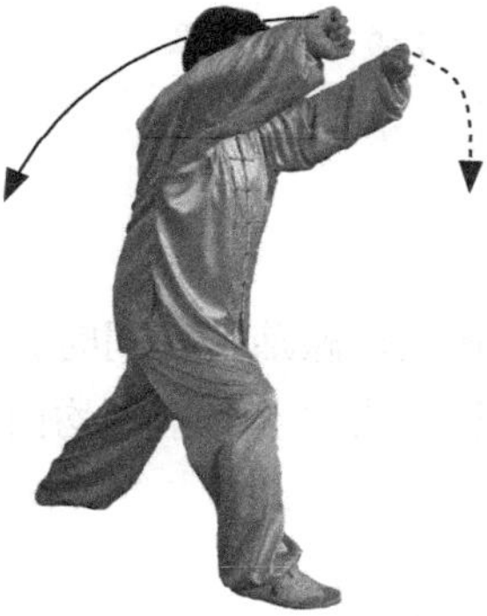

图 3-220

图 3-221

【练习要点】

完成姿势头颈正直，松腰、松胯，两拳松握，沉肩垂肘，两臂均保持弧形。掼拳劲力顺达，力达两拳拳面。

【呼吸方法】

收腿落手、迈步分手时吸气，弓步掼拳时呼气。

【意念方法】

导引法：收腿落手、迈步分手时想象气由两手行至丹田，弓步掼拳时意想丹田内气行至两手。

技击法：设想对方用两拳向我腹部击打，我用两臂向外分挂开其来拳。当对方回抽两拳时，我趁机用两拳掼击对方两耳部。

四十二、左蹬脚

【动作歌诀】

转身合抱立站稳，左上蹬脚臂展分。

单腿支撑微弯曲，劲力通顺达脚跟。

【动作方法】

（一）转身分掌

上体右转，重心稍后移，右脚尖外撇踏实，同时，两拳成掌向外、向下分掌于身体两侧，掌心均向上，指尖均向外；目视前方。（图 3–222）

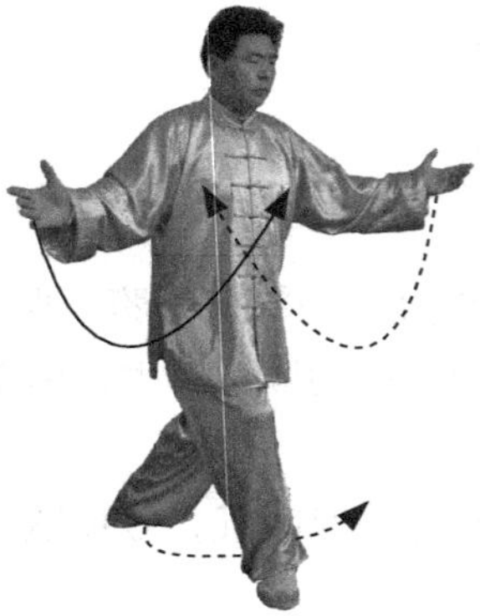

图 3–222

（二）提脚合抱

紧接上动，重心前移至右腿，右腿支撑身体，左脚前提于右脚内侧，脚尖自然向下，同时，两掌向里、向上交叉于胸前，左掌在外，右掌在里，两掌掌心均向里，拇指侧均向上；目视两掌前方。（图 3–223）

（三）蹬脚撑掌

紧接上动，右腿支撑身体，左脚慢慢向左前方蹬出，脚尖回勾向上，脚心向左前，同时，两掌向右左分开，肘部微屈，两臂平举；目视左掌方向。（图 3–224）

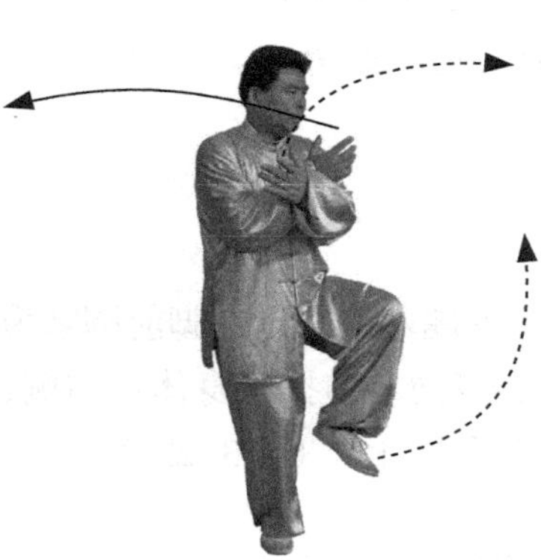

图 3–223

图 3–224

【练习要点】

身体要稳定，不可前俯后仰。两掌分开时腕部高与肩平，沉肩坠肘。蹬脚时，右腿微屈，左臂和左腿要上下相对，力达左脚脚跟，分掌与蹬脚要协调一致。

【呼吸方法】

转身分掌、提脚合抱时吸气，蹬脚撑掌时呼气。

【意念方法】

导引法：转身分掌、提脚合抱时想象气由两手行至丹田，蹬脚撑掌时意想丹田内气行至两手。

技击法：设想对方右拳向我胸部击打，用两臂向上架开对方来拳，并用左脚蹬击对方右肋部。

四十三、转身右蹬脚

【动作歌诀】

转身合抱立站稳，右上蹬脚臂展分。
单腿支撑微弯曲，劲力通顺达脚跟。

【动作方法】

（一）收腿转身

左腿收回向右腿外侧落下，趁左腿落势，以右脚前脚掌为轴，向右后转身，同时，两掌随转身向右横摆于身体右前侧，掌心均向下，指尖均向前；目视两掌方向。（图 3-225）

图 3-225

（二）丁步合抱

上动不停，左脚脚尖里扣踏实，身体继续右后转，右脚尖向右展并屈膝提起，脚尖点地，同时，两掌随转身继续向右后摆，两手交叉于胸前，左掌在里，右掌在外，两掌拇指侧均斜向上；目视两掌方向。（图 3–226）

（三）蹬脚撑掌

紧接上动，左腿支撑身体，右腿屈膝提起，右脚慢慢向右前方蹬出，脚尖回勾向上，脚心向右前，同时，两掌向左右分开，肘部微屈，两臂平举；目视右掌方向。（图 3–227）

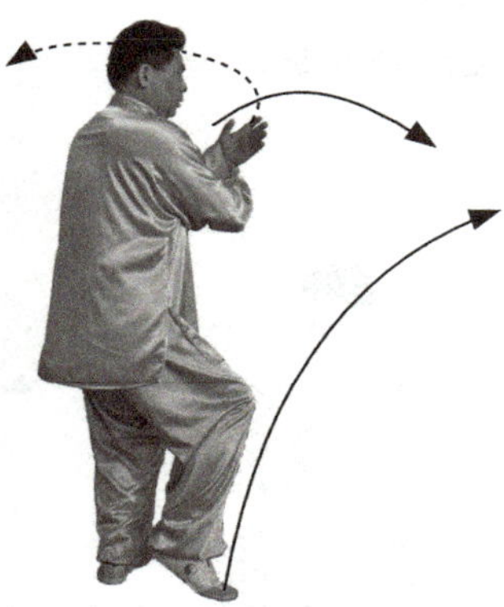

图 3–226

图 3–227

【练习要点】

转身时身体要稳定，不可前俯后仰。两掌分开时腕部高与肩平，沉肩坠肘。蹬脚时，左腿微屈，右臂和右腿要上下相对，力达右脚脚跟，分掌与蹬脚要协调一致。

【呼吸方法】

收腿转身、丁步合抱时吸气，蹬脚撑掌时呼气。

【意念方法】

导引法：收腿转身、丁步合抱时想象气由两手行至丹田，蹬脚撑掌时意想丹田内气行至两手。

技击法：设想对方左拳向我胸部击打，用两臂向上架开对方来拳，并用右脚蹬击对方左肋部。

四十四、进步搬拦捶

【动作歌诀】

太极五捶此为先，搬拳之后立掌拦。
拦掌过后捶急进，上下相随劲不断。

【动作方法】

（一）收脚挽拳

右脚屈膝收回，脚尖自然下垂，同时，右掌成拳向下、向里、向上挽拳于胸前，拳心向里，拳眼向上，左掌向上、向前下按于右臂前，掌心向下，拇指侧向里；目视右前方。（图 3–228）

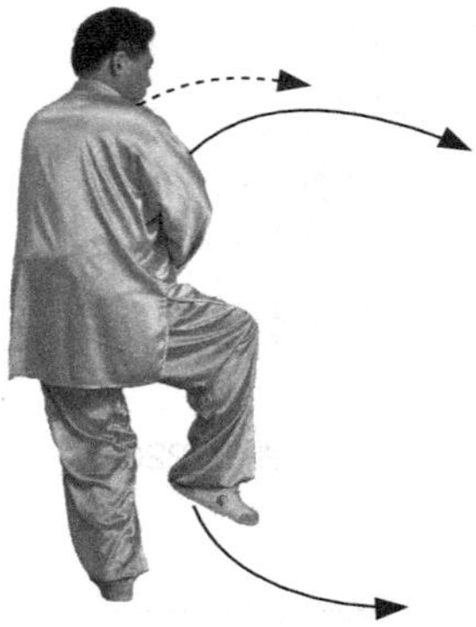

图 3–228

（二）踩脚翻砸

上体稍右转，右脚向前下

落，脚跟着地，成为右虚步，同时，右拳向上、向前下翻拳撇出，高与鼻尖平，臂微屈，拳心向上，拳面向前，左掌向前下按于右上臂内下侧，掌心向下，拇指侧向里；目视右拳。（图 3–229）

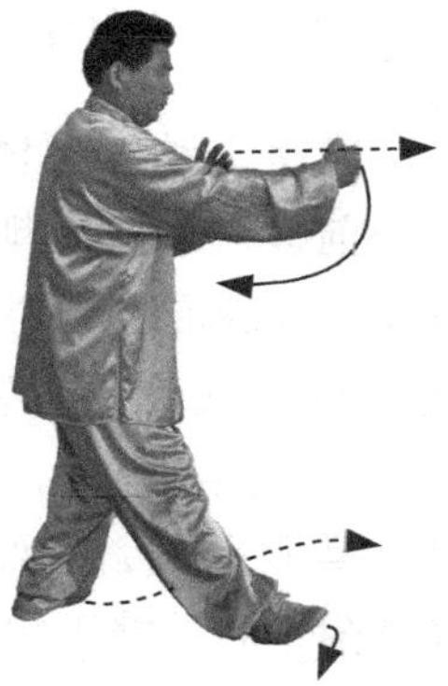

图 3–229

（三）上步拦掌

身体右转，重心前移，右脚前脚掌下落踏实，右脚支撑身体，左腿屈膝向前提起，脚尖自然下垂，同时，右拳屈肘收抱于右腰侧，拳心向上，拳面向前，左掌向左再向前划弧，掌心向前下方，指尖向前上方；目视左掌方向。（图 3–230）

上动不停，左脚向前上步下落，脚跟着地，成为左虚步，同时左掌继续向前拦掌，掌心向前下方，指尖向前上方；目视左掌方向。（图 3–231）

图 3–230

图 3–231

(四) 弓步打拳

紧接上动，上体左转，重心前移，左脚前脚掌下落踏实，左腿屈膝半蹲，右腿挺膝蹬直成为左弓步，同时，右拳向前打出，高与胸平，拳眼向上，拳面向前，左掌附于右前臂里侧，拇指侧向里，指尖向上；目视右拳方向。（图 3–232）

图 3–232

【练习要点】

上体自然正直。右拳要松握。右拳回收时，前臂要慢慢内旋划弧，然后再外旋停于右腰旁，拳心向上。右拳向前打出时，右肩要随拳略向前引，沉肩坠肘，右臂要微屈。弓步两脚跟的横向距离约 10 厘米。

【呼吸方法】

收脚挽拳时吸气，踩脚翻砸时呼气。上步拦掌时吸气，弓步打拳时呼气。

【意念方法】

导引法：收脚挽拳时想象气由两手行至丹田，踩脚翻砸时意想丹田内气行至两手。上步拦掌时想象气由两手行至丹田，弓步打拳时意想丹田内气行至两手。

技击法：设想对方用左拳向我胸部击打，我用左掌按消其来拳，并用右翻背拳砸击对方面部。对方再用右拳向我胸部击打，我用左掌横拦其来拳，并用右拳击打对方胸部，使对方胸部受伤。

四十五、如封似闭

【动作歌诀】

臂下穿手十字封，后坐分掌闭于胸。

两臂推按腹前下，跟步助劲显奇功。

【动作方法】

（一）穿掌翻手

左手由右前臂下穿出，掌心向上，右拳随之变掌，掌心也转向上；目视右掌方向。（图 3–233）

（二）后坐收掌

上体后坐，身体重心后移，两掌分开并逐渐翻转向上并慢慢分开回收至胸前，与肩同宽，掌心斜相对，指尖均向上；目视前方。（图 3–234）

图 3–233

图 3–234

两掌翻转向下，落至腹前，两掌掌心均向前，指尖均向上；目视前方。（图 3–235）

（三）弓步按掌

重心前移，左腿屈膝半蹲，右腿挺膝蹬直，成为左弓步，同时，两掌由腹前，向上、向前推出，掌心均向前，指尖均向上；目视两掌方向。（图 3–236）

图 3–235

图 3–236

【练习要点】

身体后坐时须松腰、松胯，上体不可后仰，臀部不要外凸。两臂随转身回收时，肩、肘略向外松开，不要直着抽回。两手推出宽度不要超过两肩。

【呼吸方法】

穿掌翻手、后坐收掌时吸气，弓步按掌时呼气。

【意念方法】

导引法：穿掌翻手、后坐收掌时想象气由两手行至丹田，弓步按掌时意想丹田内气行至两手。

技击法：设想对方以左手抓住我右臂，我即用左手自右臂抽出，擒拿对方左腕。继而两掌向里引进化解对方的力，使其前扑。当对方回挣左臂时，我借其力向前推对方胸部，将其推出。

四十六、十字手

【动作歌诀】

上体右移扣脚转，两掌外分似挑担。

合抱胸前十字手，收脚直立庭前站。

【动作方法】

（一）转身扣脚

身体重心稍向右移，左脚尖翘起里扣落地踏实，上体右转，同时，右掌向右横拉于右耳旁，左掌回屈于左耳旁，两掌虎口相对，指尖均向上；目视前方。（图 3–237）

图 3–237

（二）弓步分掌

上动不停，仍成横弓步，两掌同时向外、向下分掌于身体两侧，高与肩平，掌心均向外，指尖均向上；目视前方。（图3–238）

（三）收脚合抱

紧接上动，右脚里收半步，成为开立步，同时，两掌向下、向里、向上合抱交叉于胸前，右掌在外，左掌在里，掌心均向里，指尖均斜向上；目视前方。（图3–239）

图 3–238

图 3–239

【练习要点】

两掌分开和合抱时，上体不要前俯。右脚收回时，脚尖先向里扣。站起后身体自然正直，两腿微屈，头要微向上顶，颌稍向后收。两臂环抱时须圆满舒适，沉肩坠肘。

【呼吸方法】

转身扣脚、弓步分掌时吸气，收脚合抱时呼气。

【意念方法】

导引法：转身扣脚、弓步分掌时想象气由两手行至丹田穴，收脚合抱时意想丹田穴内气行至两手。

技击法：设想对方两手向我胸部打来时；我用两腋挟住彼两腕，并用两手从彼两臂下向上托其两肘，将其托起。

四十七、抱虎归山

【动作歌诀】

拗步推掌膝外搂，伸臂后捋腰带手。
搭腕前挤脚催劲，挤劲过后变按柔。

【动作方法】

（一）转身运臂

身体重心微向右移，左脚尖向里扣，然后两腿屈膝，身体重心落至左腿，随即身体左转，左手由胸前向下、向左划弧至身体左侧，掌心向右，拇指侧向上，左臂屈肘，右掌回收至胸前，掌心向里，拇指侧向上；目视前方。（图 3-240）

图 3-240

紧接上动，上体微向左转，重心左移至左腿，右脚提起里收，脚尖自然下垂，同时，左手向上、向右划弧于左耳侧，掌心向右，指尖向上，右掌向下、向右划弧于右胸前，掌心向下，指尖向左；目视左掌方向。（图 3–241）

图 3–241

（二）弓步推搂

身体右转，右脚向右后上步，脚跟着地，成为右虚步，同时，左掌屈肘向里回收于左耳侧旁，掌心向前，指尖向上，右掌向下、向右搂于右膝上方，掌心向下，指尖向前；目视前方。（图 3–242）

上体右转，右脚前掌落地踏实，重心前移，右腿屈膝半蹲，左腿挺膝蹬直成为右弓步，同时，右手向右后搂于右胯旁，掌心向下，指尖向前，左掌向前立掌推出，掌心向前，指尖向上；目视左掌方向。（图 3–243）

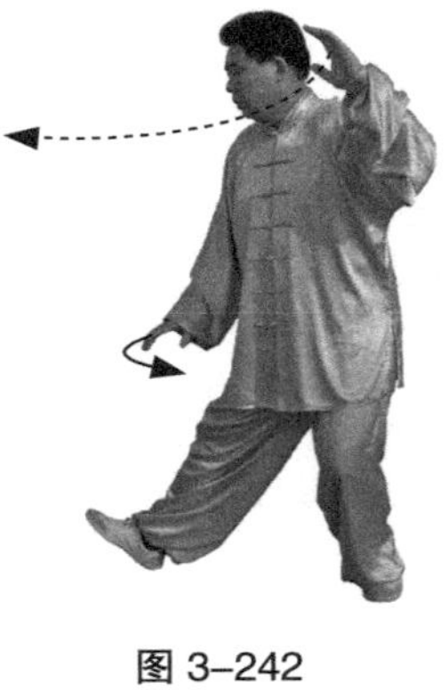

图 3–242

图 3–243

（三）弓步伸臂

上体微向右转，随转身右手从右下侧上举，约与肩同高，手心斜向下，指尖向前，左掌外旋翻掌于右腕内下侧，掌心向上，指尖向前；目视右手方向。（图 3–244）

（四）转身后捋

紧接上动，身体重心后移，上体稍左转，同时，两掌随转身向下、向左划弧捋手，右掌于右侧，掌心向前，拇指侧斜向上，左掌于右胸前，掌心向里，拇指侧向上；目视右掌方向。（图 3–245）

图 3–244

图 3–245

（五）转身搭手

上体稍向右转，身体重心逐渐前移，同时，两掌向左、向上、向右慢慢划弧，右臂平屈成半圆胸前，右掌掌心向里，拇

指侧向上，左掌附于右手腕里侧，左臂肘下垂屈成半圆，左掌掌心向前，指尖向上；目视右掌方向。（图 3–246）

（六）弓腿前挤

上动不停，身体重心继续前移，右腿屈半蹲，左腿挺膝蹬直，成为右弓步，同时，两掌向前挤出，右掌挤于右胸前，右臂平屈成半圆，右掌掌心向里，拇指侧向上，左掌附于右手腕里侧，左臂肘下垂屈成半圆，左掌掌心向前，指尖向上；目视右掌方向。（图 3–247）

图 3–246

图 3–247

（七）后坐收掌

左手经右腕上方向前、向左伸出，与右手齐平，手心向下，右手随即翻掌向下，两手左右分开与肩同宽；目视两掌方向。（图 3–248）

图 3-248

图 3-249

上动不停，上体后坐，身体重心移至左腿，右脚尖翘起，同时，两臂屈收至胸前，掌心均向前下方，指尖均向前上方；目视两掌方向。（图 3-249）

（八）弓步按掌

紧接上动，身体重心前移，右腿屈膝半蹲，左腿挺膝蹬直成为右弓步，同时，两手慢慢继续向后收，然后经腹前再向上、向前按出，掌心均向前，指尖均向上，手腕高与肩平；目视前方。（图 3-250）

图 3-250

【练习要点】

左手推出时，须沉肩坠肘，坐腕舒掌，身体不可前俯后仰，要与松腰、弓腿上下协调一致。搂膝拗步弓步时，两脚跟的横向距离保持约30厘米。掤出时两肩下沉，两臂成弧形，分手、松腰和弓腿要协调一致。下捋时上体不可前倾，臀部不要凸出，两臂下捋要随腰旋转，仍走弧线。向前挤时，上体要正直，挤的动作要与松腰、弓腿相一致。向前按时，上体要正直，松腰、松胯。两臂要随着松腰、弓腿徐徐向前按出，沉肩垂肘，两掌须走曲线。整个动作要以腰为主宰，两臂绕行，须圆活自然。腿部的前弓后坐要灵活稳健。

【呼吸方法】

转身运臂时吸气，弓步搂推时呼气。弓步伸臂、转身后捋时吸气，转身搭手、弓腿前挤时呼气。后坐收掌时吸气，弓步按掌时呼气。

【意念方法】

导引法：转身运臂时想象气由两手行到丹田，弓步搂推时意想丹田内气行至两手。弓步伸臂、转身后捋时想象气由两手行到丹田，转身搭手、弓腿前挤时意想丹田内气行至两手。后坐收掌时想象气由两手行到丹田，弓步按掌时意想丹田内气行至两手。

技击法：设想对方用左脚向我裆部踢来，我用右手外搂开其腿，并用左掌推击对方胸部。当对方化解开后，用左拳向我胸部击打而来时，我左手粘其左腕，右手粘其左肘顺其来拳向左后捋领对方左臂。当对方回抽左臂时，我借劲用右臂挤靠对方胸部。当对方化解开后，用双手向我胸部攻击而来时，我两手粘其两臂下按，防开其攻击。当对方后抽两臂时，我借劲用两手向前推按对方胸部，使对方后倒。

四十八、斜单鞭

【动作歌诀】

单鞭多用可防攻，左像箭来右似弓。

体正松腰勿屈下，翻掌前推转腰行。

【动作方法】

（一）扣脚摆掌

右脚尖翘起，以脚跟为轴向内扣脚下落踏实，身体左转，重心左移，同时，随转身两手向左横摆划弧，左掌摆撑至胸前，腕高与胸平，掌心向下，指尖向右，右掌摆于右肩前，掌心向左，拇指侧向上；目视左掌方向。（图 3–251）

上动不停，上体左转，随转身两手向右横向摆撑于胸前，两掌虎口相对，掌心均向下；目视两掌方向。（图 3–252）

图 3–251

图 3–252

（二）提脚勾手

身体稍左转，重心右移至右腿，左脚提起里收于右脚内侧，脚尖自然下垂，同时，右掌成勾右撑屈腕下勾，勾尖向下，左掌向上、向左云摆于左肩前，掌心向里，拇指侧向上；目视左掌方向。（图 3–253）

（三）弓步推掌

上动不停，身体继续左转，左脚向左上一步，脚跟先着地，然后脚尖再踏实，左腿屈膝半蹲，右腿挺膝蹬直成为左弓步，同时，左掌内旋翻掌向左立掌推出，掌心向左，指尖向上；目视左掌方向。（图 3–254）

图 3–253

图 3–254

【练习要点】

完成姿势上身正直，松腰，右肘部稍下垂，左肘与左膝上下相对，两肩下沉。左手内旋翻掌立掌推出时要随转身边翻边

推出，不要翻掌太快或最后突然翻掌。全部过渡动作，上下要协调一致。

【呼吸方法】

扣脚摆掌的前半动作左摆撑掌时吸气，扣脚摆掌的后半动作时呼气。提脚勾手时吸气，弓步推掌时呼气。

【意念方法】

导引法：扣脚摆掌的前半动作左摆撑掌时想象气由两手行至丹田，扣脚摆掌的后半动作时意想丹田内气行至两手。提脚勾手时想象气由两手、两脚行至丹田，弓步推掌时意想丹田内气行至两手、两脚。

技击法：设想对方左拳向我胸部击打，我左手粘其腕，右手粘其肘顺其来劲向左捋对方左臂。当对方有前倾感，后抽左臂调整身体时，我借其劲用右勾顶击其胸部，使其向后飞出。若对方顺我捋臂跟进化解时，我用左掌推击其胸部，将对方推出。

第四段

四十九、野马分鬃

【动作歌诀】

收脚抱球劲蓄含，弓步掤臂劲浑圆。

右左式子紧相接，先采再挒靠打连。

【动作方法】

（一）收脚抱球

身体右转，重心前移至左腿，右腿屈膝里收于左脚内侧，脚尖自然下垂，同时，左掌向右下划弧屈于左胸前，掌心向下，拇指侧向里，右勾成掌向下、向左划弧屈于右腹前，掌心向上，拇指侧向外；目视右前方。（图 3–255）

（二）弓步右掤

接上动作，上体继续右转，右脚向前上一步，脚跟先着地，然后全脚掌踏实，右腿屈膝半蹲，左腿挺膝蹬直成为右弓步，同时，两手随转身右手向上，左手向下慢慢分开，右手高与眼平，掌心斜向里，拇指侧斜向上，肘微屈，左手落在左胯旁，肘也微屈，掌心向下，指尖向前；目视右掌方向。（图3–256）

图 3–255

图 3–256

（三）抱球跟脚

重心微向后，右脚尖翘起外展后踏实，上体右转，同时，右掌向左下划弧屈于右胸前，掌心斜向下，拇指斜向里，左掌向前、向右于小腹前，掌心向下，拇指侧斜向里；目视右掌前方。（图 3–257）

图 3–257

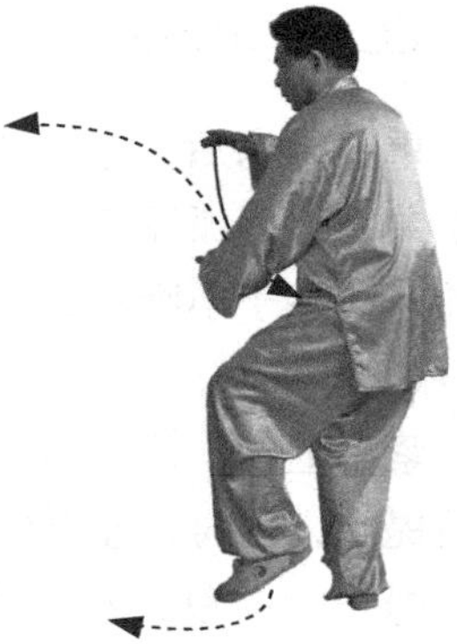
图 3–258

紧接上动，重心前移至右腿，上体右转，左脚经右脚内侧向前提起，同时，右掌继续内旋向左、向里屈于胸前，掌心向下，拇指侧向里，左掌外旋向右、向里屈于腹前，掌心向上，拇指侧向前，两掌成抱球状；目视前方。（图 3–258）

（四）弓步左掤

接上动作，上体左转，左脚向前上一步，脚跟先着地，然后全脚掌踏实，左腿屈膝半蹲，右腿挺膝蹬直成为左弓步，同时，两手随转身左手向上，右手向下慢慢分开，左手高与眼平，掌心斜向里，拇指侧斜向上，肘微屈，右手落在右胯旁，肘也微屈，掌心向下，指尖向前；目视左掌方向。（图 3–259）

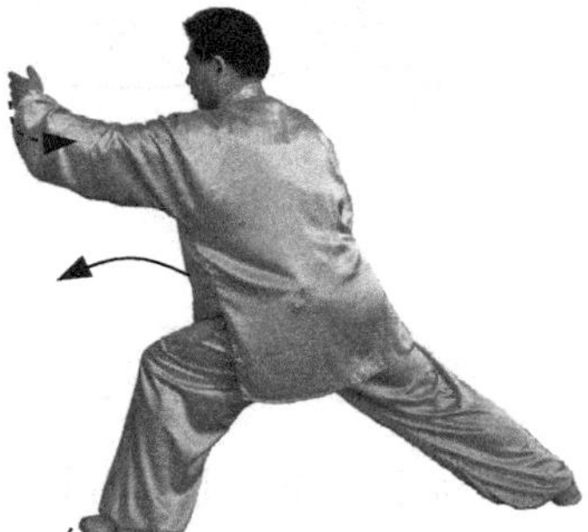
图 3–259

（五）抱球跟脚

重心微向后，左脚尖翘起外展后踏实，上体左转，同时，左掌向右下划弧屈于左胸前，掌心斜向下，拇指斜向里，右掌向前、向左于小腹前，掌心向下，拇指侧斜向里；目视左掌前方（图 3–260）。

紧接上动，重心前移至左腿，上体左转，右脚经左脚内侧向前提起，同时，左掌继续内旋向右、向里屈于胸前，掌心向下，拇指侧向里，右掌外旋向左、向里屈于腹前，掌心向上，拇指侧向前，两掌成抱球状；目视前方。（图 3–261）

图 3–260

图 3–261

（六）弓步右掤

接上动作，上体右转，右脚向前上一步，脚跟先着地，然后全脚掌踏实，右腿屈膝半蹲，左腿挺膝蹬直成为右弓步，同时，两手随转身右手向上，左手向下慢慢分开，右手高与眼

平，掌心斜向里，拇指侧斜向上，肘微屈，左手落在左胯旁，肘也微屈，掌心向下，指尖向前；目视右掌方向。（图 3–262）

图 3–262

【练习要点】

上体不可前俯后仰，胸部必须宽松舒展。两臂分开时保持弧形。身体转动时要以腰为轴。弓步时，两脚横向距离应保持 30 厘米。弓步动作与分掌的速度要均匀一致。分掌时向上的臂要有向外靠的意思。迈步时，如果变换重心能掌握得好，前进的脚可点地或不点地，但须经过支撑脚的内侧再向前上步，以保持身体平衡稳定。

【呼吸方法】

收脚抱球时吸气，弓步右掤时呼气。抱球跟脚时吸气，弓步左掤时呼气。抱球跟脚时吸气，弓步右掤时呼气。

【意念方法】

导引法：收脚抱球时想象气由两手行至丹田，弓步右掤时意想丹田内气行至两手。抱球跟脚时想象气由两手行至丹田，弓步左掤时意想丹田内气行至两手。抱球跟脚时想象气由两手行至丹田，弓步右掤时意想丹田内气行至两手。

技击法：设想对方用拳向我胸部击打时，我用一手接抓住其腕顺其劲向后回领对方手臂。当对方回挣时，我借机用另一臂击对方来拳之腋下或肋胸部。

五十、揽雀尾

【动作歌诀】

收脚抱球劲蓄含，弓步掤臂劲浑圆。

掤捋搭手合挤出，后坐按推掌向前。

【动作方法】

（一）转身抱球

右脚尖微向外扣，重心移至右腿，身体微向右转，左腿屈膝提起于左腿踝内侧，脚尖自然下垂，同时，右掌向左下划弧平屈于右胸前，掌心向下，拇指侧在里，左掌随身体转动向右上划弧于右肋下，掌心向上，拇指侧向外，与右手相对成抱球状；目视右手方向。（图 3–263）

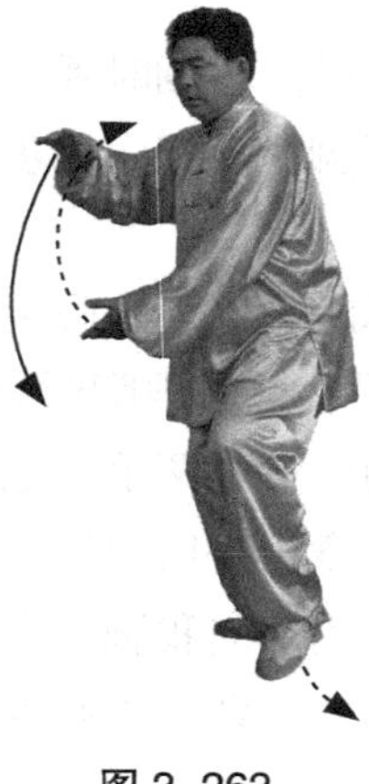

图 3–263

（二）弓步左掤

上体向左转，左脚向左前方迈一步，脚尖向前，右腿自然蹬直，左腿屈膝，成为左弓步，同时，左臂向左前方平屈掤出，左手与前臂高与肩平，掌心向里，拇指侧向上，右掌向右、向下落于右胯旁，肘微屈，掌心向下，指尖向前；目视左前臂方向。（图 3–264）

（三）收脚合手

身体微向左转，右脚向里收至左脚踝内，脚尖自然下垂，身体重心落至左腿，同时，左臂平屈于左胸前，与肩同高，掌心向下，拇指侧向里，右手经腹前向左、向上、向右划弧屈于右肋旁，掌心向里，拇指侧向上；目视右手方向。（图 3–265）

图 3–264

图 3–265

（四）弓步双掤

上体右转，右脚向右前方迈出一步，脚跟着地，同时，两掌向右前伸，右掌在前，掌心向上，指尖向前，左掌在后于右上臂内侧旁，掌心向下，指尖向右前；目视右掌方向。（图 3–266）

身体重心前移，右脚前掌向下，全脚掌踏实，右腿屈膝半蹲，左腿挺膝蹬直，成为右弓步，同时，右臂稍平屈向前上掤出，掌心向里，拇指侧向上，左掌掤附于右前臂内侧，掌心向前，指尖向上；目视两手方向。（图 3–267）

图 3–266

图 3–267

（五）后坐下捋

上体稍向右转，右手随即内旋翻掌前伸，掌心向下，指尖向前，左手掌稍外旋，前伸于右前臂内侧，掌心向右，指尖向前；目视右掌方向。（图 3–268）

紧接上动，身体重心后移，上体稍左转，同时，两掌随转身向下、向左划弧捋手，右掌于右侧，掌心向前，拇指侧斜向上，左掌于右胸前，掌心向里，拇指侧向上；目视右掌方向。（图 3–269）

图 3–268

上动不停，身体重心继续移向左腿，成为右虚步，上体稍左转，同时，两掌随转身继续向左后上捋，右掌捋于右胸前，掌心斜向上，拇指侧向外，左掌捋于胸前，掌心斜向下，拇指侧向里；目视右掌方向。（图 3–270）

图 3–269

图 3–270

（六）弓步前挤

上体稍向右转，身体重心逐渐前移，同时，两掌向左、向上、向右慢慢划弧挤出，右掌挤于右胸前，右臂平屈成半圆，右掌掌心向里，拇指侧向上，左掌附于右手腕里侧，左臂肘下垂屈成半圆，左掌掌心向前，指尖向上；目视右掌方向。(图 3–271)

上动不停，身体重心继续前移，右腿屈膝半蹲，左腿挺膝蹬直，成为右弓步，同时，两掌继续向前挤出，右掌挤于右胸前，右臂平屈成半圆，右掌掌心向里，拇指侧向上，左掌附于右手腕里侧，左臂肘下垂屈成半圆，左掌掌心向前，指尖向上；目视右掌方向。（图 3–272）

图 3–271

图 3–272

（七）后坐收掌

左手经右腕上方向前、向左伸出，与右手齐平，手心向下，右手随即翻掌向下，两手左右分开与肩同宽；目视两掌方向。（图 3–273）

图 3–273

图 3–274

上动不停，上体后坐，身体重心移至左腿，右脚尖翘起，同时，两臂屈收至胸前，掌心均向前下方，指尖均向前上方；目视两掌方向。（图 3–274）

（八）弓步前按

紧接上动，身体重心前移，右腿屈膝半蹲，左腿挺膝蹬直成为右弓步，同时，两手慢慢继续向后收，然后经腹前再向前、向上按出，掌心均向前，指尖均向上，手腕高与肩平；目视前方。（图 3–275）

图 3–275

【练习要点】

掤出时两肩下沉，两臂

成弧形，分手、松腰和弓腿要协调一致。下捋时上体不可前倾，臀部不要凸出，两臂下捋要随腰旋转，仍走弧线。向前挤时，上体要正直，挤的动作要与松腰、弓腿相一致。向前按时，上体要正直，松腰、松胯。两臂要随着松腰、弓腿徐徐向前按出，沉肩垂肘，两掌须走曲线。整个动作要以腰为主宰，两臂绕行，须圆活自然。腿部的前弓后坐要灵活稳健。

【呼吸方法】

转身抱球时吸气，弓步左掤时呼气。收脚合手时吸气，弓步双掤时呼气。后坐下捋时吸气，弓步前挤时呼气。后坐收掌时吸气，弓步前按时呼气。

【意念方法】

导引法：转身抱球时想象气由两手行至丹田，弓步左掤时意想丹田内气行至两手。收脚合手时想象气由两手行至丹田，弓步双掤时意想丹田内气行至两手。后坐下捋时想象气由两手行至丹田，弓步前挤时意想丹田内气行至两手。后坐收掌时想象气由两手行至丹田，弓步前按时意想丹田内气行至两手。

技击法：设对方用右拳向我左肋部击打，我用左掌粘住其来拳之肘顺其来劲捋引开其来拳，前上左脚于对方右脚外侧挂住其腿，并用左臂挑靠对方右腋或肋部，使其后倒。对方若用左拳向我右肋部击打，我用右手粘住其来拳之肘，顺其劲捋引开其来拳，并前上右脚于对方左脚外侧绊住其腿，并用双掤掌掀对方左腋，使其后倒。若对方化解，我左手粘其左腕，右手粘其左肘向下捋对方左臂。当对方有前倾感，回抽左臂时，我借其劲，挤其胸部，使对方后倒。若对方化解，用双手向我胸部击来时，我两手粘其腕，顺其劲后坐回引对方两手。当对方有前倾感回抽时，我借其劲用两掌前按对方胸部，将其按出后倒。

五十一、单鞭

【动作歌诀】

单鞭多用可防攻，左像箭来右似弓。

体正松腰勿屈下，翻掌前推转腰行。

【动作方法】

（一）扣脚摆掌

右脚尖翘起，以脚跟为轴向内扣脚下落踏实，身体左转，重心左移，同时，随转身两手向左横摆划弧，左掌摆撑于身体左侧，腕高与肩平，掌心向左，指尖向上，右掌摆于左腋前，掌心向后，拇指侧向上；目视左掌方向。（图 3–276）

上动不停，上体右转，随转身两手向上、向右摆撑，左掌摆撑于身体右侧，腕高与肩平，掌心向右，拇指侧向下，左掌摆于右上臂内前侧，掌心向后，拇指侧向上；目视右掌方向。（图 3–277）

图 3–276

图 3–277

（二）提脚勾手

身体稍左转，重心移至右腿，左脚提起里收于右脚内侧，脚尖自然下垂，同时，右掌成勾右撑屈腕下勾，勾尖向下，左掌向上、向左云摆于左肩前，掌心向里，拇指侧向上；目视左掌方向。（图 3–278）

（三）弓步推掌

上动不停，身体继续左转，左脚向左上一步，脚跟先着地，然后脚尖再踏实，左腿屈膝半蹲，右腿挺膝蹬直成为左弓步，同时，左掌内旋翻掌向左立掌推出，掌心向左，指尖向上；目视左掌方向。（图 3–279）

图 3–278

图 3–279

【练习要点】

完成姿势上身正直，松腰，右肘部稍下垂，左肘与左膝上下相对，两肩下沉。左手内旋翻掌立掌推出时要随转身边翻边

推出，不要翻掌太快或最后突然翻掌。全部过渡动作，上下要协调一致。

【呼吸方法】

扣脚摆掌的前半动作左摆撑掌时吸气，扣脚摆掌的后半动作右摆撑掌时呼气。提脚勾手时吸气，弓步推掌时呼气。

【意念方法】

导引法：扣脚摆掌的前半动作左摆撑掌时想象气由两手行至丹田，扣脚摆掌的后半动作右摆撑掌时意想丹田内气行至两手。提脚勾手时想象气由两手及两脚行至丹田，弓步推掌时意想丹田内气行至两手及两脚。

技击法：设想对方左拳向我胸部击打，我左手粘其腕，右手粘其肘顺其来劲向左捋对方左臂。当对方有前倾感，后抽左臂调整身体时，我借其劲用右勾顶击其胸部，使其向后飞出。若对方顺我捋臂跟进化解时，我用左掌推击其胸部，将对方推出。

五十二、玉女穿梭（四斜角）

【动作歌诀】

转身拗步斜架推，上掤下打腰劲催。
旋肘横架掌斜进，紧封四角击彼肋。

【动作方法】

（一）提脚运手

身体稍右转，重心先稍向右移，左脚尖里扣后，重心再稍向左移，同时，随转身左掌向左、向下划弧屈于左肩前，掌心向左，拇指侧向下，右勾成掌，向下、向左划弧摆于右腹前，

掌心向左，指尖斜向上；目视左掌方向。（图 3–280）

上动不停，身体继续右转，重心继续移至左腿，右腿屈膝提起，脚尖自然下垂，同时，左掌向下、向里划弧于左肋旁，掌心向下，拇指侧向里，右掌向左、向上、向右划弧屈臂撑掌于右胸前，掌心向里，拇指侧向上；目视右掌方向。（图 3–281）

图 3–280

图 3–281

（二）抱球跟脚

身体稍右转，右脚向前上一步，脚跟着地，成为虚步，同时，右掌向右上摆掌，掌心斜向里，拇指侧斜向上，左掌向下、向右划弧于右腹前，掌心向下，拇指侧向里；目视右掌方向。（图 3–282）

图 3–282

紧接上动，身体右转，右脚步外展下落踏实，重心前移至右腿，左脚经右腿向前提于右腿内前侧，脚尖自然下垂，同时，右掌内旋向上、向左屈摆于胸前，掌心向下，拇指侧向里，左手外旋向前、向右屈摆于右腹前，掌心向上，拇指侧向外，两掌成抱球状；目视左手前方。（图 3–283）

图 3–283

（三）弓步架推

身体稍右转，左脚向左前上步，脚跟着地，同时，左臂向左上横臂掤出于胸前，掌心向里，拇指侧向上，右掌向下、向右屈收于右胸侧，掌心向下，拇指侧向里；目视左臂方向。（图 3–284）

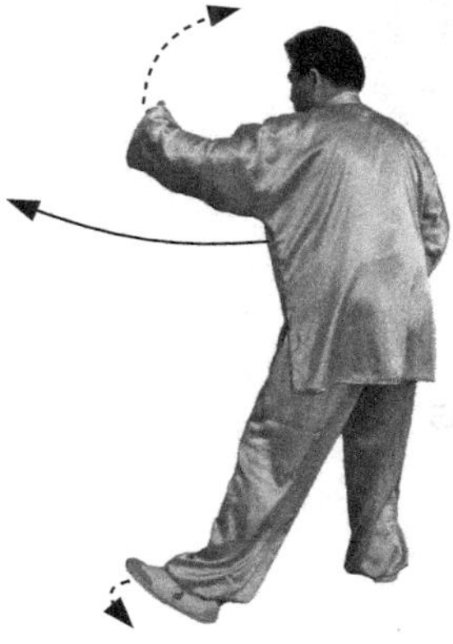

图 3–284

上动不停，身体左转，重心左移，左脚尖下落踏实，左腿屈膝半蹲，右腿挺膝蹬直成为左弓步，同时，左掌内旋继续向上横臂屈架于左额前，掌心斜向前，拇指侧向下，右掌向前立掌推出，高与鼻尖平，掌心向前，指尖向上；目视右掌方向。(图 3–285)

（四）扣脚转身

身体重心右移，左脚尖翘起里扣下落踏实，身体右转，同时，两掌随转身向下、向右摆，右掌于右腹前，掌心向下，拇指侧向里，左掌摆屈于左胸前，掌心向下，拇指侧向里；目视前方。（图 3–286）

图 3–285

图 3–286

（五）迈步滚球

紧接上动，身体继续右转，重心移至左腿，右脚向里提收于左腿内前侧，脚尖自然下垂，同时，随转身右掌向左、向上于腹前，掌心向里，拇指侧向上，左掌向右、向下经左腰侧向前上于左胸前，掌心向前，拇指侧向右；目视两掌方向。（图 3–287）

上动不停，右脚前上一步，脚跟先着地，然后前脚掌再下落踏实，成为右虚步，同时，右掌向前、向上翻架面前，掌心向下，拇指侧斜向里，左掌向下、向前于右上臂内下侧，掌心向下，指尖向前；目视右掌方向。（图 3–288）

图 3–287

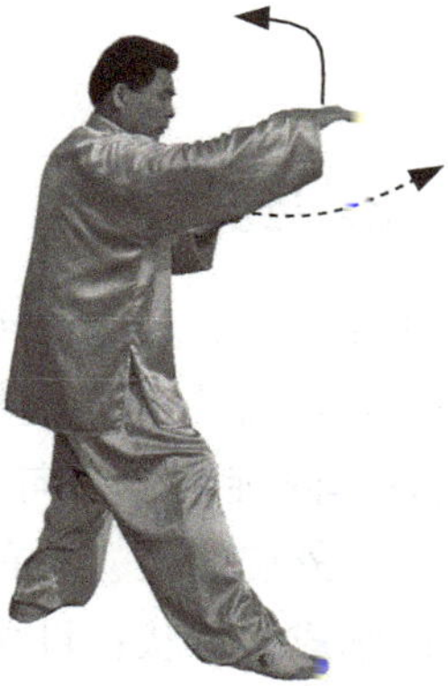

图 3–288

（六）弓步架推

上动不停，身体右转，重心前移，右腿屈膝半蹲，左腿挺膝蹬直成为右弓步，同时，右掌内旋，向上横臂架于右额前，左掌向前立掌推出，高与鼻平，掌心向前，指尖向上；目视左掌方向。（图 3–289）

图 3-289

（七）迈步滚球

紧接上动，身体右转，右脚步外展下落踏实，重心前移至右腿，左脚经右腿向前提于右腿内前侧，脚尖自然下垂，同时，右掌内旋向下、向左屈摆于胸前，掌心向下，拇指侧向里，左手外旋向前、向右屈摆于右腹前，掌心向上，拇指侧向外，两掌成抱球状；目视左手前方。（图 3-290）

图 3-290

身体稍右转，左脚向左前上步，脚跟着地，同时，左臂向左上横臂掤出于胸前，掌心向里，拇指侧向上，右掌向下、向右屈收于右胸侧，掌心向下，拇指侧向里；目视左臂方向。(图 3–291)

(八) 弓步架推

上动不停，身体左转，重心左移，左脚尖下落踏实，左腿屈膝半蹲，右腿挺膝蹬直成为左弓步，同时，左掌内旋继续向上横臂屈架于左额前，掌心斜向前，拇指侧向下，右掌向前立掌推出，高与鼻尖平，掌心向前，指尖向上；目视右掌方向。(图 3–292)

图 3–291

图 3–292

(九) 扣脚转身

身体重心右移，左脚尖翘起里扣下落踏实，身体右转，同时，两掌随转身向下、向右摆，右掌于右胸前，掌心向里，拇

指侧向上，左掌摆屈于左胸前，掌心向下，拇指侧向里；目视前方。（图 3–293）

图 3–293

（十）迈步滚球

紧接上动，身体继续右转，重心移至左腿，右脚向里提收于左腿内前侧，脚尖自然下垂，同时，随转身右掌向左、向上于腹前，掌心向里，拇指侧向上，左掌向右、向下经左腰侧向前上于左胸前，掌心向前，拇指侧向右；目视两掌方向。（图 3–294）

上动不停，右脚前上一步，脚跟先着地，成为右虚步，同时，右掌向前、向上翻架面前，掌心向里，拇指侧斜向上，左掌向下、向前于左肋前侧，掌心向下，指尖向前；目视右掌方向。（图 3–295）

图 3–294

图 3–295

（十一）弓步架推

图 3–296

上动不停，身体右转，重心前移，右脚前掌前下落踏实，右腿屈膝半蹲，左腿挺膝蹬直成为右弓步，同时，右掌内旋，向上横臂架于右额前，左掌向前立掌推出，高与鼻平，掌心向前，指尖向上；目视左掌方向。(图 3–296)

【练习要点】

上体保持正直。手向上举时，不要引肩上耸，前推动作要与松腰弓腿动作上下协调一致。弓步两脚横向距离保持约30厘米。左右穿梭动作要面向四个斜角。

【呼吸方法】

提脚运手、抱球跟脚时吸气，弓步架推时呼气。扣脚转身、迈步滚球时吸气，弓步架推时呼气。迈步滚球时吸气，弓步架推时呼气。扣脚转身、迈步滚球时吸气，弓步架推时呼气。

【意念方法】

导引法：提脚运手、抱球跟脚时想象气由两手行至丹田，弓步架推时丹田内气行至两手。扣步转身、迈步滚球时想象气由两手行至丹田，弓步架推时丹田内气行至两手。迈步滚球时想象气由两手行至丹田，弓步架推时丹田内气行至两手。扣脚转身、迈步滚球时想象气由两手行至丹田，弓步架推时丹田内气行至两手。

技击法：设想对方用拳向我面部击打，我用一掌向上架开来拳，并用另一掌推击其胸部。

五十三、揽雀尾

【动作歌诀】

收脚抱球劲蓄含，弓步掤臂劲浑圆。

掤捋搭手合挤出，后坐按推掌向前。

【动作方法】

（一）转身抱球

右脚尖微向外扣，重心移至右腿，身体微向左转，左腿屈膝提起至左腿踝内侧，脚尖自然下垂，同时，右掌向左下划弧平屈于右胸前，掌心向下，拇指侧在里，左掌随身体转动向下、向左上划弧于右肋前，掌心向上，拇指侧向外，与右手相对成抱球状；目视右手方向。（图 3–297）

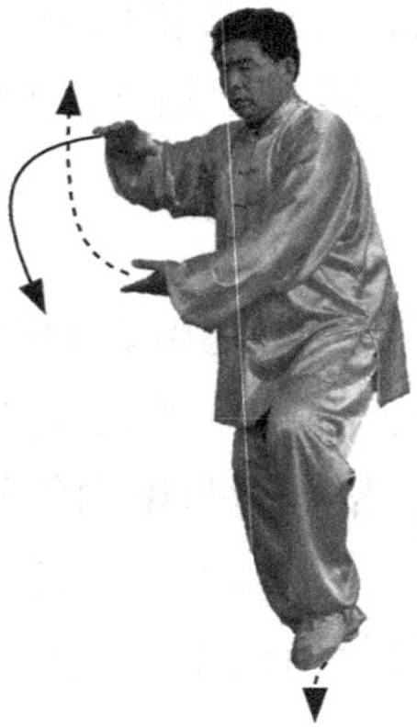

图 3–297

（二）弓步左掤

上体向左转，左脚向左前方迈一步，脚尖向前，右腿自然蹬直，左腿屈膝，成为左弓步，同时，左臂向左前方平屈掤出，左手与前臂高与肩平，掌心向里，拇指侧向上，右掌向右、向下落于右胯旁，肘微屈，掌心向下，指尖向前；目视左前臂方向。（图 3–298）

（三）收脚合手

身体微向左转，右脚向里收至左脚踝内侧，脚尖自然下垂，身体重心落至左腿，同时，左臂平屈于左胸前，与肩同高，掌心向下，拇指侧向里，右手经腹前向左、向上、向右划弧于右肋旁，掌心向里，拇指侧向上；目视右手方向。（图 3–299）

图 3–298

图 3–299

（四）弓步双掤

上体右转，右脚向右前方迈出一步，脚跟着地，同时，两掌向右前伸，右掌在前，掌心向上，指尖向前，左掌在后于右上臂内侧旁，掌心向下，指尖向右前；目视右掌方向。（图 3–300）

身体重心前移，右脚前掌向下，全脚掌踏实，右腿屈膝半蹲，左腿挺膝蹬直，成为右弓步，同时，右臂稍平屈向前上掤出，掌心向里，拇指侧向上，左掌掤附于右前臂内侧，掌心向前，指尖向上；目视两手方向。（图 3–301）

图 3–300

图 3–301

（五）后坐下捋

上体稍向右转，右手随即内旋翻掌前伸，掌心向下，指尖向前，左手掌稍外旋，前伸于右前臂内侧，掌心向右，指尖向前；目视右掌方向。（图 3–302）

紧接上动，身体重心后移，上体稍左转，同时，两掌随转身向下、向左划弧捋手，右掌于右侧，掌心向前，拇指侧斜向上，左掌于右胸前，掌心向里，拇指侧向上；目视右掌方向。

(图 3-303)

上动不停，身体重心继续移向左腿，成为右虚步，上体稍左转，同时，两掌随转身继续向左后上捋，右掌捋于右胸前，掌心斜向上，拇指侧向外，左掌捋于胸前，掌心斜向下，拇指侧向里；目视右掌方向。（图 3-304）

图 3-302

图 3-303

图 3-304

（六）弓步前挤

上体稍向右转，身体重心逐渐前移，同时，两掌向左、向上、向右慢慢划弧挤出，右掌挤于右胸前，右臂平屈成半圆，右掌掌心向里，拇指侧向上，左掌附于右手腕里侧，左臂肘下

垂屈成半圆，左掌掌心向前，指尖向上；目视右掌方向。（图 3–305）

上动不停，身体重心继续前移，右腿屈膝半蹲，左腿挺膝蹬直，成为右弓步，同时，两掌继续向前挤出，右掌挤于右胸前，右臂平屈成半圆，右掌掌心向里，拇指侧向上，左掌附于右手腕里侧，左臂肘下垂屈成半圆，左掌掌心向前，指尖向上；目视右掌方向。（图 3–306）

图 3–305

图 3–306

（七）后坐收掌

左手经右腕上方向前、向左伸出，与右手齐平，手心向下，右手随即翻掌向下，两手左右分开与肩同宽；目视两掌方向。（图 3–307）

上动不停，上体后坐，身体重心移至左腿，右脚尖翘起，同时，两臂屈收至胸前，掌心均向前下方，指尖均向前上方；目视两掌方向。（图 3–308）

图 3–307

图 3–308

(八）弓步前按

紧接上动，身体重心前移，右腿屈膝半蹲，左腿挺膝蹬直成为右弓步，同时，两手慢慢继续向后收，然后经腹前再向前、向上按出，掌心均向前，指尖均向上，手腕高与肩平；目视前方。（图 3–309）

图 3–309

【练习要点】

掤出时两肩下沉，两臂成弧形，分手、松腰和弓腿要协调一致。下捋时上体不可前倾，臀部不要凸出，两臂下捋要随腰旋转，仍走弧线。向前挤时，上体要正直，挤的动作要与松腰、弓腿相一致。向前按时，上体要正直，松腰、松胯。两臂要随着松腰、弓腿徐徐向前按出，沉肩垂肘，两掌须走曲线。整个动作要以腰为主宰，两臂绕行，须圆活自然。腿部的前弓后坐要灵活稳健。

【呼吸方法】

转身抱球时吸气，弓步左掤时呼气。收脚合手时吸气，弓步双掤时呼气。后坐下捋时吸气，弓步前挤时呼气。后坐收掌时吸气，弓步前按时呼气。

【意念方法】

导引法：转身抱球时，想象气由两手行至丹田，弓步左掤时意想丹田内气行至两手。收脚合手时想象气由两手行至丹田，弓步双掤时意想丹田内气行至两手。后坐下捋时想象气由两手行至丹田，弓步前挤时意想丹田内气行至两手。后坐收掌时想象气由两手行至丹田，弓步前按时意想丹田内气行至两手。

技击法：设对方用右拳向我左肋部击打，我用左掌粘住其来拳之肘顺其来劲捋引开其来拳，接着，我前上左脚于对方右脚外侧挂住其腿，并用左臂挑靠对方右腋或肋部，使其后倒。对方若用左拳向我右肋部击打，我用右手粘住其来拳之肘，顺其劲捋引开其来拳，并前上右脚于对方左脚外侧绊住其腿，并用双掤掌掀对方左腋，使其后倒。若对方化解，我左手粘其左腕，右手粘其左肘向下捋对方左臂。当对方有前倾感回抽左臂时，我借其劲挤其胸部，使对方后倒。若对方化解，用双手向我胸部击来时，我两手粘其腕，顺其劲后坐回引对方两手。当对方有前倾感回抽时，我借其劲用两掌前按对方胸部，将其按出后倒。

五十四、单鞭

【动作歌诀】

单鞭多用可防攻，左像箭来右似弓。

体正松腰勿屈下，翻掌前推转腰行。

【动作方法】

（一）扣脚摆掌

右脚尖翘起，以脚跟为轴向内扣脚下落踏实，身体左转，重心左移，同时，随转身两手向左横摆划弧，左掌摆撑于身体左侧，腕高与肩平，掌心向左，指尖向上，右掌摆于左腋前，掌心向后，拇指侧向上；目视左掌方向。（图 3–310）

图 3–310

上动不停，上体右转，随转身两手向上、向右摆撑，左掌摆撑于身体右侧，腕高与肩平，掌心向右，拇指侧向下，左掌摆于右上臂内前侧，掌心向后，拇指侧向上；目视右掌方向。（图 3–311）

（二）提脚勾手

身体稍左转，重心移至右腿，左脚提起里收于右脚内侧，脚尖自然下垂，同时，右掌成勾右撑屈腕下勾，勾尖向下，左掌向上、向左云摆于左肩前，掌心向里，拇指侧向上；目视左掌方向。（图 3–312）

图 3–311

图 3–312

（三）弓步推掌

上动不停，身体继续左转，左脚向左上一步，脚跟先着地，然后脚尖再踏实，左腿屈膝半蹲，右腿挺膝蹬直成为左弓步，同时，左掌内旋翻掌向左立掌推出，掌心向左，指尖向上；目视左掌方向。（图 3–313）

图 3-313

【练习要点】

完成姿势上身正直，松腰，右肘部稍下垂，左肘与左膝上下相对，两肩下沉。左手内旋翻掌立掌推出时要随转身边翻边推出，不要翻掌太快或最后突然翻掌。全部过渡动作，上下要协调一致。

【呼吸方法】

扣脚摆掌的前半动作左摆撑掌时吸气，扣脚摆掌的后半动作右摆撑掌时呼气。提脚勾手时吸气，弓步推掌时呼气。

【意念方法】

导引法：扣脚摆掌的前半动作左摆撑掌时想象气由两手行至丹田，扣脚摆掌的后半动作右摆撑掌时意想丹田内气行至两手。提脚勾手时想象气由两手及两脚行至丹田，弓步推掌时意想丹田内气行至两手及两脚。

技击法：设想对方左拳向我胸部击打，我左手粘其腕，右手粘其肘顺其来劲向左捋对方左臂。当对方有前倾感，后抽左臂调整身体时，我借其劲用右勾顶击其胸部，使其向后飞出。若对方顺我捋臂跟进化解时，我用左掌推击其胸部，将对方推出。

第五段

五十五、云手

【动作歌诀】

两手交替环形转，势如行云圆连绵。

腰领手转目随视，步子横行轻灵缓。

【动作方法】

（一）弓步撑掌

身体稍右转，仍成弓步，同时，左掌松腕稍向左下撑掌，掌心向前，指尖向上，右勾成掌稍向右下撑掌，掌心斜向右，指尖向上；目视左前方。（图 3–314）

图 3–314

（二）撑掌收脚

上动不停，左脚尖里扣，身体继续稍向右转，重心稍向右移，同时，左掌向下、向右上划弧于左肩侧上方，掌心斜向下，指尖向右，右掌向下、向左划弧于身体右侧，掌心向下，指尖向右；目视右前方。（图 3–315）

上动不停，身体左转，重心向左移，右腿里收于左脚内侧脚尖点地，同时，左掌向上、向左下撑掌，掌心向左，指尖向上，右掌向左上划弧于左上臂内侧，掌心向里，指尖向左；目视左手方向。（图 3–316）

图 3–315

图 3–316

（三）转身云手

上动不停，身体重心右移，身体右转，同时右掌向上经面前向右运转于右面侧旁，掌心向里，指尖向左，左掌向下、向右上运转于腹前，掌心向里，指尖向右；目视前方。（图 3–317）

上动不停，身体右转，重心继续右移，左脚跟提起，同时，右掌向右下撑掌于身体右侧，掌心向前，指尖向右，左掌继续向右、向上划弧于右上臂内侧，掌心向里，指尖向右；目视右掌方向。（图 3–318）

图 3–317

图 3–318

（四）撑掌收脚

紧接上动，身体左转，重心左移，左脚向左横跨一步，同时，左掌向上经面前向左运转于左面侧旁，掌心向里，指尖向右，右掌向下、向左上运转于腹前，掌心向里，指尖向左；目视前方。（图 3–319）

图 3–319

上动不停，身体左转，重心向左移，右腿里收于左脚内侧脚尖点地，同时，左掌向上、向左下撑掌于身体左侧，掌心向左，指尖向上，右掌继续向左、向上划弧于左上臂内侧，掌心向里，指尖向左；目视左掌方向。（图 3–320）

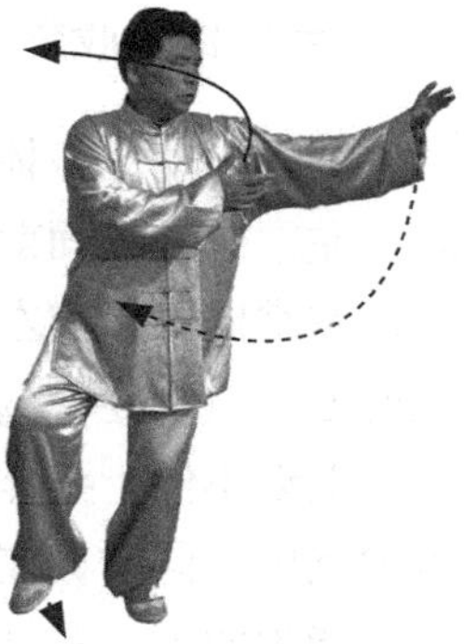

图 3–320

（五）转身云手

上动不停，身体重心右移，身体右转，同时右掌向上经面前向右运转于右面侧旁，掌心向里，指尖向左，左掌向下、向右上运转于腹前，掌心向里，指尖向右；目视前方。（图3–321）

上动不停，身体右转，重心继续右移，左脚跟提起，同时，右掌向右下撑掌于身体右侧，掌心向前，指尖向右，左掌继续向右、向上划弧于右上臂内侧，掌心向里，指尖向右；目视右掌方向。（图 3–322）

图 3–321

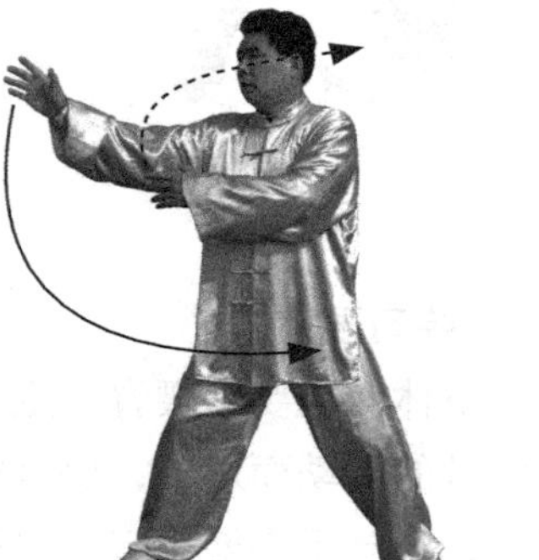

图 3–322

（六）撑掌收脚

紧接上动，身体左转，重心左移，左脚向左横跨一步，同时，左掌向上经面前向左运转于左面侧旁，掌心向里，指尖向右，右掌向下、向左上运转于腹前，掌心向里，指尖向左；目视前方。（图 3–323）

上动不停，身体左转，重心向左移，右腿里收于左脚内侧脚尖点地，同时，左掌向上、向左下撑掌于身体左侧，掌心向左，指尖向上，右掌继续向左、向上划弧于左上臂内侧，掌心向里，指尖向左；目视左掌方向。（图 3–324）

图 3–323

图 3–324

【练习要点】

身体转动要以腰脊为主，松腰、松胯，不可忽高忽低。两臂随腰的转动而运转，要自然圆活，速度要缓慢均匀。下肢移动时，身体重心要稳定，要前脚掌先着地，再全脚掌踏实，脚尖向前。眼的视线随左右手而移动。

【呼吸方法】

弓步撑掌时吸气，撑掌收脚时呼气。转身云手时吸气，撑掌收脚时呼气。

【意念方法】

导引法：弓步撑掌时想象气由两手行至丹田，撑掌收脚时意想丹田内气行至两手。转身云手时想象气由两手行至丹田，撑掌收脚时意想丹田内气行至两手。转身云手时想象气由两手行至丹田，撑掌收脚时意想丹田内气行至两手。

技击法：设想对方以手向我胸部击来，我以一手腕掤接，随翻转手腕采拿其腕，另一手击对方肋部或肘部。

五十六、单鞭

【动作歌诀】

单鞭多用可防攻，左像箭来右似弓。
体正松腰勿屈下，翻掌前推转腰行。

【动作方法】

(一) 转身勾手

上动不停，身体重心右移，身体右转，同时右掌向上经面前向右运转于右面侧旁，掌心向里，指尖向左，左掌向下、向右上运转于腹前，掌心向里，指尖向右；目视前方。(图 3–325)

图 3–325

身体稍右转，重心移至右腿，左脚提起里收于右脚内侧，脚尖自然下垂，同时，右掌成勾右撑屈腕下勾，勾尖向下，左掌向上、向左云摆于左肩前，掌心向里，拇指侧向上；目视左掌方向。（图 3–326）

图 3–326

（二）弓步推掌

紧接上动，身体继续左转，左脚向左迈出，同时，右勾向右下稍伸，勾尖向下，左掌经面前向左运掌于左面侧旁，掌心向后，指尖向右；目视左前方。（图 3–327）

上动不停，身体继续左转，重心左移，左脚继续向左上步，脚跟先着地，然后脚尖再踏实，左腿屈膝半蹲，右腿挺膝蹬直成为左弓步，同时，右勾稍向右伸，勾尖向下，左掌内旋翻掌向左立掌推出，掌心向前，指尖向上；目视左掌方向。（图 3–328）

图 3–327

图 3–328

【练习要点】

完成姿势上身正直，松腰，右肘部稍下垂，左肘与左膝上下相对，两肩下沉。左手内旋翻掌立掌推出时要随转身边翻边推出，不要翻掌太快或最后突然翻掌。全部过渡动作，上下要协调一致。

【呼吸方法】

转身勾手时吸气，弓步推掌时呼气。

【意念方法】

导引法：转身勾手时想象气由两手行至丹田，弓步推掌时意想丹田内气行至两手。

技击法：设想对方左拳向我胸部击打而来，我用右手粘住其来拳之腕向右后回领其臂，并用左掌向对方胸部或肋部推击。

五十七、下势

【动作歌诀】

右腿全蹲身右偏，右勾侧举下屈腕。

左腿仆直成下势，左掌顺腿向前穿。

【动作方法】

(一) 蹲身仆步

右腿屈膝全蹲，左腿伸直铺平成为左仆步，同时，上体微右转，左掌随转身向右经胸前、身体右侧向下、向左划弧于左大腿内上方，掌指向左，拇指侧向上；目视左前下方。(图 3–329)

图 3–329

（二）仆步穿掌

上体稍左转，同时，左掌沿腿上方向左穿掌于左脚上方，指尖向左，拇指侧向上，右勾手仍在身右平举，勾尖向下；目视左手方向。（图 3–330）

图 3–330

【练习要点】

下蹲仆步时，根据自己的条件，也可左脚尖里扣。两脚要全脚掌着地，上体不可过于前俯。

【呼吸方法】

蹲身仆步时吸气，仆步穿掌时呼气。

【意念方法】

导引法：蹲身仆步时想象气由两掌行至丹田，仆步穿掌时意想丹田内气行到两手。

技击法：设想我左脚伸于对方右腿外后侧挂住对方右腿，同时用左臂向左后靠击对方右小腿，使其站立不稳，而后倒地。

五十八、金鸡独立

【动作歌诀】

右腿蹬直左腿弓，落勾挑掌似斜行。
提膝上挑同侧掌，右左势子皆相同。

【动作方法】

（一）弓步起身

左脚尖稍外撇，右腿渐渐蹬直，上体向前直起，右脚尖里扣，左腿继续向前弓，屈膝半蹲，右腿挺膝蹬直，成为左弓步，同时，左掌直臂向前、向上挑起腕高与肩平，掌指斜向前，拇指侧斜向上，右勾里旋稍向下直臂落下高与胯平，勾尖向后上方；目视前方。（图 3–331）

图 3–331

（二）提膝挑掌

紧接上动，身体重心继续前移，右勾成掌向下，向前于右腰侧旁，掌心向下，指尖向前；目视前方。（图 3–332）

上动不停，身体重心逐渐移至左腿，左腿支撑身体，右腿向前屈膝提起，脚尖自然下垂，同时，左掌屈臂向下按落于左胯旁，掌心向下，指尖向前，右掌向前上挑举，高与鼻平，指尖斜向前，拇指侧斜向上，右肘与右膝相对；目视右手方向。（图 3–333）

图 3–332

图 3–333

（三）提膝撑举

右脚下落，全脚掌着地，右腿支撑身体，左腿屈膝上提，脚尖自然下垂，同时，右掌向下落按于肋旁，掌心向下，指尖向前，左掌向前、向上挑举高与肩平，指尖斜向前，拇指侧斜向上；目视左掌方向。（图 3–334）

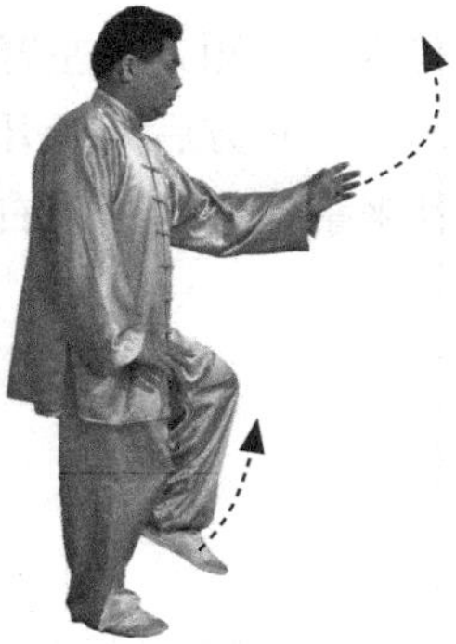

图 3-334

图 3-335

上动不停，右腿支撑身体，同时，左腿继续向前、向上提起，膝高与腰平，脚尖自然下垂，右掌继续向下按于右胯旁，掌心仍向下，指尖向前，左掌继续向前、向上挑掌，指尖高与鼻平，指尖向上，拇指侧向里；目视左掌方向。（图 3-335）

【练习要点】

提膝独立时支撑腿微屈，膝部不要挺直。向前上挑举掌时，要配合腰部的轻轻旋转，撑举掌时上体保特正直，头向上顶，全身要松沉。

【呼吸方法】

弓步起身时吸气，提膝挑掌时呼气。提膝撑举前半动作落步时吸气，后半动作提膝撑举时呼气。

【意念方法】

导引法：弓步起身时想象气由两手、两腿行至丹田，提膝挑掌时意想丹田内气行到两手、两腿。提膝撑掌前半动作落步时想象气由两手、两腿行至丹田，后半动作提膝撑掌时意想丹田内气行到两手、两腿。

技击法：设想我左腿别绊于对方右腿外后侧方，左臂从对方裆下穿出向前上挑击其裆，将其后摔。若对方后闪躲开，并用右拳向我肋部击打，我左手下按开其来拳，并起身用右膝撞击其腹部，同时，用右掌托其颔部。

第六段

五十九、左右倒撵猴

【动作歌诀】

轻灵撤步似猫行，搓掌抽臂倒卷肱。

退步搓掌相一致，左右势子法相同。

【动作方法】

（一）退步搓手

右腿稍屈，仍支撑身体，左脚向下落于右腿内侧，脚尖自然下垂，同时，左掌外旋翻掌稍向下略低于肩，掌心向上指尖向前，右掌向后、向上摆屈于右耳旁，掌心向前，指尖向上；目视左掌方向。（图 3–336）

图 3–336

右腿屈膝半蹲，左脚向左后侧退一步，脚前掌先着地，然后慢慢踏实，同时，右掌向前于右耳侧前，掌心向前，指尖向上；

目视左掌方向（图 3–337）。

（二）虚步推掌

上动不停，身体重心逐渐后移，右脚跟提起，成为右虚步，同时，上体左转，右掌随转体沿左臂上方向前推掌，掌心向前，指尖向上，左掌回抽屈臂撤于左腰侧，掌心向上，指尖向前；目视右掌方向。（图 3–338）

图 3–337

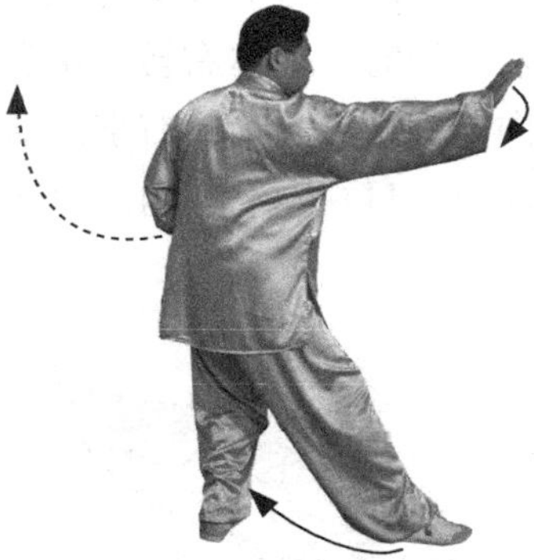

图 3–338

（三）提脚屈肘

身体重心移至左腿，右脚屈膝提起左腿内侧，脚尖自然下垂，同时，右掌外旋翻掌稍向下略低于肩，掌心向下指尖向前，左掌向后、向上摆屈于左耳旁，掌心向前，指尖向上；目视右掌方向。（图 3–339）

图 3–339

（四）退步搓手

左腿屈膝半蹲，右脚向右后侧退一步，脚前掌先着地，然后慢慢踏实，同时，左掌向前于左耳侧前，掌心向前，指尖向上；目视右掌方向。（图 3–340）

（五）虚步推掌

上动不停，身体重心逐渐后移，左脚跟提起，成为左虚步，同时，上体右转，左掌随转身沿右臂上方向前推掌，掌心向前，指尖向上，右掌回抽屈臂撤于右腰侧，掌心向上，指尖向前；目视左掌方向。（图 3–341）

图 3–340

图 3–341

（六）提脚屈肘

身体重心移至右腿，左腿屈膝提起右腿内侧，脚尖自然下垂，同时，左掌外旋翻掌稍向下略低于肩，掌心向上，指尖向

前，右掌向后、向上摆屈于右耳旁，掌心向前，指尖向上；目视左掌方向。（图 3–342）

图 3–342

（七）退步搓手

右腿屈膝半蹲，左脚向左后侧退一步，脚前掌先着地，然后慢慢踏实，同时，右掌向前于右耳侧前，掌心向前，指尖向上；目视左掌方向。（图 3–343）

（八）虚步推掌

上动不停，身体重心逐渐后移，右脚跟提起，成为右虚步，同时，上体左转，右掌随转身沿左臂上方向前推掌，掌心向前，指尖向上，左掌回抽屈臂撤于左腰侧，掌心向上，指尖向前；目视右掌方向。（图 3–344）

图 3–343

图 3–344

【练习要点】

前推的手不要伸直，后手也不可直向回抽，仍走弧线。前推时要转腰、松胯。两手的速度要一致，避免僵硬。退步时，前脚掌先着地再慢慢踏实，同时把前脚掌扭正。退左脚略向左后斜，退右脚略向右后斜。后退时避免忽高忽低，须平衡稳定。虚步的前膝不要挺直。两眼随转身动作先向左或右看，然后再看前手。

【呼吸方法】

退步搓手时吸气，虚步推掌时呼气。提脚屈肘时吸气，退步搓手、虚步推掌时呼气。

【意念方法】

导引法：退步搓手时意想气由两手行至丹田，虚步推掌时意想丹田内气行至两手。提膝屈肘时意想气由两手行至丹田，退步搓手、虚步推掌时意想丹田内气行至两手。提膝屈肘时意想气由两手行至丹田，退步搓手、虚步推掌时意想丹田内气行至两手。

技击法：设想对方用拳向我胸部击打，我一手接抓住其来拳外旋回领，同时用另一手推击对方面部或耳侧部。

六十、斜飞式

【动作歌诀】

两掌合抱右转身，气沉丹田身平稳。
重心前移成弓步，斜展双臂把掌分。

【动作方法】

（一）合抱转身

上体右转，右脚稍向里收半步，成为虚步，同时，右手向右、向下、向左划弧于右腹前，掌心向左，拇指侧向上，左掌向左、向上、向右前于胸前，掌心向右，指尖向上；目视左掌方向。（图 3–345）

紧接上动，身体向右后转身，右脚向右后撤上一步，脚跟着地，成为右虚步，同时，右掌稍向左上伸，掌心仍向上，指尖向左；目视右前方。（图 3–346）

图 3–345

图 3–346

（二）弓步斜分

身体重心逐渐前移至右腿，右腿屈膝半蹲，左腿挺膝蹬直，成为右弓步，同时，两手向右上、左下分开，右手高与眼齐，掌心斜向上，拇指侧斜向前，左手停于左胯旁，掌心向下，指尖向前；目视右手方向。（图 3–347）

图 3–347

【练习要点】

向右转身时，不可太快，上下脚动作要协调一致。整个动作要稳定、自然。

【呼吸方法】

合抱转身时吸气，弓步斜分时呼气。

【意念方法】

导引法：合抱转身时想象气由两手行至丹田，弓步斜分时意想丹田内气行至两手。

技击法：设想对方用左拳向我胸部击打时，我右手粘住臂顺其来拳之臂向左下捋带其臂。当对方回抽左臂时，我右脚前上一步于对方左腿外后侧，别绊住其腿，我顺其回抽之臂，用右臂挑靠对方左腋及肋胸部，使其后倒。

六十一、提手上势

【动作歌诀】

两手合提于胸前，虚步上势劲蓄含。
上下呼应相一致，内外相合意气连。

【动作方法】

（一）跟步挑掌

上体稍右转，重心先移至右腿，左脚提起前跟半步踏实，重心再左移至左腿，成为右虚步，同时，上体再左转，左掌随转身稍向外撑，掌心向下，指尖向前，右掌向前、向左稍划弧摆掌于身体右前侧，掌心向左，拇指侧斜向上；目视前方。（图 3–348）

图 3–348

图 3–349

（二）虚步合提

紧接上动，身体左转，重心移向左腿，右脚提起落于左脚前，脚跟着地，成为右虚步，同时，左掌向左横摆于胸前，掌心向右，拇指侧向里，右掌向左横摆挑掌于面前，掌心向左，拇指侧向里；目视右掌食指。（图 3–349）

【练习要点】

在移动身体重心时，上体要平稳自然，臀部不可外凸，在右脚跟着地时，右膝微屈，两肩放松下沉，两臂微屈，肘尖下垂。胸部肌肉放松。

【呼吸方法】

跟步挑掌时吸气，虚步合提时呼气。

【意念方法】

导引法：跟步挑掌时想象气由两手、两脚行至丹田，虚步合提时意想丹田内气行到两手、两脚。

技击法：设想对方由对面用左手向我胸部击打，我右手粘其腕，左手粘其肘部向右横拍，两手合劲，使对方肘断。

六十二、白鹤亮翅

【动作歌诀】

白鹤展翅立鸡群，左来右掤两臂分。

沉气落胯腰拔起，开中寓合须用心。

【动作方法】

（一）转身抱球

身体向左转，同时，两手向左下划弧，在身体左侧相抱，左手在上，左掌掌心向下，拇指侧向里，右手在下，掌心向上，拇指侧向前；目视左掌方向。（图 3–350）

上体右转，右脚稍向右移，同时，右手随转身向左上划弧，掌心向上，拇指侧向前；目视左掌方向。（图 3–351）

图 3–350

图 3–351

（二）虚步分掌

上体左转，右脚稍向右下踏实，同时，两手随转身分别向右上、左下分开，右手上提于右胸前，掌心向左，拇指侧向上，左掌下落于右臂内下侧，掌心向下，指尖向前；目视前方。（图 3–352）

上动不停，上体右转后再左转，重心后移至右腿上，左脚移至体前，脚尖点地，成为左虚步，同时，两手继续分别向左上、左下分开，右手上提停于右额前，手心向前，指尖向上，左掌下按落于左胯前，手心向下，指尖向前；目视前方。（图 3–353）

图 3–352

图 3–353

【练习要点】

胸部含蓄，臀部收敛，步法虚实分明，左手上提时，要以腰脊之力提领。左手肘部须有沉意，不可挺直，两臂上下都要保持平圆形，左膝微屈，重心后移和右手上提、左手下落要协调一致。

【呼吸方法】

转身抱球时吸气，虚步分掌时呼气。

【意念方法】

导引法：转身抱球时想象气由两手行至丹田，虚步分掌时意想丹田内气行至两手。

技击法：设想对方以左拳击我面部、用左腿踢我裆部，我用右臂掤架开来拳，左手向下分挂开其来腿以护裆部。

六十三、左搂膝拗步

【动作歌诀】

起肩过胯膝外搂，拗步推掌沉腕肘。
搂推弓步相一致，身体中正上顶头。

【动作方法】

（一）转身落手

身体右转，重心稍后移，同时，左掌向前、向上稍摆于左肩前，指尖斜向上，拇指侧向里，右掌向前、向下摆右胸前，掌心向左，拇指侧斜向上；目视左前方。（图 3–354）

图 3–354

上动不停，身体右转，重心前移，同时，左手继续向后、向下摆举于左胸前，掌心向下，指

尖斜向右，右掌向下、向右划弧于左肋前，掌心向下，指尖向左；目视左方。（图 3–355）

（二）转身收脚

上体继续右转，重心移至右腿，右腿支撑身体，左腿屈膝稍向里收，脚尖自然下垂，同时，左掌继续向右、向下划弧于胸前，掌心向下，拇指侧向里，右掌向右、向上摆举于右肩侧旁，掌心向上，指尖斜向右；目视右侧方。（图 3–356）

图 3–355

图 3–356

（三）迈步屈肘

右脚前上一步，脚跟着地，同时，左手向下、向左搂于左膝上方，掌心向下，拇指侧向里，右掌屈肘向前屈于右耳侧旁，掌心斜向前，拇指侧向里；目视前方。（图 3–357）

图 3–357

图 3–358

（四）弓步搂推

左脚尖下落踏实，左腿屈膝半蹲，右腿挺膝蹬直成为左弓步，同时，左手经左膝前向左搂掌于左膝旁，掌心向下，指尖向前，右掌由右耳旁向前立掌推出，腕高与肩平，掌心向前，指尖向上；目视右掌方向。（图 3–358）

【练习要点】

推掌时要沉肩坠肘，坐腕舒掌，身体不可前俯后仰，要与松腰、弓腿上下协调一致。搂膝拗步时，两脚跟的横向距离保持约 30 厘米左右。如果在向前迈步时要掌握好变换身体重心的要领。身体保持平衡稳定。

【呼吸方法】

转身落手、转身收脚时吸气，迈步屈肘、弓步搂推时呼气。

【意念方法】

导引法：转身落手、转身收脚时想象气由两手行至丹田，迈步屈肘、弓步搂推时意想丹田内气行至两手。

技击法：想象对方用脚向我裆部踢来，我用一手将踢来之腿搂开，用另一手推击其胸部。

六十四、海底针

【动作歌诀】

跟步松腕稍进身，步子虚实要明分。

上体前俯臂插下，似如海底定海针。

【动作方法】

（一）跟步松手

身体重心稍向前移，上体稍向右转，同时，左手稍向前、向上伸，掌心向下，指尖向前；目视前方。（图 3–359）

右脚前上半步，支撑身体，左腿屈膝提起，脚尖自然下垂，同时，右掌向里，右臂松沉微下屈肘，右掌掌心向下，指尖向前，左掌稍向上，掌心向下，指尖向前；目视前方。（图 3–360）

图 3–359

图 3–360

（二）虚步插掌

左脚前下落步，脚尖着地，右腿屈膝半蹲成为左虚步，同时，左掌向下、向左按掌于左胯旁，掌心向下，指尖向前，右掌外旋向前下插掌，高与裆平，指尖斜向下，拇指侧斜向前；目视前下方。（图 3–361）

图 3–361

【练习要点】

跟步和坐腿时要配合腰部自然旋转，右掌前下插掌时，要塌腰沉肩。定式时，右肩前顺，上体可稍向前倾。

【呼吸方法】

跟步松手时吸气，虚步插掌时呼气。

【意念方法】

导引法：跟步松手时想象气由两手行至丹田，虚步插掌时意想丹田内气行至两手。

技击法：设想对方右拳向我腹部击打而来，我用左手向左下搂开对方来拳，同时用右掌插击对方腹部。

六十五、闪通背

【动作歌诀】

右臂滚架左手撑，脊连两臂劲贯通。
弓步架推浑一体，劲点确在腰际中。

【动作方法】

（一）提膝收脚

上体微右转，右腿支撑身体，左腿屈膝提起，脚尖自然下垂，两手上提，左掌靠近右掌腕内下侧，左掌掌心向下，指尖向前，右掌掌心向下，指尖斜向左；目视前方。（图 3–362）

（二）弓步架推

左脚前下落，身体重心前移屈膝半蹲，右腿挺膝蹬直成为左弓步，同时，右掌经面前翻掌上撑停于右额旁，掌心斜向上，指尖向左，左掌经胸前向前推出，掌心向前，高与鼻平；目视左掌方向。（图 3–363）

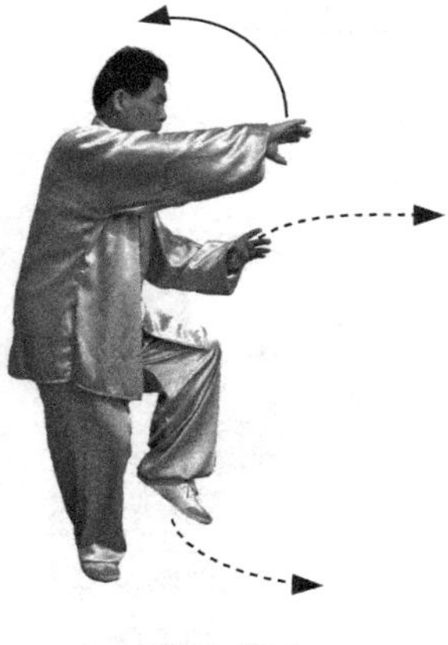

图 3–362

图 3–363

【练习要点】

提手时，不可耸肩吊肘。定式时，要向前、向下松腰。右胯不要外敞。

【呼吸方法】

提膝收脚时吸气，弓步架推时呼气。

【意念方法】

导引法：提膝收脚时想象气由两手行至丹田，弓步架推时意想丹田内气行至两手。

技击法：设想对方用右弓步右冲拳向我胸部击打时，我左脚前上一步于对方右腿外后侧别绊住其腿，右手粘住对方右肘向上托举，并用左掌向对方右肋部推击，将其推出。

六十六、转身白蛇吐信

【动作歌诀】

横截压带闪正中，翻拳按掌劲宜整。
手眼身步要协调，收掌推掌随腰动。

【动作方法】

（一）转身挽拳

左脚尖里扣，右脚尖外摆，身体右转，重心后移至左腿，左脚屈膝半蹲，右脚稍向里收步，前脚掌着地，成为右虚步，同时，右掌成拳向下屈肘挽拳于胸前，拳心向下，拳眼向里，左掌向上屈臂架于头左上方，掌心向上，掌指向右；目视前方。（图 3–364）

图 3–364

（二）踩脚翻砸

左腿支撑身体，右腿屈膝提起，脚尖自然下垂，同时，左掌向前、向下按掌于胸前，掌心向下，拇指在里，右拳经左腕内侧向上挽拳于胸前，拳心斜向里，拳眼斜向上；目视前方。（图 3–365）

上动不停，右脚向前上一步，脚跟着地，同时，右拳以拳背为力点向上、向前、向下翻拳砸击后成掌旋内，掌心向下，指尖向前，左掌稍向下按于右上臂内侧，掌心向下，指尖斜向前；目视右掌方向。（图 3–366）

图 3–365

图 3–366

（三）弓步推掌

上体稍向右转，重心逐渐前移，右脚踏实，右腿屈膝半蹲成为右弓步，同时，右掌屈臂收于右腰侧，掌心向上，指尖向

前，左掌向前推出，腕高与肩平，掌心向前，指尖向上；目视左掌方向。（图 3–367）

图 3–367

【练习要点】

撇捶前左脚内扣不要过大，双臂翻转要随腰而动，有如抛物之感，右臂随转身要横肘竖落，上肢与下肢动作要协调一致。右弓步时，两腿不要歪拧，交错。整个动作要注意腰的转动，做到周身协调完整。

【呼吸方法】

转身挽拳、踩脚翻砸时吸气，弓步推掌时呼气。

【意念方法】

导引法：转身挽拳、踩脚翻砸时想象气由两手行至丹田，弓步推掌时意想丹田内气行至两手。

技击法：设想对方用右拳向我胸部击打，我用左掌向左横拍开对方来拳，并用右拳向前下砸击对方头部。若对方用双手向上捧开我之砸拳，我借机用左掌向对方胸部推击。

六十七、搬拦捶

【动作歌诀】

太极五捶此为先，搬拳之后立掌拦。

拦掌过后捶急进，上下相随劲不断。

【动作方法】

（一）后坐穿捶

上体稍左转，身体重心后移，左腿屈膝半蹲，成为右虚步，同时，左掌稍向右、向下划弧按掌，掌心向下，拇指在前，右拳向前、向下挽拳于胸前，拳心向下，拳眼向里；目视右拳前方。（图 3–368）

上动不停，左掌继续向下按掌里收于左肋前，掌心向下，指尖向前，右拳继续向前、向下落于右胸前，拳面向前，拳眼向上；目视右拳。（图 3–369）

图 3–368

图 3–369

（二）提膝挽拳

上动不停，左腿支撑身体，右腿屈膝提起，脚尖自然下垂，同时，左掌向后、向上、向前划弧于左头侧，掌心向下，指尖向前，右拳屈肘向里挽拳于右胸前，拳心向下，拳眼向

里；目视前方。（图 3–370）

（三）踩脚翻砸

上体稍右转，右脚向前下落，脚跟着地，成为右虚步，同时，右拳向上、向前下翻拳撇出，高与鼻尖平，臂微屈，拳心向上，拳面向前，左掌向前下按于右上臂内下侧，掌心向下，拇指侧向里；目视右拳。（图 3–371）

图 3–370

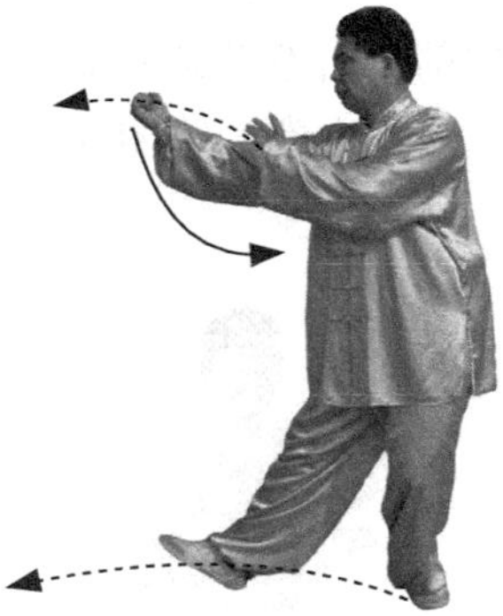

图 3–371

（四）上步拦掌

身体右转，重心前移，右脚前脚掌下落踏实，右脚支撑身体，左腿屈膝向前提起，脚尖自然下垂，同时，右拳屈肘收抱于右腰侧，拳心向上，拳面向前，左掌向左再向前划弧，掌心向前下方，指尖向前上方；目视左掌方向。（图 3–372）

图 3–372

上动不停，左脚向前上步下落，脚跟着地，成为左虚步，同时，左掌继续向前拦掌，掌心向前下方，指尖向前上方；目视左掌方向。（图 3–373）

（五）弓步打拳

紧接上动，上体左转，重心前移，左脚前脚掌下落踏实，左腿屈膝半蹲，右腿挺膝蹬直成为左弓步，同时，右拳向前打出，高与胸平，拳眼向上，拳面向前，左掌附于右前臂里侧，拇指侧向里，指尖向上；目视右拳方向。（图 3–374）

图 3–373

图 3–374

【练习要点】

上体自然正直。右拳要松握。右拳回收时，前臂要慢慢内旋划弧，然后再外旋停于右腰旁，拳心向上。右拳向前打出时，右肩要随拳略向前引，沉肩坠肘，右臂要微屈。弓步两脚跟的横向距离约 10 厘米。

【呼吸方法】

后坐穿捶、提膝挽拳时吸气，踩脚翻砸时呼气。上步拦掌时吸气，弓步打拳时呼气。

【意念方法】

导引法：后坐穿捶、提膝挽拳时想象气由两手行至丹田，踩脚翻砸时意想丹田内气行至两手。上步拦掌时想象气由两手行至丹田，弓步打拳时意想丹田内气行至两手。

技击法：设想对方用左拳向我胸部击打，我用左掌按消其来拳，并用右翻背拳砸击对方面部。对方再用右拳向我胸部击打，我用左掌横拦其来拳，并用右拳击打对方胸部，使对方胸部受伤。

六十八、揽雀尾

【动作歌诀】

上步合手体自然，两臂前掤劲撑满。

捋掌搭手合挤出，后坐按推掌向前。

【动作方法】

(一) 提脚合手

身体重心后移，左脚尖翘起外展，上体左转，同时，右拳成掌向下、向左划弧于腹前，掌心向下，指尖向前，左掌向上屈臂于胸前，掌心向右，拇指侧向里；目视前方。(图3–375)

图 3–375

身体重心前移至左腿，右腿屈

膝提起于左腿内前侧，脚尖自然下垂，同时，右掌继续向左上划弧抱于胸前，左掌稍向下、向前于胸前，掌心斜向下，指尖向前；目视两手前方。（图 3–376）

图 3–376

（二）弓步双掤

紧接上动，右脚向前下落步，脚跟着地，同时两掌向前上推送，右掌高与肩平，掌心向里，拇指侧向上，左掌于右前臂内侧，掌心向前，指尖斜向上；目视两掌方向。（图 3–377）

上动不停，身体重心前移，右脚前脚掌着地踏实，右腿屈膝半蹲，左腿挺膝蹬直，成为右弓步，同时，右臂稍平屈向前上掤出，掌心向里，拇指侧向上，左掌掤附于右前臂内侧，掌心向前，指尖向上；目视两手方向。（图 3–378）

图 3–377

图 3–378

（三）后坐下捋

上体稍向右转，右手随即内旋翻掌前伸，掌心向下，指尖向前，左手掌稍外旋，前伸于右前臂内侧，掌心向右，指尖向前；目视右掌方向。（图 3–379）

图 3–379

紧接上动，身体重心后移，上体稍左转，同时，两掌随转身向下、向左划弧捋手，右掌于右侧，掌心向前，拇指侧斜向上，左掌于右胸前，掌心向里，拇指侧向上；目视右掌方向。（图 3–380）

上动不停，身体重心继续移向左腿，成为右虚步，上体稍左转，同时，两掌随转身继续向左后上捋，右掌捋于右胸前，掌心斜向上，拇指侧向外，左掌捋于胸前，掌心斜向下，拇指侧向里；目视右掌方向。（图 3–381）

图 3–380

图 3–381

（四）弓步前挤

上体稍向右转，身体重心逐渐前移，同时，两掌向左、向上、向右慢慢划弧挤出，右掌挤于右胸前，右臂平屈成半圆，右掌掌心向里，拇指侧向上，左掌附于右手腕里侧，左臂肘下垂屈成半圆，左掌掌心向前，指尖向上；目视右掌方向。（图 3–382）

上动不停，身体重心继续前移，右腿屈半蹲，左腿挺膝蹬直，成为右弓步，同时，两掌继续前挤出，右掌挤于右胸前，右臂平屈成半圆，右掌掌心向里，拇指侧向上，左掌附于右手腕里侧，左臂肘下垂屈成半圆，左掌掌心向前，指尖向上；目视右掌方向。（图 3–383）

图 3–382

图 3–383

（五）后坐收掌

左手经右腕上方向前、向左伸出，与右手齐平，手心向

下，右手随即翻掌向下，两手左右分开与肩同宽；目视两掌方向。（图 3–384）

上动不停，上体后坐，身体重心移至左腿，右脚尖翘起，同时，两臂屈收至胸前，掌心均向前下方，指尖均向前上方；目视两掌方向。（图 3–385）

图 3–384

图 3–385

（六）弓步前按

紧接上动，身体重心前移，右腿屈膝半蹲，左腿挺膝蹬直成为右弓步，同时，两手慢慢继续向后收，然后经腹前再向前、向上按出，掌心均向前，指尖均向上，手腕高与肩平；目视前方。（图 3–386）

图 3–386

【练习要点】

掤出时两肩下沉，两臂成弧形，上下肢动作要协调一致。下捋时上体不可前倾，臀部不要凸出，两臂下捋要随腰旋转，仍走弧线。向前挤时，上体要正直，挤的动作要与松腰、弓腿相一致。向前按时，上体要正直，松腰、松胯。两臂要随着松腰、弓腿徐徐向前按出，沉肩垂肘，两掌须走曲线。整个动作要以腰为主宰，两臂绕行，须圆活自然。腿部的前弓后坐要灵活稳健。

【呼吸方法】

提脚合手时吸气，弓步双掤时呼气。后坐下捋时吸气，弓步前挤时呼气。后坐收掌时吸气，弓步前按时呼气。

【意念方法】

导引法：提脚合手时想象气由两手行至丹田，弓步双掤时意想丹田内气行至两手。后坐下捋时想象气由两手行至丹田，弓步前挤时意想丹田内气行至两手。后坐收掌时想象气由两手行至丹田，弓步前按时意想丹田内气行至两手。

技击法：对方若用左拳向我右肋部击打，我用右手粘住其来拳之肘，顺其劲捋引开其来拳，并前上右脚于对方左脚外侧绊住其腿，并用双掤掌掀对方左腋，使其后倒。若对方化解，我左手粘其左腕，右手粘其左肘向下捋对方左臂。当对方有前倾感，回抽左臂时，我借其劲，挤其胸部，使对方后倒。若对方化解，用双手向我胸部击来时，我两手粘其腕，顺其劲后坐回引对方两手。当对方有前倾感回抽时，我借其劲用两掌前按对方胸部，将其按出后倒。

六十九、单鞭

【动作歌诀】

单鞭多用可防攻，左像箭来右似弓。

体正松腰勿屈下，翻掌前推转腰行。

【动作方法】

（一）扣脚摆掌

右脚尖翘起，以脚跟为轴向内扣脚下落踏实，身体左转，重心左移，同时，随转身两手向左横摆划弧，左掌摆撑至身体左侧，腕高与肩平，掌心向左，指尖向上，右掌摆于左腋前，掌心向后，拇指侧向上；目视左掌方向。（图 3–387）

上动不停，上体右转，随转身两手向上、向右摆撑，左掌摆撑于身体右侧，腕高与肩平，掌心向右，拇指侧向下，左掌摆于右上臂内前侧，掌心向后，拇指侧向上；目视右掌方向。（图 3–388）

图 3–387

图 3–388

（二）提脚勾手

身体稍左转，重心移至右腿，左脚提起里收于右脚内侧，脚尖自然下垂，同时，右掌成勾右撑屈腕下勾，勾尖向下，左掌向上、向左云摆于左肩前，掌心向里，拇指侧向上；目视左掌方向。（图 3–389）

（三）弓步推掌

上动不停，身体继续左转，左脚向左上一步，脚跟先着地，然后脚尖再踏实，左腿屈膝半蹲，右腿挺膝蹬直成为左弓步，同时，左掌内旋翻掌向左立掌推出，掌心向左，指尖向上；目视左掌方向。（图 3–390）

图 3–389

图 3–390

【练习要点】

完成姿势上身正直，松腰，右肘部稍下垂，左肘与左膝上下相对，两肩下沉。左手内旋翻掌立掌推出时要随转身边翻边

推出，不要翻掌太快或最后突然翻掌。全部过渡动作，上下要协调一致。

【呼吸方法】

扣脚摆掌的前半动作左摆撑掌时吸气，扣脚摆掌的后半动作右摆撑掌时呼气。提脚勾手时吸气，弓步推掌时呼气。

【意念方法】

导引法：扣脚摆掌的前半动作左摆撑掌时想象气由两手行至丹田，扣脚摆掌的后半动作右摆撑掌时意想丹田内气行至两手。提脚勾手时想象气由两手、两脚行至丹田，弓步推掌时意想丹田内气行至两手、两脚。

技击法：设想对方左拳向我胸部击打，我左手粘其腕，右手粘其肘顺其来劲向左捋对方左臂。当对方有前倾感，后抽左臂调整身体时，我借其劲用右勾顶击其胸部，使其向后飞出。若对方顺我捋臂跟进化解时，我用左掌推击其胸部，将对方推出。

第七段

七十、云手

【动作歌诀】

两手交替环形转，势如行云圆连绵。

腰领手转目随视，步子横行轻灵缓。

【动作方法】

（一）弓步撑掌

身体稍右转，仍成弓步，同时，左掌松腕稍向左下撑掌，

掌心向前，指尖向上，右勾成掌稍向右下撑掌，掌心斜向右，指尖向上；目视左前方。(图 3–391)

图 3–391

（二）撑掌收脚

上动不停，左脚尖里扣，身体继续稍向右转，重心稍向右移，同时，左掌向下、向右上划弧于左肩侧上方，掌心斜向下，指尖向右，右掌向下、向左划弧于身体右侧，掌心向下，指尖向右；目视前方。（图 3–392）

上动不停，身体左转，重心向左移，右腿里收于左脚内侧脚尖点地，同时，左掌向上、向左下撑掌，掌心向左，指尖向上，右掌向左上划弧于左上臂内侧，掌心向里，指尖向左；目视左手方向。（图 3–393）

图 3–392

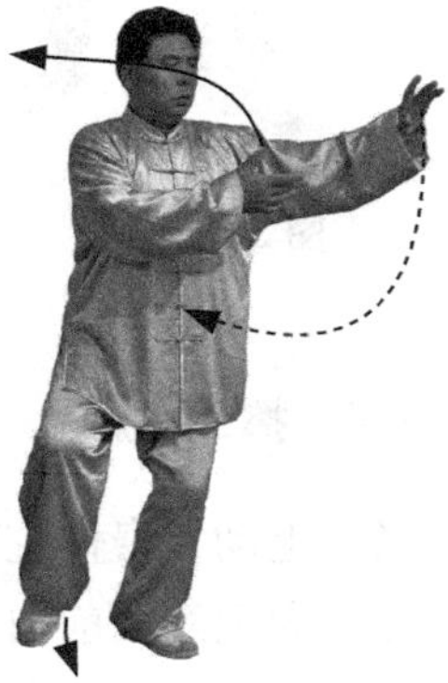
图 3–393

（三）转身云手

上动不停，身体重心右移，身体右转，同时右掌向上经面前向右运转于右面侧旁，掌心向里，指尖向左，左掌向下、向右上运转于腹前，掌心向里，指尖向右；目视前方。（图 3–394）

上动不停，身体右转，重心继续右移，左脚跟提起，同时，右掌向右下撑掌于身体右侧，掌心向前，指尖向右，左掌继续向右、向上划弧于右上臂内侧，掌心向里，指尖向右；目视右掌方向。（图 3–395）

图 3–394

图 3–395

（四）撑掌收脚

紧接上动，身体左转，重心左移，左脚向左横跨一步，同时，左掌向上经面前向左运转于左面侧旁，掌心向里，指尖向右，右掌向下、向左上运转于腹前，掌心向里，指尖向左；目

视前方。（图 3–396）

上动不停，身体左转，重心向左移，右腿里收于左脚内侧脚尖点地，同时，左掌向上、向左下撑掌于身体左侧，掌心向左，指尖向上，右掌继续向左、向上划弧于左上臂内侧，掌心向里，指尖向左；目视左掌方向。（图 3–397）

图 3–396

图 3–397

【练习要点】

身体转动要以腰脊为主，松腰、松胯，不可忽高忽低。两臂随腰的转动而运转，要自然圆活，速度要缓慢均匀。下肢移动时，身体重心要稳定，要前脚掌先着地，再全脚掌踏实，脚尖向前。眼的视线随左右手而移动。

【呼吸方法】

弓步撑掌时吸气，撑掌收脚时呼气。转身云手时吸气，撑掌收脚时呼气。

【意念方法】

导引法：弓步撑掌时想象气由两手行至丹田，撑掌收脚时意想丹田内气行至两手。转身云手时想象气由两手行至丹田，撑掌收脚时意想丹田内气行至两手。

技击法：设想对方以手向我胸部击来，我以一手腕掤接，随翻转手腕采拿其腕，另一手击对方肋部或肘部。

七十一、单鞭

【动作歌诀】

单鞭多用可防攻，左像箭来右似弓。

体正松腰勿屈下，翻掌前推转腰行。

【动作方法】

（一）转身勾手

上动不停，身体重心右移，身体右转，同时右掌向上经面前向右运转于右面侧旁，掌心向里，指尖向左，左掌向下、向右上运转于腹前，掌心向里，指尖向右；目视前方。（图 3–398）

图 3–398

身体稍右转，重心右移至右腿，左脚提起里收于右脚内侧，脚尖自然下垂，同时，右掌成勾右撑屈腕下勾，勾尖向下，左掌向上、向左云摆于左肩前，掌心向里，拇指侧向上；目视左掌方向。（图 3–399）

（二）弓步推掌

紧接上动，身体继续左转，左脚向左迈出，同时，右勾向右下稍伸，勾尖向下，左掌经面前向左运掌于左面侧旁，掌心向后，指尖向右；目视左前方。（图 3–400）

图 3–399

图 3–400

上动不停，身体继续左转，重心左移，左脚继续向左上步，脚跟先着地，然后脚尖再踏实，左腿屈膝半蹲，右腿挺膝蹬直成为左弓步，同时，右勾稍向右伸，勾尖向下，左掌内旋翻掌向左立掌推出，掌心向前，指尖向上；目视左掌方向。（图 3–401）

【练习要点】

完成姿势上身正直，松腰，右肘部稍下垂，左肘与左膝上下相对，两肩下沉。左手内旋翻掌立掌推出时要随转身边翻边推出，不要翻掌太快或最后突然翻掌。全部过渡动作，上下要协调一致。

图 3–401

【呼吸方法】

转身勾手时吸气，弓步推掌时呼气。

【意念方法】

导引法：转身勾手时想象气由两手行至丹田，弓步推掌时意想丹田内气行至两手。

技击法：设想对方左拳向我胸部击打而来，我用右手粘住其来拳之腕向右后回领其臂，并用左掌向对方胸部或肋部推击。

七十二、高探马带穿掌

【动作歌诀】

左带右探济阴阳，扑面索喉此式良。

后坐翻掌虚步推，沉肩拔背收腹腔。

【动作方法】

(一) 后坐翻掌

身体重心后移，右腿屈膝半蹲，左脚尖翘起，成为左虚步，同时，左掌松腕稍内旋翻，指尖斜向上，拇指侧斜向里，

右掌向前、向左划弧屈肘于胸前，掌心向下，拇指侧向里；目视左掌食指。（图 3–402）

图 3–402

（二）虚步推掌

紧接上动，身体重心移至右腿，左腿屈膝提起，脚尖自然下垂，左掌稍向里旋翻，高与肩平，指尖斜向上，拇指侧斜向里，右掌向上、向前于左肩前，掌心向下，拇指侧向里；目视左掌方向。（图 3–403）

上动不停，身体左转，左脚前上半步，脚尖着地成为左虚步，同时，右掌从左臂上方向前立掌推出，掌心向前，指尖向上，左掌外旋屈肘收抱于左腰侧，掌心向上，指尖向前；目视右掌方向。（图 3–404）

图 3–403

图 3–404

（三）弓步穿掌

身体重心后移至右腿，左腿屈膝上提，脚尖自然下垂，同时，右掌向下、向里屈于胸前，掌心向里，拇指侧向上，左掌向前、向上于右腕内侧，掌心向里，指尖斜向上；目视前方。（图 3–405）

紧接上动，左脚向前上一步，左腿屈膝半蹲，右腿挺膝蹬直成为左弓步，同时，右掌继续向下按掌于左肋前，掌心向下，拇指侧向里，左掌从右掌背上方向前穿掌，腕高与肩平，掌心向上，指尖向前；目视前方。（图 3–406）

图 3–405

图 3–406

【练习要点】

上身自然正直，双肩要下沉，右肘微下垂。移换重心时，身体不可有起伏。弓步穿掌时，弓步形成、右掌下按与左掌前穿要协调一致，穿掌要沉肩垂肘，力达指尖。

【呼吸方法】

后坐翻掌时吸气，虚步推掌时呼气。弓步穿掌的前半动作时吸气，后半动作呼气。

【意念方法】

导引法：后坐翻掌时想象气由两手行至丹田，虚步推掌时意想丹田内气行至两手。弓步穿掌前半动作时想象气由两手行至丹田，后半动作意想丹田内气行至两手。

技击法：设对方左拳向我胸部击打，我用左手接抓住对方左腕向左后回领，同时用右掌推击对方面部或耳侧。若对方用左手还击、向我右肋部击打时，我右手向下按开对方来手，并用左掌向前穿击对方喉部。

第八段

七十三、十字腿

【动作歌诀】

转身合抱立站稳，右上蹬脚臂展分。

单腿支撑微弯曲，劲力通顺达脚跟。

【动作方法】

（一）提膝合抱

身体右转，重心稍向右移，左脚尖内扣，同时，左掌向上、向右下划弧于左面前，掌心向前，指尖向右，右掌向上于左胸前，掌心向下，指尖向左；目视右前方。（图 3-407）

上动不停，身体重心左移，左腿支撑身体，右腿屈膝提起，脚尖自然下垂，同时，左手向右、向下，右手向左向上，

图 3-407

图 3-408

两臂交叉合抱于胸前，右臂在外，左臂在里，拳心均向外，指尖斜向上；目视右前方。（图 3-408）

（二）蹬脚撑臂

左腿站稳，右脚向右前上方慢慢蹬出，脚尖向上，同时，两掌向右前方和左后方划弧撑开，掌心均向外，指尖均向前，腕高与肩平，肘部微屈；目视右掌。（图 3-409）

图 3-409

【练习要点】

独立时身体要稳定，右腿要平，蹬脚力在腿脚跟，蹬脚与两掌外分要协调一致。

【呼吸方法】

提膝合抱时吸气，蹬脚撑臂时呼气。

【意念方法】

导引法：提膝合抱时想象气由两手、两脚行至丹田，蹬脚撑臂时意想丹田内气行至两手、两脚。

技击法：设想对方用右拳向我胸部击打时，我叉两臂架住对方来拳，同时用右脚向对方腹部蹬击。

七十四、进步指裆捶

【动作歌诀】

收脚按掌于胸前，进步搂手要当先。

重心前移成弓步，前下直打出右拳。

【动作方法】

（一）收脚按掌

右脚屈膝收回，脚尖自然下垂，同时，右掌成拳向下、向里屈收于右肋前，拳心向里，拳眼向上，左掌向右下按于右肩侧前，掌心向下，拇指侧向里；目视右前方。（图 3–410）

图 3–410

上动不停，右脚前下落，右腿屈膝半蹲，左腿挺膝蹬直成为右弓步，同时上体右转，随转身右拳向外屈臂收于右腰侧，拳心向上，拳面向前，左掌向前、稍向右拦掌，腕高与肩平，掌心向前，指尖向上；目视左掌方向。（图 3–411）

（二）进步打拳

身体右转，重心前移，右脚尖外展踏实，右脚支撑身体，左腿屈膝提起向前一步，脚跟着地，成为左虚步，同时，右拳屈肘收抱于右腰侧，拳心向上，拳面向前，左掌向右、向下、向左划弧搂膝，掌心向下，指尖向右；目视左掌方向。（图 3–412）

图 3–411

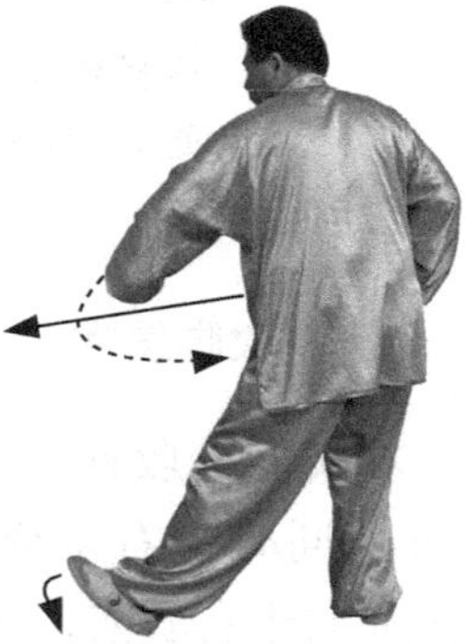

图 3–412

紧接上动，上体左转，重心前移，左脚前脚掌下落踏实，左腿屈膝半蹲，右腿挺膝蹬直成为左弓步，同时，右拳向前打出，高与裆平，拳眼向上，拳面向前，左掌按于左胯旁，掌心

向下，指尖向前；目视右拳方向。（图 3–413）

图 3–413

【练习要点】

上体自然正直。右拳要松握。右拳回收时，前臂要慢慢内旋划弧，然后再外旋停于右腰旁，拳心向上。右拳向前打出时，右肩要随拳略向前引，沉肩坠肘，右臂要微屈。弓步两脚跟的横向距离约 10 厘米。右拳前打与左掌搂膝动作要协调一致。

【呼吸方法】

收脚按掌时吸气，进步打拳时呼气。

【意念方法】

导引法：收脚按掌时想象气由两手行至丹田，进步打拳时意想丹田内气行至两手。

技击法：设想对方右弓步用左冲拳向我腹部击打时，我左脚前上一步于对方右脚外后侧别绊住对方右腿，同时，用左手搂开对方来拳，并用右拳向对方裆部击打。

七十五、上步揽雀尾

【动作歌诀】

上步合手体自然，两臂前掤劲撑满。

捋掌搭手合挤出，后坐按推掌向前。

【动作方法】

(一) 弓步双掤

身体重心前移至左腿，右腿屈膝提起于左腿内前侧，脚尖自然下垂，同时，右拳成掌向左上划弧抱于胸前，掌心向里，拇指侧向上，左掌稍向下、向前于胸前，掌心向下，指尖向前；目视右手前方。（图 3–414）

紧接上动，右脚向前下落步，脚跟着地，同时两掌向前上推送，右掌高与肩平，掌心向里，拇指侧向上，左掌于右前臂内侧，掌心向前，指尖斜向上；目视两掌方向。（图 3–415）

图 3–414

图 3–415

上动不停，身体重心前移，右脚前脚掌着地踏实，右腿屈膝半蹲，左腿挺膝蹲直，成为右弓步，同时，右臂稍平屈向前上掤出，掌心向里，拇指侧向上，左掌掤附于右前臂内侧，掌心向前，指尖向上；目视两手方向。（图 3–416）

图 3–416

（二）后坐下捋

上体稍向右转，右手随即内旋翻掌前伸，掌心向下，指尖向前，左手掌稍外旋，前伸于右前臂内侧，掌心向右，指尖向前；目视右掌方向。（图 3–417）

图 3–417

紧接上动，身体重心后移，上体稍左转，同时，两掌随转身向下、向左划弧捋手，右掌于右侧，掌心向前，拇指侧斜向上，左掌于右胸前，掌心向里，拇指侧向上；目视右掌方向。（图 3–418）

上动不停，身体重心继续移向左腿，成为右虚步，上体稍左转，同时，两掌随转身继续向左后上捋，右掌捋于右胸前，掌心斜向上，拇指侧向外，左掌捋于胸前，掌心斜向下，拇指侧向里；目视右掌方向。（图 3–419）

图 3–418

图 3–419

（三）弓步前挤

上体稍向右转，身体重心逐渐前移，同时，两掌向左、向上、向右慢慢划弧挤出，右掌挤至右胸前，右臂平屈成半圆，右掌掌心向里，拇指侧向上，左掌附于右手腕里侧，左肘下垂屈成半圆，左掌掌心向前，指尖向上；目视右掌方向。（图 3–420）

图 3–420

图 3–421

上动不停，身体重心继续前移，右腿屈膝半蹲，左腿挺膝蹬直，成为右弓步，同时，两掌继续向前挤出，右掌挤于右胸前，右臂平屈成半圆，右掌掌心向里，拇指侧向上，左掌附于右手腕里侧，左肘下垂屈成半圆，左掌掌心向前，指尖向上；目视右掌方向。（图 3–421）

（四）后坐收掌

图 3–422

左手经右腕上方向前、向左伸出，与右手齐平，手心向下，右手随即翻掌向下，两手左右分开与肩同宽；目视两掌方向。（图 3–422）

上动不停，上体后坐，身体重心移至左腿，右脚尖翘起，同时，两臂屈收至胸前，掌心

均向前下方，指尖均向前上方；目视两掌方向。（图 3–423）

（五）弓步前按

紧接上动，身体重心前移，右腿屈膝半蹲，左腿挺膝蹬直成为右弓步，同时，两手慢慢继续向后收，然后经腹前再向前、向上按出，掌心均向前，指尖均向上，手腕高与肩平；目视前方。（图 3–424）

图 3–423

图 3–424

【练习要点】

掤出时两肩下沉，两臂成弧形，上下肢动作要协调一致。下捋时上体不可前倾，臀部不要凸出，两臂下捋要随腰旋转，仍走弧线。向前挤时，上体要正直，挤的动作要与松腰、弓腿相一致。向前按时，上体要正直，松腰、松胯。两臂要随着松腰、弓腿徐徐向前按出，沉肩垂肘，两掌须走曲线。整个动作要以腰为主宰，两臂绕行，须圆活自然。腿部的前弓后坐要灵活稳健。

【呼吸方法】

弓步双掤的前半动作提脚合手时吸气，后半动作弓步双掤时呼气。后坐下捋时吸气，弓步前挤时呼气。后坐收掌时吸气，弓步前按时呼气。

【意念方法】

导引法：弓步双掤的前半动作提脚合手时想象气由两手行至丹田，后半动作弓步双掤时意想丹田内气行到两手。后坐下捋时想象气由两手行至丹田，弓步前挤时意想丹田内气行到两手。后坐收掌时想象气由两手行至丹田，弓步前按时意想丹田内气行到两手。

技击法：对方若用右拳向我胸部击打，我用右手粘住其来拳之腕，左手粘住其右肘顺其劲捋引开其来拳，并前上右脚于对方左脚外侧绊住其腿，并用双掤掌掀对方右腋，使其后倒。若对方化解，又用左拳向我胸部击打，我左手粘其左腕，右手粘其左肘向下捋对方左臂。当对方有前倾感，回抽左臂时，我借其劲挤其胸部，使对方后倒。若对方化解，用双手向我胸部击来时，我两手粘其腕，顺其劲后坐回引对方两手。当对方有前倾感回抽时，我借其劲用两掌前按对方胸部，将其按出后倒。

七十六、单鞭

【动作歌诀】

单鞭多用可防攻，左像箭来右似弓。
体正松腰勿屈下，翻掌前推转腰行。

【动作方法】

（一）扣脚摆掌

右脚尖翘起，以脚跟为轴向内扣脚下落踏实，身体左转，重心左移，同时，随转身两手向左横摆划弧，左掌摆撑于身体左侧，腕高与肩平，掌心向左，指尖向上，右掌摆于左腋前，掌心向后，拇指侧向上；目视左掌方向。（图 3–425）

上动不停，上体右转，随转身两手向上、向右摆撑，左掌摆撑于体右侧，腕高与肩平，掌心向右，拇指侧向下，左掌摆于右上臂内前侧，掌心向后，拇指侧向上；目视右掌方向。（图 3–426）

图 3–425

图 3–426

（二）提脚勾手

身体稍左转，重心移至右腿，左脚提起里收于右脚内侧，脚尖自然下垂，同时，右掌成勾右撑屈腕下勾，勾尖向下，左

掌向上、向左云摆于左肩前，掌心向里，拇指侧向上；目视左掌方向。（图 3–427）

（三）弓步推掌

上动不停，身体继续左转，左脚向左上一步，脚跟先着地，然后脚尖再踏实，左腿屈膝半蹲，右腿挺膝蹬直成为左弓步，同时，左掌内旋翻掌向左立掌推出，掌心向左，指尖向上；目视左掌方向。（图 3–428）

图 3–427

图 3–428

【练习要点】

完成姿势上身正直，松腰，右肘部稍下垂，左肘与左膝上下相对，两肩下沉。左手内旋翻掌立掌推出时要随转体边翻边推出，翻掌不要太快或最后突然翻掌。全部过渡动作，上下要协调一致。

【呼吸方法】

扣脚摆掌的前半动作左摆撑掌时吸气，扣脚摆掌的后半动作右摆撑掌时呼气。提脚勾手时吸气，弓步推掌时呼气。

【意念方法】

导引法：扣脚摆掌的前半动作左摆撑掌时想象气由两手行至丹田，扣脚摆掌的后半动作右摆撑掌时意想丹田内气行至两手。提脚勾手时想象气由两手、两脚行至丹田，弓步推掌时意想丹田内气行至两手、两脚。

技击法：设想对方左拳向我胸部击打，我左手粘其腕，右手粘其肘顺其来劲向左捋对方左臂。当对方有前倾感，后抽左臂调整身体时，我借其劲用右勾顶击其胸部，使其向后飞出。若对方顺我捋臂跟进化解时，我用左掌推击其胸部，将对方推出。

七十七、下势

【动作歌诀】

右腿全蹲身右偏，右勾侧举下屈腕。
左腿仆直成下势，左掌顺腿向前穿。

【动作方法】

（一）蹲身仆步

右腿屈膝全蹲，左腿伸直铺平成为左仆步，同时，上体微右转，左掌随转身向右经胸前、身体右侧向下、向左划弧于左大腿内上方，掌指向左，拇指侧向上；目视左前下方。（图 3–429）

图 3–429

（二）仆步穿掌

上体稍左转，同时，左掌沿腿上方向左穿掌于左脚上方，指尖向左，拇指侧向上，右勾手仍在身右平举，勾尖向下；目视左手方向。(图 3–430)

图 3–430

【练习要点】

下蹲仆步时，根据自己的条件，也可左脚尖里扣。两脚要全脚掌着地，上体不可过于前俯。

【呼吸方法】

蹲身仆步时吸气，仆步穿掌时呼气。

【意念方法】

导引法：蹲身仆步时想象气由两掌行至丹田，仆步穿掌时意想丹田内气行到两手。

技击法：设想我左脚伸于对方右腿外后侧挂住对方右腿，同时用左臂向左后靠击对方右小腿，使其站立不稳，而后倒地。

七十八、上步七星

【动作歌诀】

重心前移左腿弓，左掌前挑与肩平。
右脚前上成虚步，两拳叉架成七星。

【动作方法】

（一）起身收脚

左脚尖微外撇，身体重心逐渐前移至左腿，身体起立，左腿支撑身体，右腿屈膝提起于左腿内侧，脚尖自然下垂，左掌成拳随之向前上摆于胸前，高与鼻平，拳心向里，拳眼向上，右勾成拳向下、向前于右腰侧旁，拳心向下，拳面向前；目视前方。（图 3–431）

（二）虚步交拳

右脚前上一步，脚尖着地成为右虚步，同时，右拳向前、向上划弧，左拳稍向前贴靠于右腕内侧，两拳在胸前相互交叉成十字拳，右拳在外，拳心向前，拳眼向下，左拳在内，拳心向里，拳眼向上；目视前方。（图 3–432）

图 3–431

图 3–432

【练习要点】

两拳交叉时，腕部相贴，两臂圆满，胸肌放松。

【呼吸方法】

起身收脚时吸气，虚步交拳时呼气。

【意念方法】

导引法：起身收脚时想象气由两手行至丹田，虚步交拳时意想丹田内气行至两手。

技击法：设想对方前上右步，并用右拳向我头部劈砸而来，我前上右脚，并交叉两臂向前上架住对方来拳。

七十九、退步跨虎

【动作歌诀】

撤步叉架劲掤圆，后坐虚步劲蓄含。
开分两臂用腰劲，内外相合意气连。

【动作方法】

（一）退步交手

右脚后退一步，成为左弓步，同时，两拳变掌向下交于胸前，右掌掌心向前，指尖向上，左掌掌心向里，拇指侧斜向上；目视前方。（图 3–433）

图 3–433

（二）虚步分掌

上动不停，身体重心后移，右腿屈膝半蹲，左脚跟提起，成为左虚步，同时，两掌左右分开，右掌向上划弧停于右额前方，掌心斜向外，指尖斜向上，左掌下落停于腰部左前侧，掌心斜向外，指尖斜向前；目视前方。（图 3–434）

图 3–434

【练习要点】

完成姿势两肩要平，胸部要松宽，左腿微屈，两掌向外撑劲。

【呼吸方法】

退步交手时吸气，虚步分掌时呼气。

【意念方法】

导引法：退步交手时意想气由两手行至丹田，虚步分掌时意想丹田内气行至两手。

技击法：设想对方右弓步用左拳向我面部击打时，我用右掌向右上架拨开对方来拳。对方见左拳失去攻击效果，速用右拳向我左肋部击打，我用左掌向左下斩拨开对方来拳。

八十、转身摆莲

【动作歌诀】

绕上步子体随转，穿掌平摆势不断。

右腿外摆疾如风，两掌依次拍脚面。

【动作方法】

（一）碾脚摆掌

右掌向下、向左划弧于左胸前，掌心向下，拇指侧在里，

同时左掌向上、向前、向右划弧摆掌于左肩前，掌心斜向下，指尖斜向前；目视左掌方向。（图 3–435）

左脚掌为轴，脚跟外转，右脚跟为轴脚尖外摆，身体向右后转，随转身右掌向上、向右摆掌于右肩前，掌心向下，拇指侧向里，左掌左划弧摆掌于右胸前，掌心向下，指尖向右；目视前方。（图 3–436）

图 3–435

图 3–436

（二）转身摆掌

上动不停，身体继续右后转，同时，左脚随转身向前、向右绕上迈出一步，左掌向右上划弧经右腕上穿出于胸前，掌心向下，指尖向右；右掌右下划弧于左肘下，掌心向下，指尖向左；目视前方。（图 3–437）

图 3–437

上动不停，左脚扣脚下落踏实屈膝半蹲，右脚跟里拧，脚尖着地成为右虚步，同时身体右转，两掌随转身向前、向右摆举，右手在前，掌心向下，指尖向前，左掌在后于右肘内侧，掌心向下，指尖向前；目视右前方。（图 3–438）

（三）摆腿拍脚

左腿支撑身体，右腿提起，右脚由左向右上方摆出，腿自然伸直，脚面崩平，与此同时，两手左右依次拍击右脚面；目视两手方向。（图 3–439）

图 3–438

图 3–439

【练习要点】

上步、转身与穿掌要协调一致，动作柔缓，速度均匀，摆腿时支撑腿要稳，右腿向上摆举时上体微向前迎，但不可紧张。

【呼吸方法】

碾脚摆掌时吸气，转身摆掌时呼气。摆腿拍脚前半动作提脚时吸气，后半动作拍脚时呼气。

【意念方法】

导引法：碾脚摆掌时想象气由两手行至丹田，转身摆掌时意想丹田内气行至两手。摆腿拍脚前半动作提脚时想象气由两手、两脚行至丹田，后半动作拍脚时意想丹田内气行至两手、两脚。

技击法：设想对方用左拳向我胸部打来，我左手粘其腕，右手粘其肘，顺其劲向左后捋领其左臂，并用右腿摆击其胸部。

八十一、弯弓射虎

【动作歌诀】

捋掌屈落左腿蹬，重心前移右腿弓。
右提左拂随转身，炮架当头左拳冲。

【动作方法】

（一）落脚抱拳

右小腿屈收，右腿屈膝下落于体前侧，脚尖自然向前，同时，两掌稍向外分，掌心均向下，指尖均斜向前；目视前方。（图 3–440）

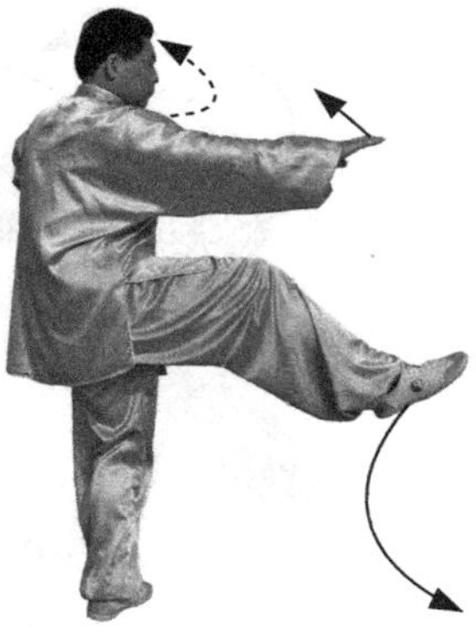
图 3–440

接上动作，右脚向前下落步，成为右虚步，同时，右掌稍向下、向左后摆于腹前，掌心向下，拇指侧向里，左掌向左、向上、向前划弧于右掌背

上方，掌心向下，指尖斜向右；目视前方。（图 3–441）

图 3–441

（二）弓步架冲

身体重心前移，右腿屈膝半蹲，左腿挺膝蹬直成为右弓步，同时，上体右转，随转身两掌向下、向右划弧摆掌于胸肋前，掌心均向下，拇指侧均向里；目视前方。（图 3–442）

上动不停，上体左转，随转身两掌成拳向右、向上、经额、面前向左划弧摆动，左拳至肩左侧，高与肩平，拳心向下，拳面向左，右拳屈架于额前上方，拳眼向下，拳面向左；目视左拳方向。（图 3–443）

图 3–442

图 3–443

【练习要点】

两手向右摆动时，上体和头部要随着转动，眼光向右看，再看左拳。完成姿势身体要正直，两臂要保持半圆形，腰向下松沉，但右膝不要内扣，也不要向左扭胯。

【呼吸方法】

落脚抱拳时吸气，弓步架冲时呼气。

【意念方法】

导引法：落脚抱拳时想象气由两手行至丹田，弓步架冲时意想丹田内气行至两手。

技击法：设想对方用右拳从我左侧向我左面部击打时，我右手粘其腕，左手粘其肘，顺其来拳捋其臂，随即松开左手成拳击对方右肋部。

八十二、进步搬拦捶

【动作歌诀】

太极五捶此为先，搬拳之后立掌拦。
拦掌过后捶急进，上下相随劲不断。

【动作方法】

（一）后坐翻砸

上体稍向左转，身体重心后移，左腿屈膝半蹲，右脚虚着地成为右虚步，同时，右拳向前、向下落，拳心向下，拳面向前，左拳成掌向右、向下划弧于右上臂内侧，掌心向下，指尖向前；目视前方。（图 3-444）

上动不停，右拳向下、向里挽拳腹前，拳心向里，拳眼向

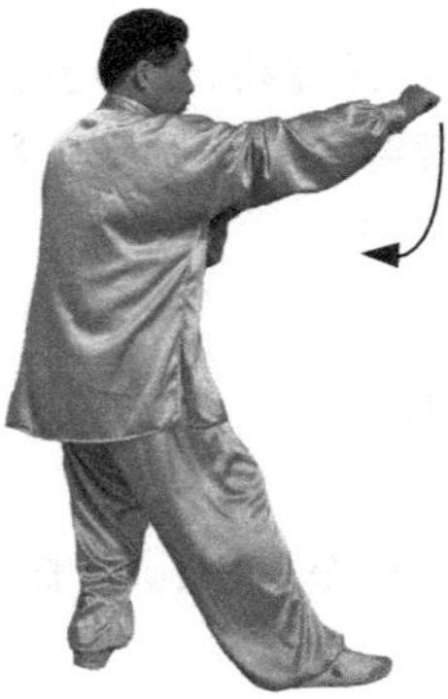

图 3-444

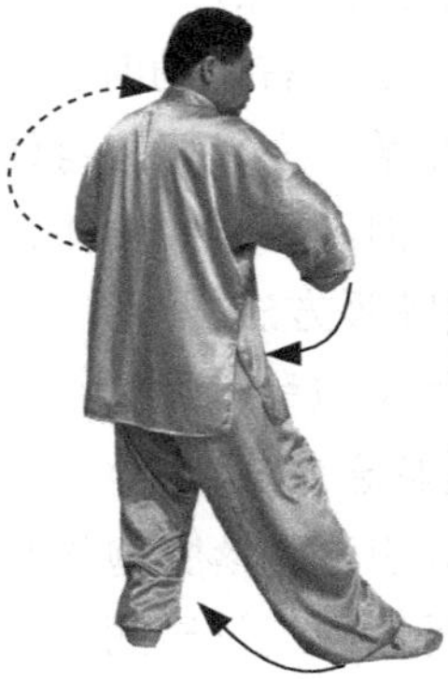

图 3-445

上，左掌稍向下于左肋前，掌心向下，指尖向前；目视右前方。（图 3-445）

（二）提膝挽拳

上动不停，左腿支撑身体，右腿屈膝提起，脚尖自然下垂，右拳继续向里、向上挽拳于胸前，拳心向里，拳面向上，左掌继续向后、向上、向前下划弧于左肩前下方，掌心向下，指尖向前；目视右前方。（图 3-446）

图 3-446

（三）踩脚翻砸

上体稍右转，右脚向前下

落，脚跟着地，成为右虚步，同时，右拳向上、向前下翻拳撇出，高与鼻尖平，臂微屈，拳心向上，拳面向前，左掌向前下按于右上臂内下侧，掌心向下，拇指侧向里；目视右拳。（图 3–447）

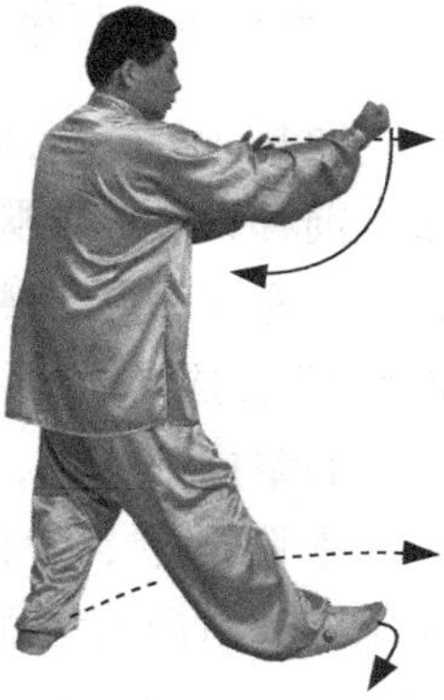

图 3–447

（四）上步拦掌

身体右转，重心前移，右脚前脚掌下落踏实，右脚支撑身体，左腿屈膝向前提起，脚尖自然下垂，同时，右拳屈肘收抱于右腰侧，拳心向上，拳面向前，左掌向左再向前划弧，掌心向前下方，指尖向前上方；目视左掌方向。（图 3–448）

上动不停，左脚向前上步下落，脚跟着地，成为左虚步，同时，左掌继续向前拦掌，掌心向前下方，指尖向前上方；目视左掌方向。（图 3–449）

图 3–448

图 3–449

（五）弓步打拳

紧接上动，上体左转，重心前移，左脚前脚掌下落踏实，左腿屈膝半蹲，右腿挺膝蹬直成为左弓步，同时，右拳向前打出，高与胸平，拳眼向上，拳面向前，左掌附于右前臂里侧，拇指侧向里，指尖向上；目视右拳方向。（图 3–450）

图 3–450

【练习要点】

上体自然正直。右拳要松握。右拳回收时，前臂要慢慢内旋划弧，然后再外旋停于右腰旁，拳心向上。右拳向前打出时，右肩要随拳略向前引，沉肩坠肘，右臂要微屈。弓步两脚跟的横向距离约 10 厘米。

【呼吸方法】

后坐翻砸、提膝挽拳时吸气，踩脚翻砸时呼气。上步拦掌时吸气，弓步打拳时呼气。

【意念方法】

导引法：后坐翻砸、提膝挽拳时想象气由两手行至丹田，踩脚翻砸时意想丹田内气行至两手。上步拦掌时想象气由两手行至丹田，弓步打拳时意想丹田内气行至两手。

技击法：设想对方用左拳向我胸部击打，我用左掌按消其来拳，并用右翻背拳砸击对方面部。对方再用右拳向我胸部击打，我用左掌横拦其来拳，并用右拳击打对方胸部，使对方胸部受伤。

八十三、如封似闭

【动作歌诀】

臂下穿手十字封，后坐分掌闭于胸。

两臂推按腹前下，右腿蹬劲显奇功。

【动作方法】

（一）穿掌翻手

左手由右前臂下穿出，掌心向上，右拳随之变掌，掌心也转向上；目视右掌方向。（图 3–451）

（二）后坐收掌

上体后坐，身体重心后移，两掌分开并逐渐翻转向上并慢慢分开回收至胸前，掌心均向里，指尖均斜向上；目视前方。（图 3–452）

图 3–451

图 3–452

两掌翻转向下，落至腹前，两掌掌心均向前，指尖均向上；目视前方。（图 3–453）

（三）弓步按掌

重心前移，左腿屈膝半蹲，右腿挺膝蹬直，成为左弓步，同时，两掌由腹前向上、向前推出，掌心均向前，指尖均向上；目视两掌方向。（图 3–454）

图 3–453

图 3–454

【练习要点】

身体后坐时须松腰、松胯，上体不可后仰，臀部不要外凸。两臂随转身回收时，肩、肘略向外松开，不要直着抽回。两手推出宽度不要超过两肩。

【呼吸方法】

穿掌翻手、后坐收掌时吸气，弓步按掌时呼气。

【意念方法】

导引法：穿掌翻手、后坐收掌时想象气由两手行至丹田，弓步按掌时意想丹田内气行至两手。

技击法：设想对方以左手抓住我右臂，我即用左手自右臂抽出，擒拿对方左腕。继而两掌向里引进化解对方的力，使其前仆。当对方回挣左臂时，我借其力向前推对方胸部，将其推出。

八十四、十字手

【动作歌诀】

上体右移扣脚转，两掌外分似挑担。

合抱胸前十字手，收脚直立庭前站。

【动作方法】

（一）转身扣脚

身体重心稍向右移，左脚尖翘起里扣落地踏实，上体右转，同时，右掌向右横拉于右耳旁，左掌回屈于左耳旁，两掌虎口相对，指尖均向上；目视前方。（图 3–455）

图 3–455

（二）弓步分掌

上动不停，仍成横弓步，两掌同时向外、向下分掌于身体两侧，高与肩平，掌心均向外，指尖均向上；目视前方。（图 3–456）

（三）收脚合抱

紧接上动，右脚里收半步，成为开立步，同时，两掌向下、向里、向上合抱交叉于胸前，右掌在外，左掌在里，掌心均向里，指尖均斜向上；目视前方。（图 3–457）

图 3–456

图 3–457

【练习要点】

两掌分开和合抱时，上体不要前俯。右脚收回时，脚尖先向里扣。站起后身体自然正直，两腿微屈，头要微向上顶，颌部稍向后收。两臂环抱时须圆满舒适，沉肩坠肘。

【呼吸方法】

转身扣脚、弓步分掌时吸气，收脚合抱时呼气。

【意念方法】

导引法：转身扣脚、弓步分掌时想象气由两手行至丹田，收脚合抱时意想丹田内气行至两手。

技击法：设想对方两手向我胸部打来时，我用两腋挟住彼两腕，并用两手从彼两臂下向上托其两肘，将其托起。

八十五、收势

【动作歌诀】

翻掌前撑同肩宽，徐徐下落腿外边。

左脚收至右脚旁，收势直立身自然。

【动作方法】

（一）翻掌前撑

两掌向外翻掌前撑，两掌仍交叉于胸前，右掌在外，左掌在里，两掌掌心均向前，指尖均斜向上；目视前方。（图3–458）

图 3–458

（二）分掌下落

上动不停，两掌边翻转边平行分开前与肩同宽，掌心均向前，指尖均向上；目视前方。（图 3–459）

上动不停，两掌慢慢下落于腹前两外侧，掌心向下，指尖均向前，上体自然正直；目视前方。（图 3–460）

图 3–459

图 3–460

（三）收脚还原

左脚收至右脚旁，两脚并拢，脚尖向前，两臂自然下垂于身体两侧，掌心均向里，指尖自然向下，身体自然直立；目视前方。（图 3–461）

【练习要点】

精神、速度、劲力三者要均匀完整地贯穿始终，不可松懈。身体保持自然沉稳。

图 3-461

【呼吸方法】

翻掌前撑时吸气，分掌下落、收脚还原时呼气。

【意念方法】

导引法：翻掌前撑时想象气由两手、两脚行至丹田，分掌下落、收脚还原时意想丹田内气充盈。

技击法：设想对方两手同时向我腹部击打，我以两手向下、向外分开其两手的攻击。

第四章　动作实战用法拆解

第一节 动作实战用法

一、揽雀尾之"掤"的实战用法

对方左脚前上一步，成为左弓步，同时，用左拳向我胸部击打。我右脚前上步，成为右虚步，同时，用左掌粘住对方左腕顺其来拳向左后拨开对方来拳。（图 4–1）

图 4–1

上动不停，我右脚前上步，同时，左手抓握住对方左腕顺其来拳之劲向左后回领对方左臂，右臂从对方左腋下穿过。

(图 4–2)

当对方有前倾感时，回抽左臂以调整身体重心。我借此机，右腿别挂住对方左腿，同时，并用右臂挑靠对方左腋下肋部，使对方向后摔跌。(图 4–3)

图 4–2

图 4–3

要点：左手粘对方左腕要及时，上步要快速，绊腿要牢固，左手抓握对方左臂回领要顺其来拳之劲，右臂靠击要借其回抽之劲，靠击与绊腿要协调一致，靠击快速、有力，力达右臂。

二、揽雀尾之“捋”的实战用法

对方左脚前上一步，成为左弓步，同时，用左拳向我胸部击打。我右脚右前上一步，偏身躲过对方来拳，并用左手粘住对方左腕，顺其来拳之劲，向左后引对方左拳。(图 4–4)

接上动作，我右脚前上步于对方左脚前绊住其腿，同时，左手抓握对方左腕、右手粘住其肘向左后领其左臂。(图 4–5)

上动不停，我身体左转，两手继续向左后回领对方左臂，使对方向前倒。（图 4–6）

图 4–4

图 4–5

图 4–6

要点：左手粘其腕要及时，上步要快速，绊腿要牢固，左手抓其腕要紧固，右手粘其肘要反其关节，两手引领其臂要借其来拳之劲，顺劲领捋。

三、揽雀尾之“挤”的实战用法

对方左脚前上一步成左弓步，同时用左拳向我胸部击打。我右脚前上一步，成为右虚步，同时，用左手刁抓住对方左来拳之腕，右手粘住其肘关节，顺对方来拳之劲向左后回领对方左臂。（图 4–7）

当对方左臂被领有前倾感时，回抽左臂以调整身体重心。我借此机，右脚前上步于对方左腿外后侧绊别住对方左腿，同时，右臂压靠于对方左臂上。（图 4–8）

图 4–7

图 4–8

上动不停，我左手松握对方左腕搭于右腕内侧以助力，向前挤靠对方左臂于其胸部，将其向后挤出。（图 4–9）

图 4–9

要点：左右两手粘其腕肘要及时，上步要快速，绊别腿要牢，捋领其臂要借其来拳之劲。挤靠对方臂胸要借对方回抽臂之劲，顺劲发力于右臂向前猛挤。发力要快、要整，力达右臂。

四、揽雀尾之“按”的实战用法

对方左脚前上一步成为左弓步，同时，用两手向我腹部推击。我右虚步，吞腹化开对方两掌的推击，两手粘住对方两前臂。（图 4–10）

图 4–10

接上动作，我两手粘住对方两前臂顺其来掌之劲，外分并向后下按领其两臂，使对方前倾跌。（图 4–11）

当对方有前倾感，后抽两臂以调整身体重心时，我借其回抽臂之机，顺劲用两手向前按其胸部，使其向后摔出。（图 4–12）

图 4–11

图 4–12

要点：吞身化其来攻之掌要快速，两手粘其两前臂要及时，向后下分引其两臂要借其攻来两掌之劲，前按推对方胸部时要借对方回抽两臂之劲，顺劲按之，推按有力，力达两手。

五、单鞭之“弓步推掌”的实战用法

对方右脚前上一步成为右弓步，同时，用右拳向我胸部击

打。我左脚前上步于对方右腿外后侧，绊住对方右腿，同时，用右手刁抓住对方右腕顺其来劲向右上回领对方右臂。（图 4–13）

上动不停，我右手将对方右臂领直时，我用左臂向右下压对方右肘关节，使其关节受制。（图 4–14）

图 4–13

图 4–14

当对方回抽右臂，以解脱我之压肘时，我借其回抽臂之劲，松握右手，用左掌向对方胸部推击，使其向后摔出。（图 4–15）

图 4–15

要点：右手刁抓对方右腕要及时，上步要快速，绊腿要牢，左臂压其右肘关节要反其关节，左掌推其胸要借对方回抽右臂之力，推击有力，力达左掌。

六、提手上势之“虚步合提”的实战用法

对方左脚前上一步，成为左弓步，同时，用左拳向我胸部击打。我右虚步，同时，用左掌向右横拍开对方来拳。（图4–16）

上动不停，我用右掌向左横拍对方左肘关节，左手向右推对方左腕，两手相合，使对方左腕、肘受制。（图 4–17）

图 4–16

图 4–17

紧接上动，我左腿支撑身体，提右脚向前下踩击对方左膝关节，使其受措而伤。（图 4–18）

图 4–18

要点：两手拍对方左腕、肘要及时，要反其肘关节，两手里合同时用力，力达两手。右脚踩击对方左膝关节时要准确、有力，力达右脚脚掌。

七、白鹤亮翅之“虚步分掌”的实战用法

对方右脚前上一步成为右弓步，同时，用右拳向我左肋部击打。我左脚前上，脚尖着地成为左虚步，同时，用左手向左下按对方右腕，按开其来拳。（图 4–19）

图 4–19

对方见右拳攻击失效，速用左拳向我面部击打。我右臂向右上挑架开对方左拳。（图 4–20）

上动不停，我速用右掌向前推击对方颌部。（图 4–21）

图 4–20

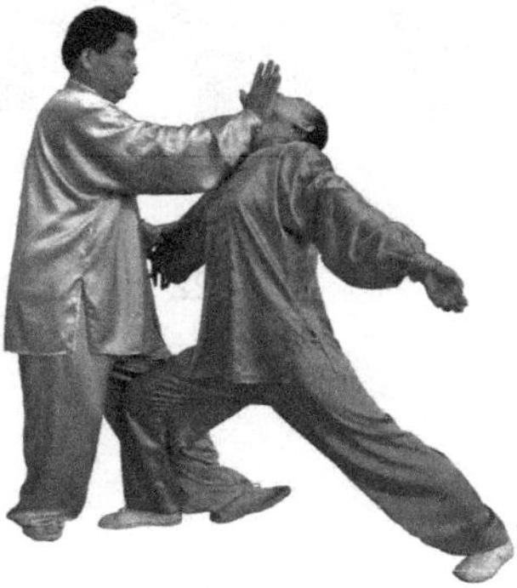

图 4–21

要点：上步要快，左掌向左下按开对方右拳的击打要及时，右臂向右上挑架开对方左拳的攻击要横臂上挑，推击对方颌部要快速、准确、有力，力达右掌掌根。

八、搂膝拗步之“弓步搂推”的实战用法

对方右脚前上一步成为右弓步，同时用右拳向我左胸部击打。我左脚在前成为左虚步，同时，吞胸躲开对方右来拳。（图 4–22）

上动不停，我左手向左搂开对方右拳的击打。（图 4–23）

图 4-22

图 4-23

紧接上动，我用右掌向前推击对方胸部，使对方后倒。(图 4-24)

图 4-24

要点： 吞身躲对方右来拳要及时，左手左搂对方右拳要快速，右掌推击对方胸部要快速、准确、有力，力达右掌。

九、进步搬拦捶之“上步搬捶”的实战用法

对方右脚前上一步成为右弓步，同时用右拳向我胸部击打。我左脚在前成为左虚步，同时吞胸躲开对方来拳。（图 4–25）

我重心稍前移，同时，用左手向左下按开对方右来拳，同时，右拳挽拳于胸前。（图 4–26）

紧接上动，我左腿支撑身体，同时右脚向前踩击对方小腿部，并用右翻砸拳向对方面部砸击。（图 4–27）

图 4–25

图 4–26

图 4–27

要点：吞胸躲对方右来拳要快速，左手向左下按开对方来拳要及时，支撑腿要稳，右脚踩击对方右小腿要脚尖外展，踩击要快速、准确、有力，力达右脚。踩腿与右翻拳砸击对方面部要同时，右拳砸击对方面部要快、准、狠，发力顺达，力达右拳拳背。

十、进步搬拦捶之“拦掌打捶”的实战用法

对方右脚前上一步于对方右腿外后侧，绊住其腿，成为右弓步，同时，用右拳向我胸部击打。我左脚左前偏身上步，成为左虚步，同时吞胸躲开对方来拳。（图 4–28）

接上动作，我重心前移，同时，用左掌向前、向右横拦开对方来拳。（图 4–29）

图 4–28

图 4–29

上动不停，我重心继续前移成为左弓步，同时，用右拳向对方腹部击打。（图4-30）

要点：上步要快速，绊腿要牢固，吞身躲拳要及时，左掌拦掌时要横向用力，向右横拍拦对方右肘部，右拳击打对方腹部要快速、准确、有力，力达右拳。

图 4-30

十一、如封似闭之“弓步按掌”的实战用法

对方右脚前上一步，成为右弓步，同时，用左手抓住我右腕时，我右脚在前成为右虚步，同时，左手护于对方左掌背上，右臂里旋屈臂，以折其腕。（图 4-31）

当对方回抽左臂以破解我折其腕时，我借其回抽之力，两手顺劲按固于对方左臂上，向前将其臂推于胸前。（图 4-32）

图 4-31

图 4-32

上动不停，我重心前移，两脚蹬地发力，右腿屈成右弓步，同时，两掌随之向前上推对方左臂，将对方发出。（图4-33）

要点：左手按于对方左掌背上要牢固，右手内旋屈臂折其腕要有力，两脚蹬地发力与重心前移与两手向前上推按要协调一致，发力要整，前上推掌劲要长，发力顺畅，力达两掌。

图 4-33

十二、十字手之“翻掌前撑”的实战用法

对方右脚前上一步，成为左弓步，同时，用右拳向我头部砸击时，我左脚左前上步，成为左虚步，同时，两臂交叉向上架开对方来拳。（图 4-34）

图 4-34

接上动作，我左掌向左上挑架，同时右手向前下卷压其腕，以使其肘腕受折。（图 4-35）

对方用劲回抽右臂解脱我之对其腕的折压。我动作不停，顺其回抽之劲，右手向左上反旋拧其腕，同时，左手向右下旋压其腕，使对方右腕被扭挫。（图 4-36）

图 4-35

图 4-36

要点： 上步要快，两臂交叉上架防拳要及时。两手旋折其腕要借要点其劲，旋折劲力要曲而长，劲力顺达，力达两手。

十三、抱虎归山之“弓步推掌”的实战用法

对方左脚前上一步，成为左弓步，同时，用左拳向我胸部击打。我右脚右前偏身上步成为右虚步，同时，吞胸躲开对方来拳。（图 4-37）

接上动作，我用右臂搂开对方打来之拳。（图 4-38）

图 4-37

图 4-38

上动不停，我重心前移，成为右弓步，同时，用左掌向前推击对方颌部。（图 4-39）

图 4-39

要点：偏身上步要快，右手搂防对方左拳及时，向右横搂，左掌前推对方颌要快速、准确、有力，力达左掌。

十四、肘底看捶之“虚步肘捶”的实战用法

对方右脚前上一步，成为右弓步，同时，用右拳向我腹部击打。我左脚在前，后吞腹躲开对方来拳。（图 4–40）

紧接上动，我用右手接抓住对方右腕，向外旋拧并借其劲向右后回领其臂。（图 4–41）

上动不停，我上体右转，并用左肘向右下压对方右肘关节。（图 4–42）

图 4–40

图 4–41

图 4–42

要点：吞腹化解其来拳要及时，右手接抓住对方右腕要牢，旋拧有力，要边旋拧边回领，左肘压其右肘关节要反关节，下压有力，力达左肘。

十五、倒撵猴之“退步推掌”的实战用法

对方右脚前上一步，成为右弓步，同时，用右拳向我胸部击打。我左虚步，同时用左臂向左上搂拨开对方来拳。（图4–43）

紧接上动，我右腿支撑身体，左腿屈膝提起准备后撤步，同时左手反手接抓住对方右腕向外旋拧并向左后回领其右臂。（图4–44）

图 4–43

图 4–44

身体左转，左脚向后撤一步，同时左手向左后回领对方右臂，并用右掌向前推击对方面部。（图4–45）

图 4–45

要点：挑架对方来拳要及时，抓握对方右腕要牢固，要边抓握、边旋拧、边回领，边转身、边撤步、边用右掌推击对方面部，动作要协调一致。右掌推击对方面部要准确、有力，力达两手。

十六、斜飞式之“弓步分掌”的实战用法

对方左脚前上一步，成为左弓步，同时，用左拳向我腹部击打。我右脚右前偏身上步，成为右虚步，后吞腹化解开对方击来左拳。（图 4–46）

图 4–46

紧接上动，我右脚前上半步于对方左腿外后侧绊住其腿，身体左转，左手抓住对方左腕，借对方来拳之劲向左后回领其左臂，同时，右臂从对方左臂下伸过。（图 4–47）

当对方有前倾感，向后回抽左臂时，我借其回抽之劲，用右臂向右后挑靠其左腋及胸部，使其后倒。（图 4–48）

图 4–47

图 4–48

要点：偏身上步要快速，吞腹化解其拳要及时，左手接抓对方左腕要牢固，向左后回领其臂与上步转身要一致，上步绊腿要牢固，右臂挑靠对方左腋及胸部要借其回抽臂之劲，挑靠要快速、有力，力达右臂。

十七、海底针之“虚步插掌”的实战用法

对方右脚前上一步成为右弓步，同时，用右拳向我腹部击打。我左脚在前成为左虚步，同时吞腹吸化开对方右来拳。（图 4–49）

图 4–49

紧接上动，我左手接抓住对方右腕，向左后回领对方右臂，右掌提起于耳侧旁。（图 4–50）

上动不停，我用右掌向前下砍击对方颈侧部，使对方颈部受伤。（图 4–51）

图 4–50

图 4–51

要点： 吞腹吸化对方来拳要及时，左手抓握对方右腕要牢固，回领其臂要借对方右来拳之劲，右掌砍击对方颈部要快速、准确、有力，力达右掌外缘。

十八、闪通背之“弓步架推”的实战用法

对方右脚前上一步，成为右弓步，同时，用右拳向我面部击打。我左脚在前，成为左虚步，同时，后仰头闪躲开对方来拳。（图 4–52）

紧接上动，我右手接抓住对方右腕向上架并后领对方右臂，防开对方右拳的击打。（图 4–53）

上动不停，我重心前移，成为左弓步，同时，用左掌向对方右肋部推击，使对方后倒。（图 4–54）

图 4–52

图 4–53

图 4–54

要点：后仰头躲闪要及时，右手抓腕上托领要快速，左掌推其肋部要快速、准确、有力，力达左掌。

十九、撇身捶之“弓步撇拳”的实战用法

对方左脚前上一步成为左弓步，同时，用右拳向我面部击打。我右脚右前上步，成为右虚步，同时，用左臂向左上挑架开对方来拳。（图 4–55）

对方见右拳攻击失效，速用左拳向我腹部击打。我用左掌速向下按开对方来拳。（图 4–56）

图 4–55

图 4–56

上动不停，我右脚前进半步，重心前移成为右弓步，同时，用右翻拳向对方面部撇捶砸击。（图 4–57）

图 4–57

要点：左臂左上挑架对方来拳要及时，横臂向左上挑架，左掌向下按消对方左拳要快速，进步，重心前移与右撇捶砸击对方面部要协调一致，砸击对方面部要以拳背为力点，砸击要快速、准确、有力，力达右拳拳背。

二十、云手之“转身云手”的实战用法

对方左脚前上一步，成为左弓步，同时，用左拳向我腹部击打。我右脚右前偏身上步，并吞腹化开对方左来拳。（图4–58）

图 4–58

紧接上动，我用右臂向左前横挑对方左臂，粘住对方之左臂，防开其来拳。（图 4–59）

当对方感到左臂被控，向后回抽时，我借其回抽臂之劲，重心前移，并用右臂向右上挑靠对方左腋下，将其挑出。（图 4–60）

图 4–59

图 4–60

要点：偏身上步要快，右臂挑对方左臂要及时，横向挑击，以横破直。上步、进身与右臂挑靠对方左腋要协调一致，挑靠对方右腋有力，力达右臂。

二十一、高探马之“虚步推掌”的实战用法

对方右脚前上一步，成为右弓步，同时，用右拳向我胸部击打。我左脚向左前偏身上步，并吞胸吸化开对方右拳。（图 4–61）

紧接上动，我用左手粘托住对方右肘向右后，托领对方右臂。（图 4–62）

图 4-61

图 4-62

当对方被领有前倾感时，我上体稍向左转，并用右掌向前推击对方面部，使对方面部受伤。（图 4-63）

图 4-63

要点：上步偏闪吞身要快速，左掌托领对方右肘要及时，顺其来劲向右后托领，右掌前推要快速、准确、有力，力达右掌。

二十二、分脚之“分掌分脚”的实战用法

对方右脚前上一步，成为右弓步，同时，用右拳向我胸部击打。我左脚左前偏身上步，成为左虚步，同时，吞胸吸化掉对方右拳的击打。（图 4–64）

紧接上动，我右腿支撑身体，左腿屈膝提起，同时，两臂交叉向上架开对方右拳。（图 4–65）

上动不停，我两臂外分，拨开对方右拳臂，并用左脚踢击对方颌部。（图 4–66）

图 4–64

图 4–65

图 4–66

要点：偏身上步要快速，吞胸吸化对方来拳要及时，两臂上架防拳要快速，支撑腿要稳，左腿踢击对方颌部要快速、准确、有力，力达左脚脚尖。

二十三、进步栽捶之“弓步栽捶”实战用法

对方右脚前上一步，成为右弓步，同时，用右拳向我胸部击打。我右脚前上一步，成为右虚步，同时，用左手向右横向拍开对方来拳。（图 4–67）

紧接上动，我重心前移，右腿支撑身体，左腿屈膝提起，准备前上步，同时，左手向右、向下、向外搂对方右臂，将其拳搂开。（图 4–68）

图 4–67

图 4–68

上动不停，我左脚左前上步于对方右腿外后侧，绊住对方右腿，同时，用右拳向对方右肋部击打。（图 4–69）

图 4-69

要点：右脚前上步要快速，左掌向右横拍开对方右来拳要及时，右腿支撑要稳，左腿上步要快，绊腿要牢，搂手、上步与右拳击肋要协调一致，右拳击打对方右肋要快速、准确、有力、力达右拳拳面。

二十四、蹬脚之“分掌蹬脚”的实战用法

对方左脚前上一步，成为左弓步，同时，用左拳向我胸部击打。我左脚向前偏身上步，成为左虚步，同时，吞腹吸化开对方左来拳。（图 4-70）

图 4-70

紧接上动，我左腿支撑身体，右腿屈膝上提，同时，两手交叉向上架开对方左拳臂。（图 4–71）

图 4–71

上动不停，我两手外分，将对方左臂拨开，同时，我用右脚向对方左肋部蹬击。（图 4–72）

图 4–72

要点：偏身上步要快，吞身吸化对方左拳击打要及时，两臂交叉架开对方左臂要快，左腿支撑要稳，右脚蹬击对方左肋部要快速、准确、有力，力达右脚。

二十五、打虎式之“弓步架攒”的实战用法

对方右脚前上一步，成为右弓步，同时，用右拳向我面部击打。我左脚左前偏身上步于对方右腿外后侧，绊住其腿，成为左虚步，同时，后仰身躲开对方右拳的击打。（图 4–73）

图 4–73

紧接上动，我左臂向左上屈臂上架防开对方右拳臂。（图 4–74）

图 4–74

上动不停，上体微向左转，同时，我用右拳向对方左肋部掼击。（图 4–75）

要点： 左上步要快速，绊对方右腿要牢固，后仰身躲对方右拳要及时，左臂上架防要横臂上架，架防臂要快速，右拳掼击对方左肋部要快速、准确、有力，力达右拳拳面。

图 4–75

二十六、双峰贯耳之“弓步掼拳”的实战用法

对方右脚前上一步，成为右弓步，同时，用两拳向我腹部击打。我右脚右前偏身上步，成为右虚步，同时，吞腹吸化掉对方双拳的击打。（图 4–76）

图 4–76

紧接上动，我两掌向上、向里、向下于对方两腕内侧，向外分掌分开对方两拳，并向外挂后引对方两臂。（图 4–77）

图 4–77

当对方有前倾感，回抽两臂以调整身体重心时，我重心前移，成为右弓步，同时，用两拳向对方两耳部掼击。（图 4–78）

图 4–78

要点：右脚偏身上步要快速，吞腹吸化对方来拳要及时，两手外分开两拳臂，边向外分边向后挂引其两臂，两拳掼击对方两耳部要借对方回抽两臂之机，向前掼击对方两耳，掼耳要快速、准确、有力，力达两拳拳面。

二十七、野马分鬃之“弓步分掌”的实战用法

对方左脚前上一步，成为左弓步，同时，用左拳向我腹部击打。我右脚右前偏身上步，成为右虚步，同时，用右手向左上托对方左肘部，防开对方来拳。（图 4–79）

接上动作，我左手抓握住对方左腕，向左后领的同时，右脚前上步于对方左腿外后侧，绊住对方左腿。（图 4–80）

图 4–79

图 4–80

上动不停，我身体重心前移，成为右弓步，同时，用右臂向右上挑靠对方左腋下，将对方挑出。（图 4–81）

图 4–81

要点：偏身上步要快速，右手托防对方左拳要及时，左手抓握对方左腕要快速、牢固，要边抓握、边向左后回领其臂，上步进身快速，绊腿要牢固，挑靠对方左腋下要向右上用力，挑靠有力，力达右臂。

二十八、下势之“仆步穿掌”的实战用法

对方左腿支撑身体，同时，用右脚向我腹部弹击。我左脚左前偏身上步，闪躲开对方来腿。（图 4–82）

图 4–82

紧接上动，我右腿全蹲，左腿伸出成为左仆步，同时用左臂向下格压对方来腿。（图 4–83）

图 4–83

上动不停，我左臂从对方裆下穿过，身体重心前移，起身成为左弓步，同时，用左臂向前上挑靠对方左大腿根部，使其后倒。（图 4–84）

图 4–84

要点：偏身上步要快速，下蹲仆步要快，左臂下格压对方右腿要及时，重心前移，起身弓步与左臂挑靠对方左大腿根部要快速、有力，力达左臂。

二十九、金鸡独立之“提膝挑掌”的实战用法

对方右脚前上一步，成为右弓步，同时，用右拳向我腹部击打。我左脚左前偏身上步，同时，吞腹吸化掉对方打来之右拳。（图 4–85）

紧接上动，我用左手搂开对方右拳。（图 4–86）

上动不停，我左腿支撑身体，同时，左手顺势抓握住对方右腕向左后回领对方右臂，并用右膝向前上顶击对方腹部，用右掌向前上推击对方颌部。（图 4–87）

图 4–85

图 4–86

图 4–87

要点：偏身上步要快速，吞腹化对方右拳要及时，左支撑腿要稳固，左手抓握对方右腕向左后回领、右膝向前上顶击对方腹部与右掌推击对方颌部要协调一致，右腹撞击其腹要迅猛，右掌推击其颌部要快速、准确、有力，力达右膝及右掌。

三十、白蛇吐信之“弓步推掌”的实战用法

对方左脚前上一步，成为左弓步，同时，用左拳向我胸部击打。我右脚偏身向右前上步，成为右虚步，同时，吞胸吸化掉对方之来拳。（图 4–88）

紧接上动，我用右臂向右下横拨开对方来拳。（图 4–89）

图 4–88

图 4–89

上动不停，我身体重心前移成为右弓步，同时，右手顺势抓握住对方左腕向右后回领其臂，左掌向前推击对方胸部。（图 4–90）

图 4–90

要点：偏身上步要快速，吞胸吸化对方左拳要及时，右臂向右外横拨对方左臂要横向用力，横拨及时，重心前移、右手握其腕向右后回领其左臂与左掌推击对方胸部要协调一致，推击对方胸部要快速、准确、有力，力达左掌。

三十一、指裆捶之“弓步指裆”的实战用法

对方右脚前上一步，成为右弓步，同时，用左拳向我右肋部击打。我右脚右前偏身上步，成为右虚步，同时，用右手向外下搂开对方左来拳。（图 4–91）

对方见左拳攻击失效，速用右拳向我左肋部击打，我右腿支撑身体，左腿屈膝提起准备前上步，同时，我用左手向左下搂开对方右来拳。（图 4–92）

图 4–91

图 4–92

上动不停，我左脚左前上步，成为左弓步，同时，用右拳向对方下腹部击打。（图 4–93）

图 4–93

要点：右脚右前偏身上步要快速，右手勾搂对方左臂要及时，左脚前上步要快，左手搂挂对方右臂要及时，重心前移与右拳击打对方腹部要协调一致，击打对方腹部要快速、准确、有力，力达右拳拳面。

三十二、上步七星之“虚步交拳”的实战用法

对方右脚前上一步，成为右弓步，同时，用右拳向我面部击打。我左脚左前偏身上步，成为左虚步，同时，后仰身躲开对方打来之右拳。（图 4–94）

紧接上动，我用左臂向上横架开对方右拳。（图 4–95）

上动不停，我上体稍向左转，同时，右臂从对方右臂下穿过，向上、向后拉别对方右前臂，使对方右腕受折。（图 4–96）

图 4–94

图 4–95

图 4–96

要点：左脚左前上步要快速，左臂左上横架对方右臂要及时，右拳穿过拉别对方右前臂要快速，拉别对方右腕时，左臂前推压、右臂向后回拉，两臂同时用力。发力顺畅，力达两臂。

三十三、退步跨虎之“虚步分掌”的实战用法

对方右脚前上一步，成为右弓步，同时，用右拳向我腹部击打。我左脚左前偏身上步，成为左虚步，同时，吞腹吸化掉对方右拳的击打。（图 4–97）

接上动作，我用左手向左下搂开对方右拳。（图 4–98）

图 4–97

图 4–98

对方见右拳失去攻击效果，又用左拳向我面部击打。我速用右臂向右上挑架开对方来拳。（图 4–99）

图 4-99

要点：左脚左前上步要快速，吞腹吸化对方右来拳要及时。左手勾搂对方右拳臂要横向用力，勾搂幅度不可过大，也不可太小，以对方右拳不及我身即可，右臂右上挑架对方左拳要及时，向右上横向用力，力达右臂。

三十四、转身摆莲之“摆腿拍脚”的实战用法

对方左脚前上一步，成为左弓步，同时，用左拳向我胸部击打，我左脚左前上步，成为左虚步，同时，吞胸吸化掉对方来拳。（图 4-100）

图 4-100

紧接上动，我上体左转，同时，用两掌向左下推开对方左臂。（图 4–101）

上动不停，我身体右转，左腿支撑身体，同时，用右腿向右后摆击对方胸部。（图 4–102）

图 4–101

图 4–102

要点：上步要快速，吞腹吸化对方来拳要及时，两手拍开对方左臂要快，横向拍按，支撑腿要稳固，右腿摆击要快速，有力，力达右腿。

三十五、弯弓射虎之“弓步架冲”的实战用法

对方右脚前上一步，成为右弓步，同时，用右拳向我胸部击打。我左脚左前上步于对方右腿外后侧，别绊住对方右腿，同时，用右手向外搂开对方右拳。（图 4–103）

紧接上动，我身体右转，同时，右拳向右上摆，并用左臂向右横格挑开对方右臂。（图 4–104）

图 4-103

图 4-104

上动不停，我上体再稍向左转，同时，用左拳向左摆击对方面部。（图 4-105）

图 4-105

要点：上步要快速，绊腿要牢固，右手勾搂对方右臂要及时，转摆臂与挑开对方右臂要一致。左拳左摆击对方面部要以拳背为力点，摆击对方面部要快速、准确、有力，力达左拳拳面。

第二节 用拳指要

杨式太极拳实战应用之要为以快制快，一粘就走；化打同步进行；借力使打，乘势打击，发挥以柔克刚，四两拨千斤之巧妙作用。讲究步轻手快，出手如闪电，打人如迅雷。出去撒手，着人成拳。以身催手，步到身到，身到齐到。静以待动，动经处静。敌不动我不动，敌微动，我随动。目要清，神要明，身要齐，劲要整。侧身站位，两肘不离肋，两手不离胸，体松意静，目视对方。做到“直来横拔，横来挪化。左来右迎，右来左迎”。

用拳劲法上讲究“沾连粘随，不丢不顶”。

在战术上要求击其不备，袭其不意，乘袭而击，乘击而袭。虚而实之，实而虚之，取本求末。正像陈鑫先贤所讲：“虚笼诈诱，只为一转。”也如王宗岳在《太极拳论》中所论：“人不知我，我独知人。”知彼知己，百战不殆。

杨式太极拳实战应用时应注意做到以下几点：

一、以柔克刚

太极拳以柔克刚，这很符合老子的道家思想。老子认为，天下之柔弱莫过于水，最卑下的也莫过于水，然而，最坚强的胜利者也是水。老子曾说：“天下之至柔，驰骋天下之坚。无有入无间，吾是以知无之有益。不言之教无为之益，天下希及之。”气和水最柔弱，但它无所不入，又无所不能出。所以虚无柔弱者无所不通，又无有不可穷者。至柔不可折，那也就是无为之益了。

何谓以柔克刚？即与对方交手时，跟随对方之劲路，随屈就伸，人刚我柔，我顺人背，虽变幻无穷，但丝毫不含抵抗性。以柔克刚，关键在不顶抗对方，而让它的力量在我之圈里走化掉，使之引进而落空。如果对方加力于我身上，原想可以把我击倒，但进入我的圈里，使之感觉到什么都没有，就像打在空气里或棉堆上，突然失去方向和着力点，继而失去身体平衡而破绽百出，我借其身体失去自控能力的同时，顺其劲而击之，可一举获胜，这就是以柔克刚，也是太极拳论里所说的“四两拨千斤”和“非力胜”。

柔是无限的，取之不尽，用之不完；而刚劲则是有限的，不管有多大力量，其能量既有限又易折损。拳经云“任他巨力来打我，牵动四两拨千斤”，道出了以小力胜大力，避实就虚，以柔克刚的太极实战应用原理。

二、以静制动

以静制动，遇敌不乱，沉着机智。在行拳走架时，意念要做到面前无人如有人；实战应用时，要做到眼前有人似无人，面前有手不见手，胸前有肘不见肘。也就是在交手时起手不空落，不发则已，一发必中。诸如“彼不动，己不动；彼未动，己先动”这些技击上的策略，都必须静观敌情，找准出击时机。以静制动，并非不动。所谓心机一发，四肢皆动。发手以得人为准，以不见形为妙。静候伏机，如猫之捕鼠、鹰之捉兔、虎豹之扑牛追羊，无不惊心动魄，先静后动。以静制动，主要是观察来势之机，揣敌人之短长，静以待动，动以处静。静如山岳，动若处子。一触即发，一击必胜，这就是以静制动的效果。

三、后发先至

后发者是以我之静，待彼之动。在彼先动我未动的这一瞬间，给了我审视对方破绽选择反击时机和反击点的机会。彼即已动，他的虚实、重心及劲源即呈现出来，我则可以静观之，选准进击点和时机，避实就虚进行还击。这叫有的放矢，知己知彼稳操胜券。守静待动而不是不动地等到机会再发动。

先至是指动度的准确性即以及时间、地点和程度的确定性。那么将劲发到什么程度为“至”呢？是将劲发到接触到对方身上为“至”，还是将劲发到对方的中轴或劲源上，使对方失去平衡跌出，或被控制失去战斗力为“至”？作者认为，应以后者为“至”。

所谓后发先至，就是静静地审视着对方将动时出现的情形，迅速地做出准确判断，紧紧抓住有利时机，运用直截了当的方法进行快捷反击，使其未动起来，则被我所制服。这也是太极拳里所要求的“动急则急应，动缓则缓随”，心神镇静，观敌来势，审势待机，手、眼、身、步一致。对方打不着你的时候，距离不够不可先发，发则失误，浪费精力，且易处被动地位而反被对方击倒。当对方与你的距离、时间足以威胁到你的安全，也就是对方能在瞬间击到你时，你之意在先，其速更迅。所谓起手如闪电，打下如迅雷，能在更短的距离和时间内击倒对方，即是后发先至。其关键是时间、地点和速度，三合为一，身法要灵敏，速度要恰当，动作要轻快，变化要精微。

四、以明对暗

何谓以明对暗，即是“人不知我，我独知人”。通过长期太极拳的练习，可使之由招熟而渐悟懂劲，由懂劲阶及神明，也就是功夫到了懂劲和知己知彼的程度。功夫由听劲而来，能听才能懂。所谓称斤量尺，知己知彼，百战不殆。

太极拳的懂劲就是能听懂对方劲之大小、方向。所谓“听之于心，疑之于耳，行之于气，运之于手”“以心行意，以意行气，以气运身，听而后发”。听劲要准确，能听懂对方的劲路就能控制他，这样就能“人不知我，而我独知人”，进击的目标就特别精确。如果你的侦察不明，判断错误，则你的进击只能是盲目和危险的举动。

五、贵化不抗

贵化不贵抗，主要是在对方向我攻击时，我以化解的方法，使对方的攻击力量不能作用在我身上，我的化劲分散和削弱了对方的攻击力，使之对我构不成重大威胁。

化是建立在掤的基础上的，只有掤得住才能化得开，对方攻来，我之防护堡垒不被对方所摧垮，化解于我之防护圈的外围，能使其力顺我防护圈的切线偏心而跑掉，不能触及我身，而使之找不到着力点失去身体重心平衡，则可借机反击而制之。这是一种高级的技击防卫法。太极拳实战用法，主要是在接触发劲的一瞬间，自身及时做极小的旋转吞吐运动，把对方的进攻力量消耗掉。贵化不抗，应不丢不顶，而不是一味地化解。化者不能招招化尽。要半圈化半圈发，即化即发。化而不发，还是会受对方的牵制而导致失败。

六、以顺应逆

杨式太极拳是画圈走弧的艺术，凡举动则无处不画圆，无处不阴阳，无处不太极，形成自然的逆来顺受之规律，这是在太极拳实战时常用的法则。

以顺应逆必须舍己从人，掤、捋、挤、按、采、挒、肘、靠，是主要的技击方法。粘、连、黏、随是以不丢不顶，顺从不离，随屈就伸，人刚我柔为原则，使对手进退不得，完全被我之劲所控制，以致“敌欲变而不得其变，敌欲攻而难得逞，敌欲逃而不得脱”，最终导致对方出现极为被动的挨打局面。

七、舍己从人

“舍己从人”四个字，说起来容易，做起来难。难就难在人的本性难改。一般人都存在“我执”，放不下自我，因此抵抗就成为人的本能，尤其是当自己处于背势时，抗劲就出来了。因此，要做到舍己从人，就要放下“我执”，在练拳中逐渐养成顺人之劲而不抗的习惯。这就要求心平，气和，体松，神聚，做到用意不用力，才能虚灵，才能真正做到舍己从人，沾黏连随，不顶不丢，才能练出太极功夫。著名太极拳家李亦畲先生云：“先，以心使身，从人不从己；后，身能从心，由己仍是从人。由己则滞，从人则活。”

何谓舍己从人？从字面上理解，舍己从人就是舍弃自我，顺从他人。这就是俗话所说的“舍得舍得”，有舍才有得。舍己从人包含有深刻的哲理。舍己从人是太极拳实战应用的一项基本原则。能舍己，才能从人；能舍己，才能不盲动；能舍己，才能沾黏连随，引进落空；能舍己，才能避实击虚；能舍己，才能得机得势。舍己从人的本质是因势利导，争取主动。它是一种手段和方法。其目的是引进落空，以柔克刚，是为了造成我顺人背的局面。陈鑫云：“人以手来，我以手引之，令其不得势，是谓之走。走者，引之别名。何以既名引又名走，引者，诱之使进，走者，人来我去，不与顶势，是之谓走。然走之中自带引进之劲，此是拳中妙诀，非功久不能。”因此，要做到舍己从人，就必须阴阳相济，刚柔并举，化打结合。所谓“左重则左虚，而右已去；右重则右虚，而左已去”。完全是一种避实就虚，得机得势、把握主动的技法。舍己从人，绝不是被动挨打，而是诱敌深入，摸清敌情，选择有利机势出击，从而克敌制胜。

“舍己从人” 的功夫是以柔克刚，以小力胜大力，四两拨千斤的功夫。是太极拳的精髓，也是太极拳有别于其他拳种的特色。

八、吃啥喂啥

吃啥喂啥，就是你用什么招打我，我就用相应的方法打你，以牙还牙。实施吃啥喂啥的关键在于走化的功夫上。这就要求腕、肘、肩、脚、膝、胯高度灵活、化发自如。化胯最难，它统领各大关节，为根节之根节，活与不活全赖于此。关节要活络，犹如万向接节，不断变换重心，调整虚实，使对方无法进击，周身如一家，内劲浑厚，无论对方用什么招数打我，我遂即走化，即走其招还制其身，吃啥喂啥，攻其不守。吃啥喂啥，还要看各人的功夫深浅、经验多少而定。一般拿法还容易走化，拿人要拿根，技术高者不仅拿人手肘，还能拿至腰胯，使对方不能转换求变而陷于绝地。

九、以整击散

以整击散，主要是我运用周身如一之整劲，去击打对方的既零碎而又散乱的偏刚劲。我劲不整不发，敌力不散不击，乘势借力，以整击散。经过化引造成对方失势落空及重心不稳时，我顺人背，且对方又显出破绽，以我之整击彼之散。正如《打手歌》曰：“掤捋挤按须认真，上下相随人难进，任他巨力来打我，牵动四两拨千斤。引进落空合即击，粘连黏随不丢顶。”

如何才能做到周身如一？《拳经》指出：必须做到内外相合，即外三合和内三合。内外相合，上下相随，使之节节贯穿。外三合不仅是为了保证动作外形姿势的正确，更是为了整劲的集中。要求做到：手与脚合、肘与膝合、肩与胯合，心与意合、气与力合、筋与骨合。内三合以意领气，以气促劲，意到气到，气到劲到。杨式太极拳的动作虽形于外而实源于内，外形之蓄发，必须是心意的蓄发，这是意、气、劲在太极拳中的运用。周身如一，要以我之整劲，趁彼劲之大小及散乱程度而击之，无不应手而即仆者，这正是以整击散的效应。

十、招法圆活

太极实战应用不是力的抗衡，也不是后天拙力竞争，那是什么呢？答案只有一个，是圆的较量。

圆的较量贵在于活。圆的轨迹则是圈，圈活圆就活，则招法就活。要达到活的境地，要有掤劲作基础，必须掌握“气势圆满”和“力撑八面”，而形成防护圈，使之来力不至摧垮防护圈，顺其切线而偏心走掉。活的动力在内而不在外，外随内动，劲无断续。动者，为气转动，而非形之动。周身成为一家，气自然能遍及身躯，于是能八面转换而旋转自如，我意欲往何处，气即能行往何处，意气自然能达到物来顺应的境界。

拳经有云“察四两拨千斤之句，显非力胜；观耄耋御众之形，快何能为。立如枰准，活似车轮。”“一举动，周身俱要轻灵，尤须贯串。气宜鼓荡，神宜内敛。无使有缺陷处，无使有凹凸处。”“气若车轮，腰似车轴。”“意气须换得灵，乃有圆活之趣，所谓变动虚实也。”就杨式太极拳来说，走架自始至终都在画圈，所以，不管是大圆、小圆、平圆、斜圆、形形式式之弧圆，都能贯穿于全身各个部位。动作的实战应用时也同样走弧形，处处有圈，无处不太极。进退走化亦画圆，沾粘黏随亦是圆。小圈克大圈，大圈套小圈。半圈进，半圈退；半圈化，半圈发。无论对方有多大力量，经过圆的化解，就可消除其给你的力量和威胁。圆周是以一点为圆心，半径小即圆小，半径大则圆也大。大圈的周长比小圈的周长大，所以走小圈的路线要比走大圈的路线要短。小圈的转换动作小，很快能化掉对方的力，并通过惯性把力作用于对方。由于动作小，路线短，节省了时间，使对方不及走化而被击出。这当然也不是一概而论，而是要看双方技击的实力。

总之，能得“圆活”之妙，遇敌也不含抵抗性，能随敌劲以为伸缩。迎战时则能以变应变，随境而化；随意而变，随心所欲；似攻似守，似发似收。犹如水之无所不至，气之无所不入，抽丝之连绵不断，迎敌则无所不适，克敌则无坚不摧。

第三节 用拳秘旨

利用杨式太极拳进行实战时要掌握好虚实之机，或说动静之机，变化全在因对方变化而变化。正所谓，因敌变化示神奇。

一、随劲而应

与对方交手时，要细心体会对方的劲道，即攻来的力点在哪里，攻来的力量的大小有多少，方向是向哪里？一定要感知到。这样才能随劲而变或引、或化、或随，使出稍大于对方之力的力而制之。

二、掤劲不丢

掤劲是一种擎住对方之劲的劲，这种劲稍大于对方之劲。是一种浑圆之劲，受力不瘪、不垮的一种具有弹性的、能伸能曲的、柔韧性的、螺旋式的外撑劲。它使实战时引、化、发有基础。

三、容吞引化

在实战过程中，必须敢于将对方的劲放进来，等对方失控或撤劲时，再顺势给对方多少的力量，使之跌出。能容吞引化后才能吐、能放、能发。容吞引化的关键在于：要使自己的胸腔容量加大。

四、造势借力

从反面入手施制。要做到欲左先右，欲前先后等用法，用太极的哲理来指导应用。

五、下塌外碾

先合住对方，再把劲塌到对方的脚下，然后用一种搓力将对方发出。

六、能合就赢

先合住、或说先拿住、或说先控制住对方，一定要主动，赶到“先”这个胜者的位置，才能立于不败之地。

七、势走螺旋

太极拳是一种浑圆圈的运动，每一动作，不只单单有平圆或立圆，它们是同时存在的。做到周身是圆，旋化、旋打、旋进、旋拿、旋放、旋发。外随内动，劲无断续，周身一家。

八、招招递进

实战中不能总想着一招制服对方，有些方法在某些人身上并不好使，所以方法得交替使用，这招不行，我还有下招，招招递进。

九、化打合一

要求在化掉对方来力的同时找准发放的位置和方法，将对方击出。体现出化中打，打中化，化即打，打即化，化打合为一体。

十、 意气力合

讲用意不用力不对，用力不用意也不对。应该意气力（精气神）结合最好。

第四节 用拳经验

历代太极拳家在实战中总结出很多的宝贵经验，并用简洁而明了的语言加以论述，有的散传于武林、有的散留于各类武术著作之中。这些要论对指导利用太极拳进行技击有着深远的现实意义。现加以整理，将其集录于下：

太极拳宗师陈长兴说：利用太极拳进行技击时要“心气一发，四肢皆动，足起有地，动转有位，或粘而游，或连而随，或腾而闪，或折而空，或掤而捋，或挤而按。拳打五尺以内，三尺以外，远不发肘，近不发手，无论前后左右，一步一捶，遇敌以得人为准，以不见形为妙。拳术如战术，击其无备，袭其不意，乘击而袭，乘袭而击，虚而实之，实而虚之，避实击虚，取本求末。出遇众围，如生龙活虎之状，逢击单敌，以巨炮直轰之势，上中下一气打定，身手足规距绳束，手不向空起，亦不向空落，精敏神巧全在于活。”他又说：太极拳“古有闪、进、打、顾之法；何为闪，何为进，进即闪，闪即进，不必远求。何为打，何为顾，顾即打，打即顾，发手便是。”他还在《用武要言》里说：“出身先占巧地，是为战斗要诀。骨节要对，不对则无力，手把要灵，不灵则生变。发手要快，不快则迟误。打手要狠，不狠则不济。脚手要活，不活则担险。存心要精，不精则受遇。发身要鹰扬猛勇，泼辣胆大，机智连环，勿畏惧迟疑；如关临白马，赵临长坂，神威凛凛，波开浪裂。静如山岳，动如雷发。拳打上风，审顾地形，手要急，足要轻，察势如猫行。心要整，目要清，身手齐到始成功。手到身不到，击敌不得妙，手到身亦到，破敌如薅草。”他在《用武要言》里又说：与人交手“先动为师，后动为弟，能教一思进，莫教一思退。胆欲大而心欲小，运用之妙，存乎一心而已。一理运乎二气，行乎三节，现乎四梢，统乎五行。时时操演，朝朝运化，始而勉强，久而自然。拳术之道学，终于此而已矣。”

古人在《交手法》中云：与人交手“能屈，能就，能刚，能柔，能进，能退，不动如山岳，难知如阴阳，无穷如天地，充实如太仓，浩渺如四海，炫耀如三光，察来势之机会，揣敌人之短长，静以待动，动以处静，然后可言拳术也。”“心如火药，手如弹，灵机一动，鸟难逃。身似弓弦，手似箭，弦响鸟落显奇神。起手如闪电，电闪不及合眸。袭敌如迅雷，雷发不及掩耳。左过右来，右过左来；手从心内发，落向前落。力从足上起，足起犹火作。上左须进右，上右须进左，发步时足跟先着地，十指要抓地，步要稳当，身要庄重，去时撤手，著人成拳，上下气要均停，出入以身为主宰；不贪，不歉，不即，不离。拳由心发，以身催手，一肢动百骸皆随；一屈，统身皆屈；一伸，统身皆伸；伸要伸得尽，屈要屈得紧。如卷炮卷得紧，崩得有力。”

太极拳《要诀》云：与人交手“捶自心出，拳随意发，总要知已知彼，随机应变。”《要诀》又云：在与敌交手时，“借法容易，上法难，还是上法最为先。发步进入须进身，身手齐到是为真，法中有诀从何取，介开其理妙如神。”《要诀》还云：“人之来势，务要审察，足踢头前，拳打膊下，侧身进步，伏身起发。足来提膝，拳来肘发，顺来横击，横来捧压，左来右接，右来左迎，远便上手，近便用肘，远便足踢，近便加膝。”《要诀》里说：“操演时面前如有人，对敌时有人如无人。面前手来不见手，胸前肘来不见肘，手起足要落，足落手要起。心要占先，意要胜人，身要攻入，步要过人，头须仰起，胸须现起，腰须竖起，丹田须运起，自顶至足，一气相贯。”

《拳诀》言道：“在敌旧力已过，新力未生之际，出其不意而袭之，就可以一举而中。”《拳诀》又言道：“刚在人力前，柔乘他力后，彼忙我静待，知拍无所畏。”《拳诀》还言道：“善守者，使敌不知所攻，善攻者，使敌不知所守。见勇者，而故示以怯。遇智者，而故露若愚。俟彼骄气浮，然后乘机而进。”《拳诀》还言道：“以长攻短，是为力斗，以短攻长是为智斗，以敌之长，攻敌之短，以敌之短，攻敌之长，则为斗之以神。”《拳诀》还言道：“以攻为守不见守，以守为攻不见攻，以攻对攻，贵在抢攻，消极防御，防不胜防，积极防御，不守而防。”

《战斗篇》云：“击于勇猛，不当击梢，迎面击中堂，抢上抢下势如虎，类似鹰鹞下鸡场；翻江拨和不须忙，单凤朝阳不为忙；云背日月天交地，武艺相争见短长。”《战斗篇》里又说："善击者，先看步位，后下手势。上打咽喉下打阴，左右两胁并中心。前打一丈不为远，近打只在一寸间。胆战心寒者，必不能取胜。 不能察形势者，必不能防人。"《战斗篇》里还说："不拘提打、按打、击打、冲打、膊打、肘打、胯打、腿打、头打、手打、高打、低打、顺打、横打、进步打、退步打、截气打、借气打以及上下百般打法，总要一气相贯。"

李亦畬在《走架打手行功要言》中说："欲要四两拨千斤，引进落空，先要知己知彼。欲要知己知彼，先要舍己从人。欲要舍己从人，先要得机得势。欲要得机得势，先要周身一家。欲要周身一家，先要周身无缺憾。欲要周身无缺憾，先要神气鼓荡。欲要神气鼓荡，先要提起精神，使神不外散。欲要神不外散，先要神气收敛入骨。欲要神气收敛入骨，先要两股前节有力，两肩松开，气向下沉。劲起于脚根，变换在腿，含蓄在胸，运劲在两肩，主宰于腰，上于两膊系，下于两腿随。劲由内换。收便是合，放便是开，开中寓合。触知则施转自如，无不得力，才能引进落空，四两拨千斤。"

《天运机论》中载："身动时如崩墙倒，脚落如树栽根。手起如炮直冲，身动如蛇前行。击首则尾随，击尾则首应。打前要顾后，知进知退。心动快似马，身动速如风。操练时面前无人如有人，交手时面前有人如无人。前手起后手紧催，起前脚后脚紧随。面前有手不见手，胸前有肘不见肘。见空不打，见空不上。拳不望空打，打起不空落。手起足要落，足落手要起。心要占先， 意要胜人，身要攻人，步要过人。前腿似弓，后腿似箭。头要仰起， 腰要长起。丹田要运起，自顶至足，一气相贯。"

《交手必要三十论》中说："凡与人交手，务要先定自心。不可失之忙迫。盖定而后能静，任敌人手舞足蹈，我惟以静待之，蹈其隙以乘之。兵法所谓：以静制动也。凡与人交手，务要先壮起胆来。盖胆者心之辅，胆壮心亮手脚自不忙乱，此兵法所谓：将有谋而士卒从令也。凡与人交手，不可掉以轻心。如敌弱于我，亦要小心翼翼不可欺弱，稍微大意。兵法云：骄兵必败也。凡与人交手要去贪心。我微有不便即不可冒险图功，必蹈其隙而后乘之，此兵法所谓：观隙而动也。凡与人交手不可太老实。必诓骗、引诱、虚诈，使敌人入我圈套，兵法所谓：兵不厌诈也。凡与人交手不可专恃勇力。如敌强我弱，来势刚强，我手不能遮架，当用以柔克刚之法，或滑手以进之，或借彼力以取之，兵法云：逢强智取所之谓也。凡与人交手不恃遮拦于巧，而恃有攻取之方。拳经云：双手逼他单手。即兵法所谓：制人而不制于人者也。凡与人交手不可枉费气力。如彼来势勇猛，我只可坦然承接，彼气竭，我力方盈，我盈敌竭未有不胜。兵法云：以逸待劳也。凡与人交手要善用诓骗。如我欲打其上，先向其下取之。彼防其下，则我转而向上。欲取其左，先向右以诱之，使彼防右，则我转而向左。兵法所谓：兵行诡道而人莫测者也。凡与人交手宜知乘虚。如彼手向上则下虚，彼手向左则右虚，我乘其势以攻之。兵法所谓：兵避实而击虚也。凡与人交手要善卖破绽，诱之使人，我可乘间取之，使其不可及防，兵法云：出其不意攻其不备者是也。凡与人交手要后人发，先人至，手疾眼快，防不及防。此兵法所谓：兵贵神速，迅雷不及掩耳也。凡与人交手妙在静乱分清。如敌静以待我，我先用虚手以晃，使彼眼乱，眼乱则心乱，然后从而乘之，此兵所谓：虚张声势，以惑敌心者也。凡与人交手欲以柔克刚，莫过妙于顺人之势，借人之力，此兵法所谓：因其势而利导之者也。凡与人交手不可备式，今人交手备式，不知此最吃亏。如备式，我从旁审视可知其先出何手。如彼之备式，并意我使某手打他，他先备此式，以备我，我若不然，则彼来手无策也。师云：凡与人交手不可备式，恐敌窥我虚实也。凡与人交手站立宜如平时，不可稍带形迹，使彼不知我虚实。此兵法所谓：出其不意者也。凡与人交手要带一番儒雅气象，使敌人视我文弱无能心懈力怠，不知格外防备，我可乘其怠而攻之，兵法所谓以羸师诱敌此也。凡与人交手先用眼注彼膀尖，不可旁视，膀动则手出，我可以防之，兵法所谓：以静观动也。凡与人交手要识破为哪一家。如彼上身，我亦上身，棋逢对手固无不可。如我为上身，彼善用腿，我则当用硬攻直进，挨身靠打，使彼不能离开，则腿不能使上，兵法云：知彼知己，百战不殆者是也。凡与人交手两手要放中间，救护攻取方能得力，此兵法所谓：依山傍水，势据险要也。凡与人交手务要将家看住，如右手既出，则左手看家，左手一出，则右手看家。不然一手既出，而一手恍如无事，敌必然乘虚而入矣。兵法云：有攻取者必有护守是也。凡与人交手，两手务必抱住，慎勿散乱，如行兵与纪律。兵法云：纪律不乱，敌不敢攻，此之谓也。凡与人交手前腿要向里合，以防腿固。兵法所谓：行阵严整，不畏敌攻者也。凡与人交手，如让我先打，我则虚打一手，着则更好，不着即疾速将手撤回，作为引手。彼如用手来破我手，其出手之时即我下手之时，此兵法所谓：及其阵未定而荡之者也。凡与人交手，如用虚手务要虚中藏实，彼如能破我手则虚，彼不能破我手则实也，此兵法所谓：虚则实之者也。凡与人交手，敌疑我强，必先小败，以骄其志。盖志骄则欺敌然后乘其疏而取之。此兵法所谓：骄其志而攻其怠也。凡与人交手，莫妙于善于诈语。如我欲取上，先招手向彼下路使其全神贯注在下部，则上路破绽全卖出矣。此兵法所谓：声东击西者也。凡与人交手，敌或败走，我不可逐追，当审其真伪，即或追之亦要处处留心，勿乱手脚。此兵法所谓：步步为营者也。凡与人交手我一人，敌亦一人，固宜逢强智取，逢弱力擒，为己所长，不可怯弱无往而不可。凡与人交手，我只一人，敌四五人或数十人。若于城邑院落之内，固宜先占地利，或据隧巷，或据窄口；若在平原则宜以纵跳为主，不必冒险入重围，相其空闲之处即我托足之所。彼众赶来转身即走：频频回顾，逼近者即乘势打之，着不着撒身又走，出险即息，罢之使赶，又复如前，则一可敌百矣。”

本书作者在《太极拳推手秘技》中说：“两人搭手相推出现‘顶牛’时，只要把对方打偏，破坏我被对方顶成的双重，顶牛自然瓦解。对方若用大力向我冲击而来，要采用闪身移步之法，使之落空。若对方硬拉硬拽，应就其拉拽之力，顺势随劲跟进而撞之，将其撞向后倒。对方若施技对我进行搬摔，我须周身放松，使对方顶空，而无法施之。对方若用抱摔摔我时，最好的办法是伸手给对方一个横力，打在对方前胸上，使其向我背后跌出。对方若要施用擒拿之法，控制我的关节时，我应突然放松被拿控之关节，放松的同时将反关节旋顺成顺关节。有时还需身体里进，尽量贴近对方身体，这样则可放松下来，解除被拿控的局面。忌向外挣，有时是越挣越紧。以上方法巧妙施之无有不效。”这些技法虽然说只是“太极拳推手的技法，但也适合于散手技击。本书作者曾在《武术论》里说：“打法不外乎内、外两家，外家打法追求‘三字诀’，‘快、准、狠’，发力刚强，力法快长，发劲由松到紧的过程，讲究‘寸’劲；内家打法讲究‘听、化、发’三字，发劲沉着松静，发劲时由收缩变为伸张，是由紧到松的过程，追求‘整’劲。两者虽法各异，但目的相同，即制人取胜。”

第五章　85 式杨式太极拳功夫练法

第一节　桩功练习

桩功是一种外（形体）静、内（意气）动的修炼方法，是杨式太极拳的一项重要的基本功。拳谚曰：“百练不如一站”，“练拳无桩步，房屋无立柱。”拳理中又有“欲求技击妙用，须以站桩换劲为根始，所谓使其弱者转为强，拙者化为灵也”的精辟论述。由此可见，站桩既能增强体质，又是能提高技击能力的一种有效的方法。因此，桩功倍受太极拳家的重视。杨式太极拳常用的桩功有无极桩、太极桩、三体桩、四象桩等。

一、无极桩

【桩法】

两脚开步站立，与肩同宽，身体自然正直，两臂自然下垂于两腿外侧，头颈正直；目视前方。（图 5–1）

图 5-1

【练习要点】

两脚脚尖微内扣，身体自然正直，沉肩垂臂，虚领顶劲，胸背舒展，敛臀收腹，口轻合闭，颌部内收，舌舐上腭。全身放松。

【呼吸方法】

以鼻呼吸，采用腹式呼吸，呼吸均匀、深长。

【意念方法】

（一）意守丹田法

思想集中在丹田处，想象丹田随着呼吸逐渐充盈。

（二）循经导引法

吸气时想象丹田内气向下经会阴过长强向后上沿督脉行至百会穴。呼气时想象内气由百会穴向前下过膻中沿任脉沉入丹田穴。

【练习要求】

根据需要择取一种意念练习。每次坚持练习 5~30 分钟，每日练 1 ~ 2 次。

二、太极桩

【桩法】

图 5–2

右脚屈膝半蹲，左脚于右脚内侧，前脚掌着地，上体微右转，上体自然正直，右掌屈臂掤撑于右胸前，高与肩平，掌心向下，拇指侧向里，左掌屈臂于右腹前，掌心向上；目视于右掌前方。（图 5–2）

【练习要点】

两腿屈膝半蹲，右实左虚。上体不可前俯后仰，胸部必须宽松舒展。沉肩垂臂，虚领顶劲。两臂保持弧形，掤撑圆满，两掌上下相抱如抱球状。敛臀收腹，口轻合闭，颌部内收，舌舐上腭。

【呼吸方法】

以鼻呼吸，采用腹式呼吸，呼吸均匀、深长。

【意念方法】

（一）意守丹田法

思想集中在丹田处，想象丹田随着呼吸逐渐充盈。

（二）循经导引法

吸气时想象丹田内气向下经会阴过长强向后上沿督脉行至百会穴。呼气时想象内气由百会穴向前下过膻中沿任脉沉入丹田穴。

【练习要求】

根据需要择取一种意念练习。每次坚持练习 5 ~ 30 分钟后换式练习，方法相同，唯左右相反，每日练 1 ~ 2 次。

三、三体桩

【桩法】

右腿屈膝半蹲，右腿前上一步，脚跟着地，脚尖翘起，成为右虚步，上体左转自然正直，右屈微屈，右掌前伸于右肩前，腕高与肩平，指尖斜向上，虚口斜向里，左掌屈于右肘内前侧旁，指尖斜向前，虚口斜向上；目视右手食指尖前方。（图 5–3）

图 5–3

【练习要点】

两腿屈膝半蹲，左实右虚。上体不可前俯后仰，胸部必须宽松舒展。沉肩垂肘，虚领顶劲。两臂保持弧形，两掌相抱如抱琵琶状。敛臀收腹，口轻合闭，颌部内收，舌舐上腭。

【呼吸方法】

以鼻呼吸，采用腹式呼吸，呼吸均匀、深长。

【意念方法】

（一）意守丹田法

思想集中在丹田处，想象丹田随着呼吸逐渐充盈。

（二）循经导引法

吸气时想象丹田内气向下经会阴过长强向后上沿督脉行至百会穴。呼气时想象内气由百会穴向前下过膻中穴沿任脉沉入丹田穴。

四、四象桩

【桩法】

左腿屈膝半蹲，右腿挺膝蹬直，成为左弓步，上体左转自然正直，左掌屈臂掤左胸前，高与肩平，拇指侧在上，掌心向里，右掌屈肘按于右胯旁，掌心向下，指尖向前；目视前方。(图 5–4)

图 5–4

【练习要点】

右脚尖稍内扣，大腿要接近水平位置，两脚跟横向距离不超过10厘米。敛臀收腹，口轻合闭，颌部内收，舌舐上腭。上体不可前俯后仰，胸部必须宽松舒展。沉肩垂肘，虚领顶劲。两臂前后保持弧形。

【呼吸方法】

以鼻呼吸，采用腹式呼吸，呼吸均匀、深长。

【意念方法】

（一）意守丹田法

思想集中在丹田处，想象丹田随着呼吸逐渐充盈。

（二）循经导引法

吸气时想象丹田内气向下经会阴穴过长强穴向后上沿督脉行至百会穴。呼气时想象内气由百会穴向前下过膻中穴沿任脉沉入丹田穴。

【练习要求】

根据需要择取一种意念练习。每次坚持练习5～30分钟后换式练习，方法相同，唯左右相反，每日练1～2次。

第二节　基本动作

基本动作就是代表该拳的风格、特点，具有普遍性、规律性的典型动作，是整个技术套路的核心动作。

本书选择了“搂膝拗步”“野马分鬃”“玉女穿梭”“云手”“揽雀尾”5组典型动作为该拳的基本动作，进行反复练习，以外引内，以内导外，内外结合，使基本功训练获得的内劲，通过基本动作表现出来。以体现出杨式太极拳轻柔缓和、连贯均匀、圆活自然、协调完整、刚柔相济的特点和体用兼备的锻炼价值。练好基本动作是学好太极拳的前提，长期单练 5 个基本动作也能达到练太极拳同样效果。

一、搂膝拗步

【动作方法】

（一）开步直立

两脚横向分开半步，两腿微屈自然直立，头颈上顶，两臂自然下垂于腿两侧；目视前方。（图 5–5）

（二）两臂前举

两手臂缓缓向前平举，手指微屈，手心向下举至肩高，两臂距离同肩宽，肘微下垂；目视两手方向。（图 5–6）

图 5–5

图 5–6

（三）两掌下按

两腿屈膝半蹲，两掌轻轻下按，落至腹前，掌心均向下，掌与膝相对；目视前下方。（图 5–7）

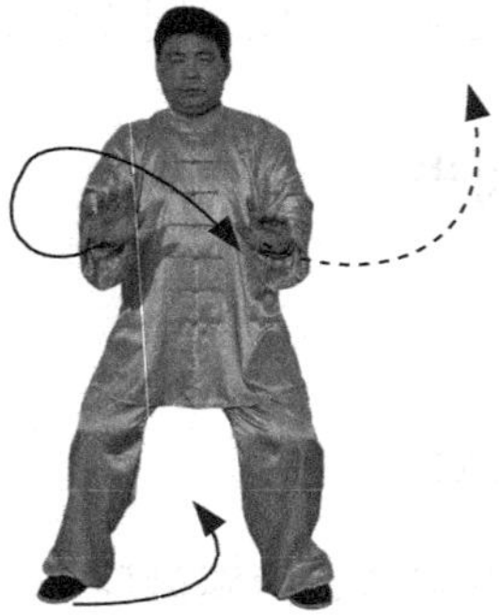

图 5–7

（四）转体收脚

上体微左转，身体重心移至左腿，右脚收至左腿内侧成丁步，同时，左掌外旋向下、向右上方划弧至于耳侧，掌心斜向上，右掌向上、向左下划弧至左胸前，掌心斜向下；目视左掌。（图 5–8）

图 5–8

（五）弓步搂推

上体右转，右脚向右迈出一步，脚跟先着地而后重心右移，全脚掌踏实，左腿自然蹬直脚跟外展成右弓步；同时右掌向右下经右膝前上搂过，按于右膝外上方，掌心向下，指尖向前，左掌屈收经耳侧向前推出，指尖高与鼻平，掌心向前；目视左掌。（图 5–9）

图 5–9

（六）转身收脚

上体后坐，身体重心移至左腿，右脚尖翘起内扣，全脚踏实，上体微左转，身体重心移至右腿，左脚轻轻提起收至右脚内侧成丁步，同时右掌外旋向右上划弧至耳旁，掌心斜向上，左掌同时收至左胸前，掌心斜向下；目视右掌。（图 5–10）

图 5-10

（七）弓步搂推

上体左转，左脚向左迈出一步，脚跟先着地而后重心左移，全脚掌踏实，右腿自然蹬直脚跟外展成左弓步；同时左掌向左下经左膝前上搂过，按于左膝外上方，掌心向下，指尖向前，右掌屈收经耳侧向前推出，指尖高与鼻平，掌心向前；目视右掌。（图 5-11）

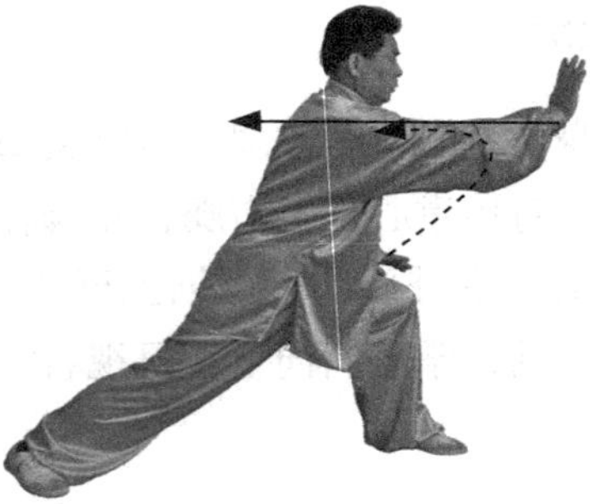

图 5-11

（八）两臂前举

上体后坐，身体重心移至右腿，上体右转随转身左脚收回，脚内扣踏实，右脚以前脚掌为轴，使脚跟向里碾转与左脚平行，重心移至两腿之间，成为开立步，随转身右手向右，左手向右上划弧至体前，两手臂前举至肩高，掌心均向下；目视两手方向。（图 5–12）

（九）两手按落

两手慢慢下按，落至两腿外侧，两腿伸起成开步直立；目视前方。（图 5–13）

图 5–12

图 5–13

【练习要点】

左右搂膝拗步动作过程中，要连贯协调，虚实分明。前手推出时，身体不可前俯后仰，要松腰松胯。推掌时要沉肩垂肘，坐腕舒掌，同时须与松腰，弓腿上下协调一致。

【练习要求】

“左、右搂膝拗步”反复连续做8次后，再做“两臂前举”和“两手按掌”进行收势。

【呼吸方法】

做“两臂前举”时吸气，“两掌下按”时呼气。再做“转身收脚”时吸气，“弓步搂推”时呼气。最后做“两臂前举”时吸气，“两手按落”时呼气。

【意念方法】

导引法：做“两臂前举”时想象气由两手沉入丹田，“两掌下按”时意想丹田内气注入两手。再做“转身收脚”时由两手返回丹田，“弓步搂推”时意想丹田内气注入两手。最后做“两臂前举”时气由两手沉入丹田，“两手按落”时意想丹田内气注入两手。

技击法：设想对方用脚向我下盘踢来，我用一手搂开对方来腿，并用另一手向对方胸部推击。

二、野马分鬃

【动作方法】

（一）开步直立

两脚横向分开半步，两腿微屈自然直立，头颈上顶，两臂自然下垂于腿两侧；目视前方。（图5–14）

图 5–14

（二）两臂前举

两手臂缓缓向前平举，手指微屈，手心向下举至肩高，两臂距离同肩宽，肘微下垂；目视两手方向。（图 5–15）

（三）两掌下按

两腿屈膝半蹲，两掌轻轻下按，落至腹前，掌心均向下，掌与膝相对；目视前下方。（图 5–16）

图 5–15

图 5–16

（四）虚步抱球

身体微右转，重心移至左腿，左腿屈膝半蹲，右脚稍里收上提，成为右虚步，同时，左手向左、向上、向右下划弧于左胸前，掌心向下，指尖向右，右手向左、向上划弧于右腹前，掌心向上，指尖向左，两手上下相对成抱球状；目视右前方。（图 5–17）

图 5-17

（五）弓步掤臂

身体稍右转，右脚前上一步，脚跟先着地，重心前移，逐渐全脚踏实，右腿屈膝半蹲，左腿自然挺膝蹬直，成为右弓步，同时，右手屈臂向前上掤出，高与肩平，掌心向里，拇指侧向上，左掌稍向前、向下经右掌心上方向左下划弧按于左胯旁，掌心向下，指尖向前；目视前方。（图 5-18）

图 5-18

（六）虚步抱球

身体左转，重心移至右腿，右腿屈膝半蹲，左脚里收上提，成为左虚步，同时，右手向右、向上、向左下划弧于右胸前，掌心向下，指尖向左，左手向右、向上划弧于左腹前，掌心向上，指尖向右，两手上下相对成抱球状；目视左前方。(图 5–19)

图 5–19

（七）弓步掤臂

身体稍左转，左脚前上一步，脚跟先着地，重心前移，逐渐全脚踏实，左腿屈膝半蹲，右腿自然挺膝蹬直，成为左弓步，同时，左手屈臂向前上掤出，高与肩平，掌心向里，拇指侧向上，右掌稍向前、向下经左掌心上方向右下划弧按于右胯旁，掌心向下，指尖向前；目视前方。（图 5–20）

图 5-20

（八）两臂前举

上体后坐，身体重心移至右腿，上体右转随转身左脚收回，脚内扣踏实，右脚以前脚掌为轴，使脚跟向里碾转与左脚平行，重心移至两腿之间，成为开立步，随转身右手向上、向右，左手向右划弧至体前，两手臂前举至肩高，掌心均向下；目视两手方向。（图 5-21）

图 5-21

（九）两手按落

图 5–22

两手慢慢下按，落至两腿外侧，两腿伸起成开步直立；目视前方。（图 5–22）

【练习要点】

上体不可前俯后仰，胸部必须宽松舒展。两臂分开时要保持弧形。身体转动时要以腰为轴，弓步动作与分手动作的速度要均匀一致。做弓步时，迈出的脚先是脚跟着地，然后脚掌慢慢踏实，脚尖向前，膝盖不超出脚尖，后腿自然伸直，前后脚夹角约成 45° ~ 60°。弓步时两脚横间距离 10 ~ 30 厘米。

【练习要求】

“右、左野马分鬃”反复连续做 8 次后，再做“两臂前举”和“两手按掌”进行收势。

【呼吸方法】

做“两臂前举”时吸气，“两掌下按”时呼气。再做“虚步抱球”时吸气，“弓步掤臂”时呼气。最后做“两臂前举”时吸气，“两手按落”时呼气。

【意念方法】

导引法：做“两臂前举”时想象气由两手沉入丹田，“两掌下按”时意想丹田内气注入两手。再做“虚步抱球”时由两手返回丹田，“弓步掤臂”时意想丹田内气注入两手。最后做“两臂前举”时气由两手沉入丹田，“两手按落”时意想丹田内气注入两手。

技击法：设想对方前上左脚，用左拳向我右腹部击打时，我收右脚，用右手粘托住对方来拳之臂，顺其劲向左下捋对方来拳。接着我用左手向下刁抓住对方左腕向左后回领其臂，并用右臂从对方左腋下穿过，用臂向右上掤击对方左腋及胸部，使对方后摔。

三、玉女穿梭

【动作方法】

（一）开步直立

两脚横向分开半步，两腿微屈自然直立，头颈上顶，两臂自然下垂于腿两侧；目视前方。（图 5-23）

（二）两臂前举

两手臂缓缓向前平举，手指微屈，手心向下举至肩高，两臂距离同肩宽，肘微下垂；目视两手方向。（图 5-24）

图 5-23

图 5-24

（三）两掌下按

两腿屈膝半蹲，两掌轻轻下按，落至腹前，掌心均向下，掌与膝相对；目视前下方。（图 5–25）

图 5–25

（四）提脚抱球

身体右转，重心移至左腿，屈膝半蹲，右脚屈膝提起，脚尖自然下垂，同时，左掌向左、向上、向右下划弧于左胸前，掌心向下，拇指侧在里，右手向左上划弧于右腹前，掌心向上，拇指侧向前，两手成抱球状；目视右前方。（图 5–26）

图 5–26

（五）上步摆掌

右脚前上一步，脚跟着地，成为右虚步，同时，右掌向前、向右上摆于头右前方，掌心向里，拇指侧斜向上，左掌稍向下屈于左肋旁，掌心向下，指尖向前；目视前方。（图 5–27）

图 5–27

（六）弓步架推

身体重心逐渐前移，右脚全脚掌着地，右腿屈膝半蹲，左腿自然挺膝蹬直成为右弓步，同时，上体右转，右掌内旋翻，向右上横架掌于头右上方，掌心斜向上，指尖向左，左掌向前推掌于胸前，掌心向前，指尖向上；目视左掌方向。（图 5–28）

图 5–28

（七）提脚抱球

身体左转，右脚内扣，重心移至右腿，屈膝半蹲，左脚屈膝提起，脚尖自然下垂，同时，右掌向下、向左、向上划弧于左胸前，掌心向下，拇指侧在里，左手向左上划弧于左腹前，掌心向里，拇指侧向上，两手成抱球状；目视左前方。（图 5–29）

图 5–29

（八）上步摆掌

左脚前上一步，脚跟着地，成为左虚步，同时，左掌向前、向左上摆于头左前方，掌心向里，拇指侧斜向上，右掌稍向下屈于右肋旁，掌心向下，指尖向前；目视前方。（图 5–30）

图 5–30

（九）弓步架推

身体重心逐渐前移，左脚全脚掌着地，左腿屈膝半蹲，右腿自然挺膝蹬直成为左弓步，同时，上体左转，左掌内旋翻，向左上横架掌于头左上方，掌心斜向上，指尖向右，右掌向前推掌于胸前，掌心向前，指尖向上；目视右掌方向。（图 5–31）

图 5–31

（八）两臂前举

上体后坐，身体重心移至右腿，上体右转，随转身左脚收回，脚内扣踏实，右脚以前脚掌为轴，使脚跟向里碾转与左脚平行，重心移至两腿之间，成为开立步，随转身右手向右，左手向右划弧至体前，两手臂前举至肩高，掌心均向下；目视两手方向。（图 5–32）

图 5-32

(九) 两手按落

两手慢慢下按，落至两腿外侧，两腿伸起成开步直立；目视前方。(图 5-33)

图 5-33

【练习要点】

手推出后，上体不可前俯，手向上举时，防止引肩上耸。一手上举一手前推要与弓腿松腰上下协调一致。做弓步时，两脚跟的横向距离在 30 厘米左右。

【练习要求】

“右、左玉女穿梭”反复连续做 8 次后，再做“两臂前举”和“两手按掌”进行收势。

【呼吸方法】

做“两臂前举”时吸气，“两掌下按”时呼气。再做“提脚抱球”时吸气，“上步摆掌”“弓步架推”时呼气。最后做“两臂前举”时吸气，“两手按落”时呼气。

【意念方法】

导引法：做“两臂前举”时想象气由两手行至丹田，“两掌下按”时意想丹田内气行至两手。再做“提脚抱球”时想象气由两手行至丹田，“上步摆掌”“弓步架推”时意想丹田内气行至两手。最后做“两臂前举”时想象气由两手行至丹田，“两手按落”时意想丹田内气行至两手。

技击法：设想对方左脚前上一步，同时，用左拳向我面部击打。我提右脚躲开对方左脚并前上右脚于对方左腿外后侧绊住其腿，右臂向右上架开对方来拳，然后用左掌向对方胸部推击。

四、云手

【动作方法】

(一) 开步直立

两脚横向分开半步，两腿微屈自然直立，头颈上顶，两臂自然下垂于腿两侧；目视前方。(图 5–34)

图 5–34

（二）两臂前举

两手臂缓缓向前平举，手指微屈，手心向下举至肩高，两臂距离同肩宽，肘微下垂；目视两手方向。（图 5–35）

（三）两掌下按

两腿屈膝半蹲，两掌轻轻下按，落至腹前，掌心均向下，掌与膝相对；目视前下方。（图 5–36）

图 5–35

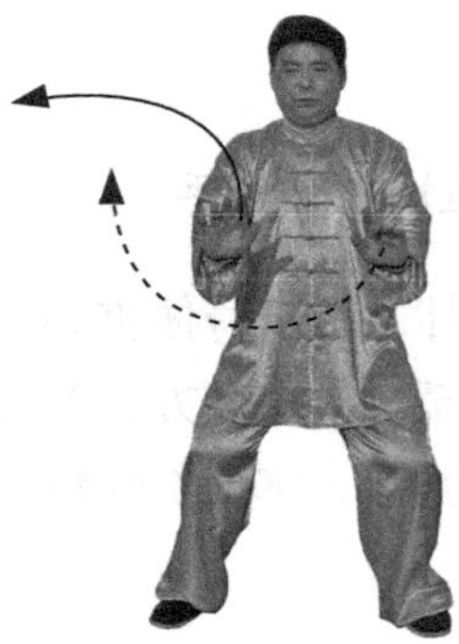

图 5–36

（四）旋臂翻掌

上体稍右转，右掌向上、向右下划弧至身体右侧，掌心向前，指尖斜向右，左掌向右、向上划弧至右肩前侧，掌心向内，拇指侧向上；目视右掌方向。（图 5–37）

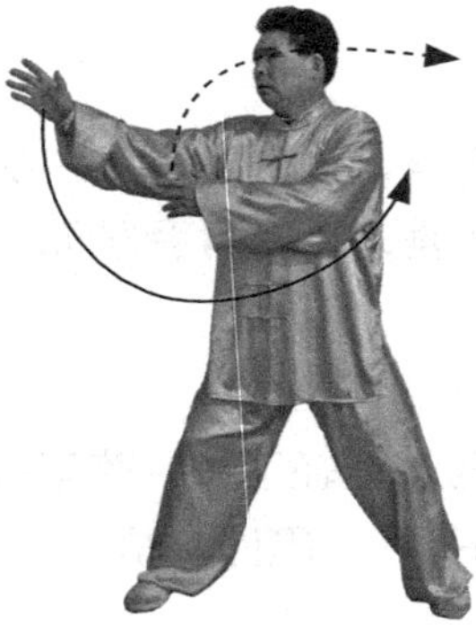

图 5-37

（五）左转云手

上体左转，身体重心移至左腿，同时，左掌自右经面前向左划弧至身体左前方，腕与肩平，右掌自右向下经腹前向左划弧至左胸前，掌心由外转向内；目视左掌。（图 5-38）

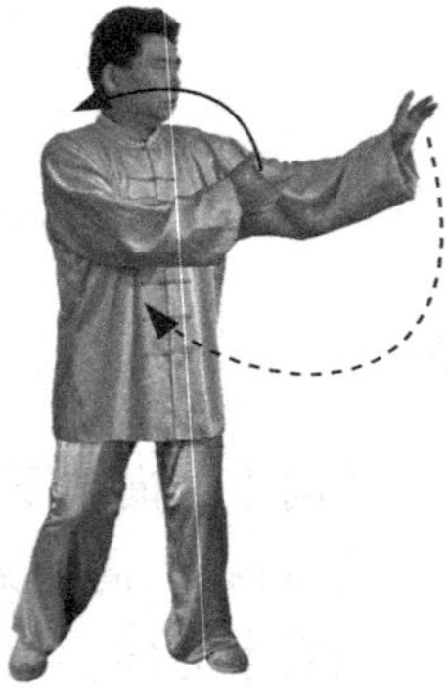

图 5-38

（六）右转云手

上体右转，身体重心移至右腿，同时，右掌自左经面前向右划弧至身体右前方，腕高与肩平，左掌自左向下经腹前向右划弧至右胸前，掌心由外转向内；目视右掌。（图 5–39）

图 5–39

（七）两臂前举

上体左转，身体重心左移，移至两腿之间，成为开立步，随转身左手向左，右手向右划弧至体前，两手臂前举至肩高，掌心均向下；目视两手方向。（图 5–40）

图 5–40

（八）两手按落

两手慢慢下按，落至两腿外侧，两腿伸起成开步直立；目视前方。（图 5-41）

图 5-41

【练习要点】

云手要以腰椎为轴，左右旋转带动两手臂在体前交互划圆来完成。腰椎转动时要松腰、松胯，不可忽高忽低。两臂随之转动要自然圆活，速度要缓慢均匀。

【练习要求】

反复连续做 8 次后，再做“两臂前举”和“两手按落”进行收势。

【呼吸方法】

做“两臂前举”时吸气，“两掌下按”时呼气。再做“左转云手”时吸气，“右转云手”时呼气。最后做“两臂前举”时吸气，“两手按落”时呼气。

【意念方法】

导引法：做“两臂前举”时想象气由两手行至丹田，“两掌下按”时意想丹田内气行至两手。再做“左转云手”时想象气由两手行至丹田，“右转云手”时意想丹田内气行至两手。最后做“两臂前举”时想象气由两手行至丹田，“两手按落”时意想丹田内气行至两手。

技击法：设想对方用右拳向我面部击打。我用左手向左横拨开对方来前之腕，防开对方来拳，接着用右手搬住对方右肘向右上搬拉，使对方肘伤。

五、揽雀尾

【动作方法】

（一）并步直立

两脚并步，两腿微屈自然直立，头颈上顶，两臂自然下垂于腿两侧；目视前方。（图 5–42）

（二）开步站立

左脚向左横开与肩同宽，两腿微屈自然直立，头颈上顶，两臂自然下垂于腿两侧；目视前方。（图 5–43）

图 5–42

图 5–43

（三）两臂前举

两手臂缓缓向前平举，手指微屈，手心向下举至肩高，两臂距离同肩宽，肘微下垂；目视两手方向。（图 5–44）

（四）屈膝按掌

两腿屈膝，两掌下按，两肘下垂与膝相对；目视前方。（图 5–45）。

图 5–44

图 5–45

（五）抱球收脚

身体左转，重心移至右腿，左脚里收半步，脚尖着地成为左虚步，右手向右、向上、向左下划弧屈于右胸前，掌心向下，指尖向左，左手向左、向下、向右下划弧于腹前，掌心向上，指尖向右，两手相对成抱球状；目视左手。（图 5–46）。

图 5-46

（六）左弓步掤臂

身体稍左转，左脚前上一步，脚跟先着地，重心前移，逐渐全脚踏实，左腿屈膝半蹲，右腿自然挺膝蹬直，成为左弓步，同时，左手屈臂向前上掤出，高与肩平，掌心向里，拇指侧向上，右掌稍向前、向下经左掌心上方向右下划弧按于右胯旁，掌心向下，指尖向前；目视前方。（图 5-47、图 5-48）

图 5-47

图 5-48

（七）转身后捋

上体稍向左转，左手随即前伸翻掌向下，右手翻向上，经腹前向上、向前伸至左前臂下方，然后两手一齐下捋，即上体向右转，两手经腹前向右后方划弧直至右手心向上，高与胸齐，左臂平屈于胸前，手心向后，同时身体重心移至右腿；目视右手。（图 5–49、图 5–50）

图 5–49

图 5–50

（八）弓步前挤

上体稍向左转，右臂屈肘折回，右手屈于左臂腕里侧，上体继续左转至面向前方，双手同时向前慢慢挤出，左手心向后，右手心向前，两臂要保持成半圆，同时身体重心逐渐前移成左弓步；目视左手腕部。（图 5–51、图 5–52）

图 5–51

图 5–52

（九）后坐收掌

右手经左腕上方向前、向右伸出，与左手齐平，手心向下，左手随即翻掌向下；两手左右分开与肩同宽，然后上体后坐身体重心移至右腿，左脚尖翘起，同时两臂屈肘收至腹前，手心均向前下方；目视前方。（图 5–53、图 5–54）。

图 5–53

图 5–54

（十）弓步按掌

上动不停，两手慢慢继续向后收，然后经腹前，再向前、向上按出，掌心向前，手腕高与肩平，同时身体重心前移，左腿弓成左弓步；目视前方。(图 5–55)。

图 5–55

（十一）转身换式

上体后坐并向右转，身体重心移至右腿，左脚尖里扣，同时，右手向右平行划弧至右侧，再向下划弧于身体右侧，掌心向下，指尖向右，左手向下经腹前向右上划弧经右肘内侧旁向上划弧于右上臂上方掌心向后，拇指侧向右；目视右手方向。(图 5–56、图 5–57)。

图 5–56

图 5–57

（十二）抱球收脚

身体右转，重心移于左腿，右脚里收半步，脚尖着地成为右虚步，左手向上、向左划弧平屈于左胸前，掌心向下，指尖向右，右手向下、向左划弧于腹前，掌心向上，指尖向左，两手相对成抱球状；目视右手。（图5–58）。

图 5–58

（十三）右弓步掤臂

身体稍右转，右脚前上一步，脚跟先着地，重心前移，逐渐全脚踏实，右腿屈膝半蹲，左腿自然挺膝蹬直，成为右弓步，同时，右手屈臂向前上掤出，高与肩平，掌心向里，拇指侧向上，左掌稍向前、向下经右掌心上方向左下划弧按于左胯旁，掌心向下，指尖向前；目视前方。（图 5–59、图 5–60）

图 5–59

图 5–60

（十四）转身后捋

上体稍向右转，右手随即前伸翻掌向下，左手翻向上，经腹前向上、向前伸至右前臂下方，然后两手一齐下捋，即上体向左转，两手经腹前向左后方划弧直至左手心向上，高与胸齐，右臂平屈于胸前，手心向后，同时身体重心移至左腿；目视左手。（图 5-61、图 5-62）

图 5-61

图 5-62

（十五）弓步前挤

上体稍向右转，左臂屈肘折回，左手屈于右臂腕里侧，上体继续右转至面向前方，双手同时向前慢慢挤出，右手心向后，左手心向前，两臂要保持成半圆，同时身体重心逐渐前移成右弓步；目视右手腕部。（图 5-63、图 5-64）

图 5–63

图 5–64

（十六）后坐收掌

左手经右腕上方向前、向左伸出，与右手齐平，手心向下，右手随即翻掌向下。两手左右分开与肩同宽，然后上体后坐身体重心移至左腿，右脚尖翘起，同时两臂屈肘收至腹前，手心均向前下方；目视前方。（图 5–65、图 5–66）

图 5–65

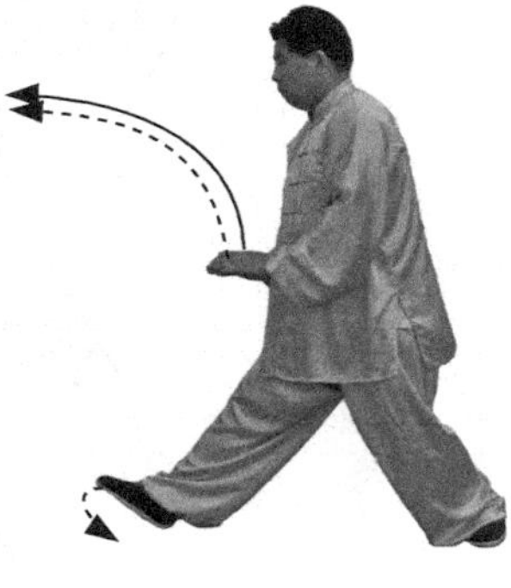

图 5–66

（十七）弓步按掌

图 5–67

上动不停，两手慢慢继续向后收，然后经腹前，再向前、向上按出，掌心向前，手腕高与肩平，同时身体重心前移，右腿弓成右弓步；目视前方。（图 5–67）

（十八）扣脚分手

左腿屈膝后坐，身体重心移向左腿，脚尖里扣，向左转身，左手随着转身动作向左平摆划弧与右手成两臂侧平举，掌心向前，肘部微屈，同时左脚尖随着转身稍向外撇，成左侧弓步；目视右手。（图 5–68）

图 5–68

（十九）收脚合抱

身体重心移于左腿，右脚轻轻收提起向左收回，在距离左脚约一肩宽处落地，成开立步，随之身体慢慢直立，同时两手继续下落经腹前再向上划弧交叉合抱于胸前，右手在外，手心均向里，腕高与肩平；目视前方。（图 5–69）。

图 5–69

（二十）翻掌前撑

两手向外翻掌前撑；目视前方。（图 5–70）。

图 5–70

（二十一）分手下落

两臂慢慢分开下落至两胯侧；目视前方。（图 5–71、图 5–72）

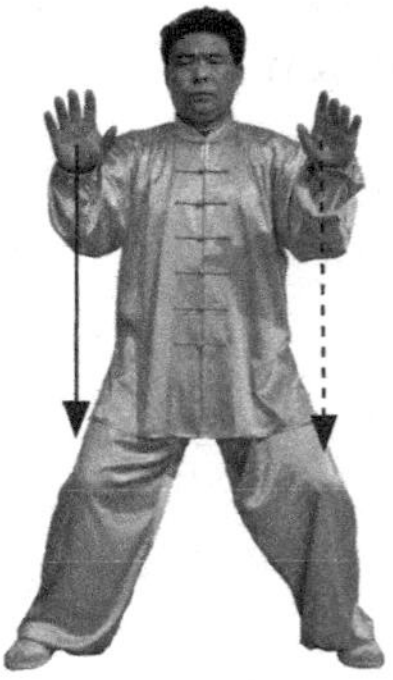

图 5–71

图 5–72

（二十二）并步还原

身体重心慢慢移至右腿，左脚脚跟先离地随即全脚轻轻提起收至右脚旁，前脚掌先着地，随即全脚踏实，脚尖向正前，两脚并拢；目视前方。（图 5–73）

图 5–73

【练习要点】

掤出时两臂前后均保持弧形。分手、松腰、弓腿三者必须协调一致。下捋时，上体不可前倾，臀部不要凸出。两臂下捋须随腰旋转，仍走弧线。前挤时，上体要正直。挤的动作要与松腰、弓腿相一致。向前按时，两手须直曲线，腕部高与肩平，两肘微屈。转身换式要以腰为轴，松腰、松胯，不可忽高忽低，两臂随腰的转动而运转，要自然圆活，速度缓慢均匀。两手分开与合抱时，上体不要前俯。站起后身体自然正直，头要微上顶，颌部稍向后收，两臂环抱时须圆满舒适，沉肩垂肘。两手落下，要注意全身放松。

【练习要求】

做到“(十七) 弓步按掌”时，接做“(五) 抱球收脚”，如此反复连续做8次后，再做“(十八) 扣脚分手”“(十九) 收脚合抱”“(二十) 翻掌前撑”“(二十一) 分手下落”“(二十二) 并步还原”进行收势。

【呼吸方法】

做“开步站立”的提脚开步时吸气，落步踏实时呼气。“两臂前举”时吸气，“屈膝按掌”时呼气。“抱球收脚”时吸气，“左弓步掤臂”时呼气。“转身后捋”时吸气，“弓步前挤”时呼气。“后坐收掌”时吸气，“弓步按掌”时呼气。“转身换式”前半动作时吸气，后半动作时呼气。“扣脚分手”时吸气，“收脚合抱”“翻掌前撑”时呼气。“分手下落”时吸气，“并步还原”时呼气。

【意念方法】

导引法：做“开步站立”的提脚开步时想象气由两脚行至丹田，落步踏实时意想丹田内气行至两脚。“两臂前举”时想象气由两手行至丹田，“屈膝按掌”时意想丹田内气行到两手。“抱球收脚”时想象气由两手行至丹田，“左弓步掤臂”时意想丹田内气行到两手。“转身后捋”时想象气由两手行至丹田，“弓步前挤”时意想丹田内气行到两手。“后坐收掌”时想象气由两手行至丹田，“弓步按掌”时意想丹田内气行到两手。“转身换式”前半动作时想象气由两手行至丹田，后半动作时意想丹田内气行到两手。“扣脚分手”时想象气由两手行至丹田，“收脚合抱”“翻掌前撑”时意想丹田内气行到两手。“分手下落”时想象气由两手行至丹田，“并步还原”时意想丹田内气充盈。

技击法：设想对方前上左脚一步，同时用左拳向我胸部击打。我用左手刁抓住对方左腕，顺其劲向左后回领其臂。当对方回抽左臂时，我借其劲，用右脚绊住对方左腿，并用右臂从对方左腋下向右掤击对方左腋及胸部。若对方左拳打来我左手刁抓住其腕时，而对方不回抽其臂。我用右手固于对方左肘关节部，顺其来拳之劲向左后捋领其臂，使其臂肘受制。当对方被捋，向后回抽左臂时，我借其回抽劲，用右前臂向右前挤对方胸部，将其挤出。若对方化丢我之对其胸部的挤劲，我借势固住对方两臂于其胸前，向前上按推，将其推出。

第六章　相关基础知识

第一节　人体经络

人体经络是人体内经脉和络脉的总称。“经”有路径的意义，是经络系统中直行的干线，多循行于深部。“络”有网络的意义，为经的分支，犹如网络一样遍布周身，无处不至，分布部位较浅。经络是运行全身气血，联络全身脏腑肢节，沟通，上下，内外，调节体内各部分的通路。由于经络遍布全身，有规律性的循行和错综复杂的交会，把人体的五脏六腑，四肢百骸，五官九窍和皮肉筋脉等组织器官联结成一个有机的整体。

经络系统由经脉、络脉，十二经别，十二经筋，十二皮部等组成。经脉主要有十二经脉和奇经八脉两大类，络脉有别络，孙络，浮络。现将经络的组成用图 6-1 表示。

- 经络
  - 经脉
    - 十二正经
      - 手三阴经
        - 手太阴肺经
        - 手少阴心经
        - 手厥阴心包经
      - 手三阳经
        - 手阳明大肠经
        - 手太阳小肠经
        - 手少阳三焦经
      - 足三阴经
        - 足太阴脾经
        - 足少阴肾经
        - 足厥阴肝经
      - 足三阳经
        - 足阳明胃经
        - 足太阳膀胱经
        - 足少阳胆经
    - 奇经八脉
      - 督脉　任脉
      - 冲脉　带脉
      - 阴维脉　阳维脉
      - 阴络脉　阳络脉
  - 络脉
    - 别络——共十五、为主要络脉，有别走邻经之意
    - 孙络——别络之细小分支
    - 浮络——浮现于体表的络脉
  - 其他
    - 十二经别——十二经脉别出的正经
    - 十二经筋——起于四肢末端，分布在四肢，躯体不入内脏
    - 十二皮部——皮肤部分的经络分区

图 6–1

在杨式太极拳套路里最常用的主要有十二正经和督、任两脉。现分别介绍如下：

一、十二经脉

（一）手太阴肺经（图 6–2）

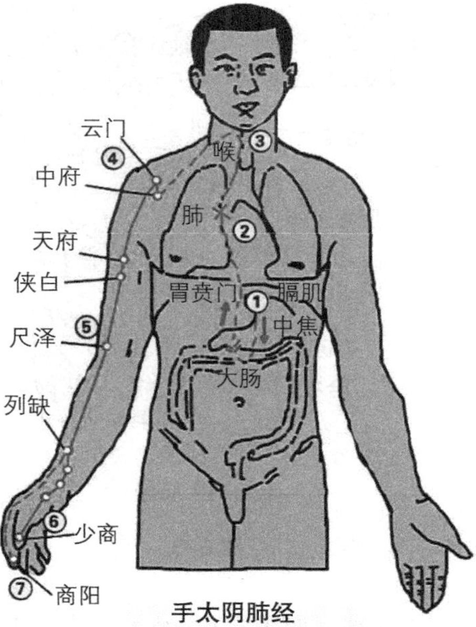

图 6–2

手太阴肺经起于中焦，下络大肠，还循胃口（下口幽门、上口贲门），通过膈肌；属肺，至喉部，横行至胸部外上方（中府穴），出腋下，沿上肢内侧前缘下行，过肘窝入寸口上鱼际，直出拇指之端（少商穴）。

分支：从手腕的后方（列缺穴）分出，沿掌背侧走向食指桡侧端（商阳穴），交于手阳明大肠经。

（二）手阳明大肠经（图 6–3）

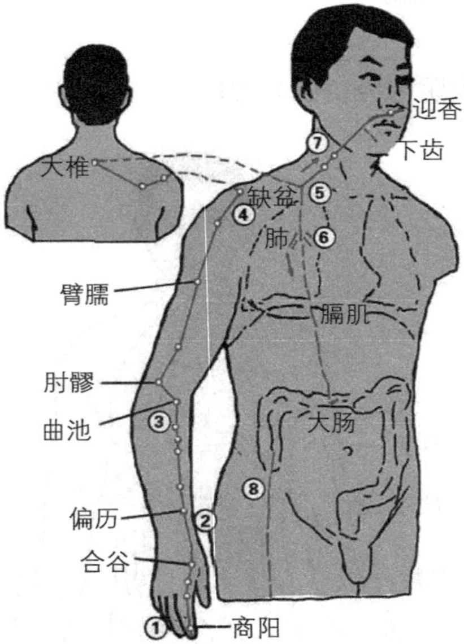

手阳明大肠经

图 6–3

起于食指桡侧端（商阳穴），经过手背行于上肢外侧前缘，上肩，至肩关节前缘，向后到第七颈椎棘突下（大椎穴），再向前下行入锁骨上窝（缺盆），进入胸腔络肺，向下通过膈肌下行，属大肠。

分支：从锁骨上窝上行，经颈部至面颊，入下齿中，回出挟口两旁，左右交叉于人中，至对侧鼻翼旁（迎香穴），交于足阳明胃经。

（三）足阳明胃经（图 6–4）

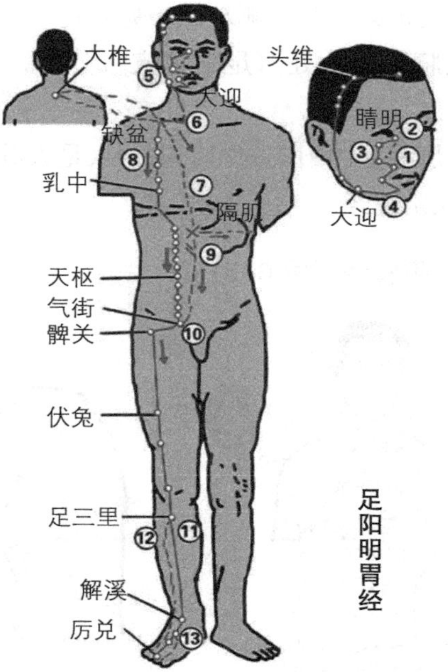

图 6–4

起于鼻翼旁（迎香穴），挟鼻上行，左右侧交会于鼻根部，旁行入目内眦，与足太阳经相交，向下沿鼻柱外侧，入上齿中，还出挟口两旁，环绕嘴唇，在颏唇沟承浆穴处左右相交，退回沿下颌骨后下缘到大迎穴处，沿下颌角上行耳前，经过上关穴（客主人），沿发际，到额前。

分支：从大迎穴前方下行到人迎穴，沿喉咙向下后行至大椎，折向前行，入缺盆，深入体腔，下行穿过膈肌，属胃络脾。

直行者：从缺盆出体表，沿乳中线下行，挟脐两旁（旁开二寸），下行至腹股沟处的气街穴。

分支：从胃下口幽门处分出，沿腹腔内下行到气街穴，与直行之脉会合，而后下行大腿前侧，至膝膑，沿下肢胫骨前缘下行至足背，入足第二趾外侧端（厉兑穴）。

分支：从膝下三寸处（足三里穴）分出，下行入中趾外侧端。

分支：从足背上冲阳穴分出，前行入足大趾内侧端（隐白穴），交于足太阴脾经。

（四）足太阳脾经（图 6–5）

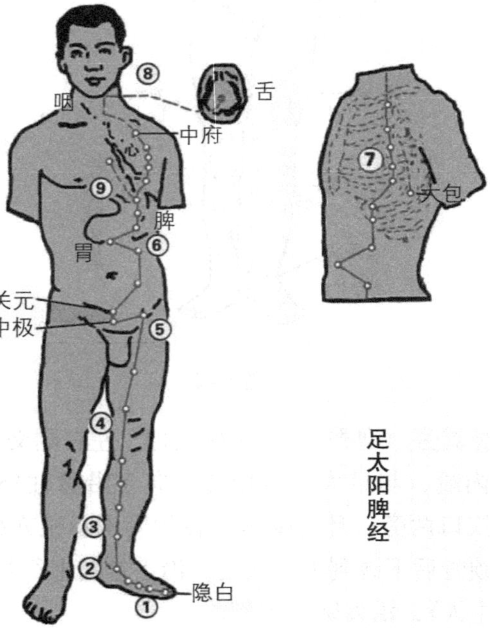

图 6–5

起于足大趾内侧端（隐白穴），沿内侧赤白肉际，上行过内踝的前缘，沿小腿内侧正中线上行，在内踝上八寸处，交出足厥阴肝经之前，上行沿大腿内侧前缘进入腹部，属脾，络胃。向上穿过膈肌，沿食道两旁，连舌本，散舌下。

分支：从胃别出，上行通过膈肌，注入心中，交于手少阴心经。

（五）手少阴心包经（图 6–6）

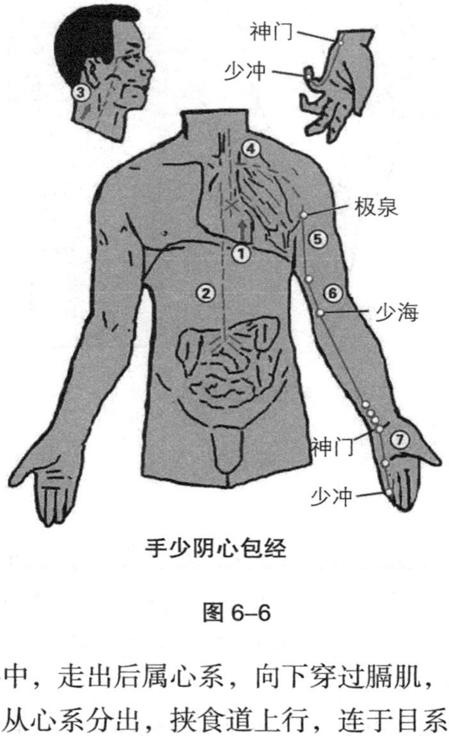

手少阴心包经

图 6–6

起于心中，走出后属心系，向下穿过膈肌，络小肠。

分支：从心系分出，挟食道上行，连于目系。

直行者：从心系出来，退回上行经过肺，向下浅出腋下（极泉穴），沿上肢内侧后缘，过肘中，经掌后锐骨端，进入掌中，沿小指桡侧，出小指桡侧端（少冲穴），交于手太阳小肠经。

（六）手太阳小肠经（图 6–7）

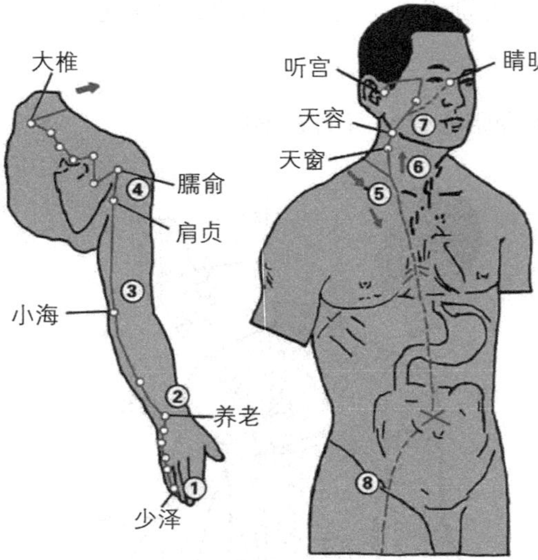

手太阳小肠经

图 6–7

起于小指外侧端（少泽穴），沿手背、上肢外侧后缘，过肘部，到肩关节后面，绕肩胛部，交肩上（大椎穴），前行入缺盆，深入体腔，络心，沿食道，穿过膈肌，到达胃部，下行，属小肠。

分支：从缺盆出来，沿颈部上行到面颊，至目外眦后，退行进入耳中（听宫穴）。

分支：从面颊部分出，向上行于眼下，至目内眦（睛明穴），交于足太阳膀胱经。

（七）足太阳膀胱经（图 6–8）

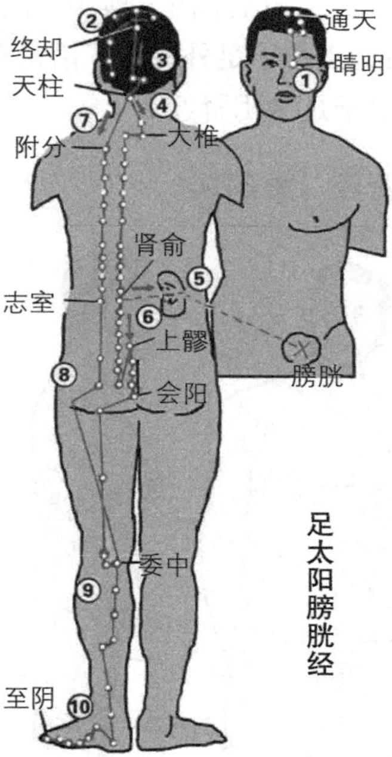

图 6–8

起于目内眦（睛明穴），向上到达额部，左右交会于头顶部（百会穴）。

分支：从头顶部分出，到耳上角部。

直行者：从头顶部分别向后行至枕骨处，进入颅腔，络脑，回出分别下行到项部（天柱穴），下行交会于大椎穴，再分左右沿肩胛内侧，脊柱两旁（一寸五分），到达腰部（肾俞穴），进入脊柱两旁的肌肉（膂），深入体腔，络肾，属膀胱。

分支：从腰部分出，沿脊柱两旁下行，穿过臀部，从大腿后侧外缘下行至腘窝中（委中穴）。

分支：从项分出下行，经肩胛内侧；从附分穴挟脊（三寸），下行至髀枢，经大腿后侧至腘窝中与前一支脉会合，然后下行穿过腓肠肌，出走于足外踝后，沿足背外侧缘至小趾外侧端（至阴穴），交于足少阴肾经。

（八）足少阴肾经（图 6–9）

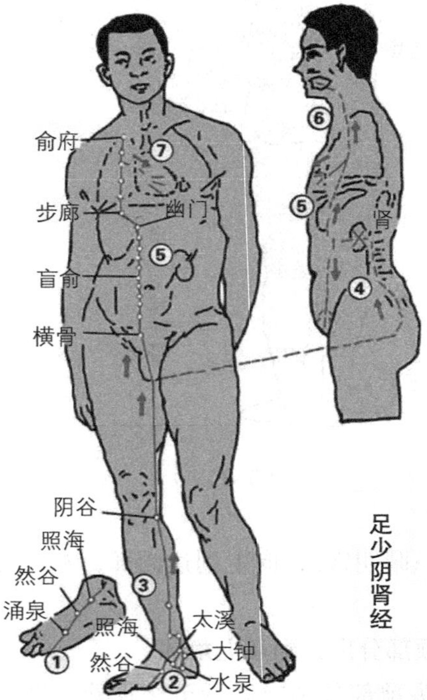

图 6–9

起于足小指下，斜行于足心（涌泉穴），出行于舟骨粗隆之下，沿内踝后，分出进入足跟，向上沿小腿内侧后缘，至腘内侧，上股内侧后缘入脊内（长强穴），穿过脊柱，属肾，络膀胱。

直行者：从肾上行，穿过肝和膈肌，进入肺，沿喉咙，到舌根两旁。

分支：从肺中分出，络心，注于胸中，交于手厥阴心包经。

（九）手厥阴心包经（图 6–10）

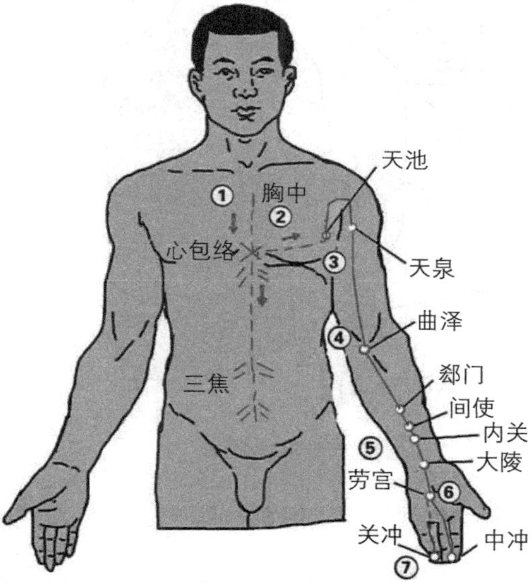

手厥阴心包经

图 6–10

起于胸中，出属心包络，向下穿过膈肌，依次络于上、中、下三焦。

分支：从胸中分出，沿胸浅出肋部当腋下三寸处（天池穴），向上至腋窝中，沿上肢内侧中线入肘，过腕部，入掌中（劳宫穴），沿中指桡侧，出中指桡侧端（中冲穴）。

分支：从掌中分出，沿无名指出其尺侧端（关冲穴），交于手少阳三焦经。

（十）手少阳三焦经（图 6–11）

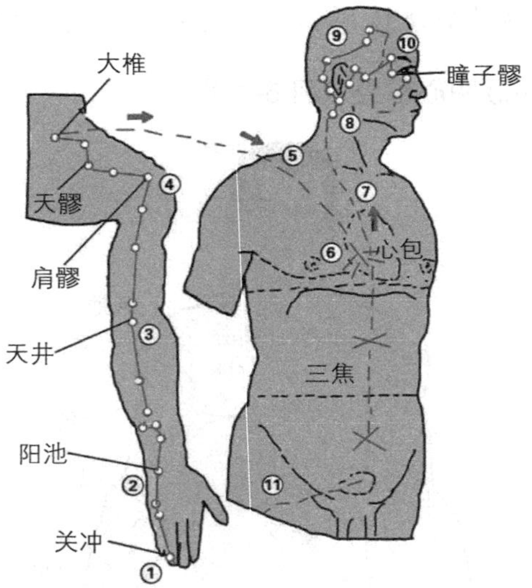

图 6–11

起于无名指末端（关冲穴），向上沿无名指尺侧至手腕背面，上行尺骨、桡骨之间，通过肘尖，沿上臂外侧向上至肩部，向前行入缺盆，布于膻中，散络心包，穿过膈肌，依次属上、中、下三焦。

分支：从膻中穴分出，上行出缺盆，至肩部，左右交会于大椎，上行到项，沿耳后（翳风穴），直上出耳上角，然后屈曲向下经面颊部至目眶下。

分支：从耳后分出，进入耳中，出走耳前，经上关穴前，在面颊部与前一分支相交，至目外眦（瞳子髎穴），交于足少阳胆经。

（十一）足少阳胆经（图 6–12）

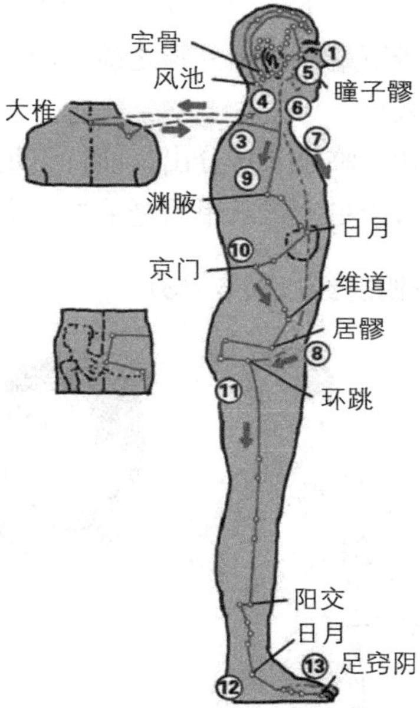

足少阳胆经

图 6–12

起于目外眦（瞳子髎穴）上至头角（颔厌穴）。再向下到耳后（完骨穴），再折向上行，经额部至眉上（阳白穴），又向后折至风池穴，沿颈下行至肩上，左右交会于大椎穴，前行入缺盆。

分支：从耳后进入耳中，出走于耳前，到目外眦后方。

分支：从目外眦分出，下行至大迎穴，同手少阳经分布于面颊部的支脉相合，行至目眶下，向下的经过下颌角下行至颈部，与前脉会合于缺盆后，进入体腔，穿过膈肌，络肝，属胆，沿胁肋浅出气街，绕毛际，横向至环跳穴处。

直行者：从缺盆下行至腋，沿胸侧，过季肋，下行至环跳穴处与前脉会合，再向下沿大腿外侧、膝关节外缘，行于腓骨前面，直下至腓骨下端，浅出外踝之前，沿足背行出于足第四趾外侧端（窍阴穴）。

分支：从足背（临泣穴）分出，前行出足大趾外侧端，折回穿过指甲，分布于足大趾爪甲后毫毛处，交于足厥阴肝经。

（十二）足厥阴肝经（图 6–13）

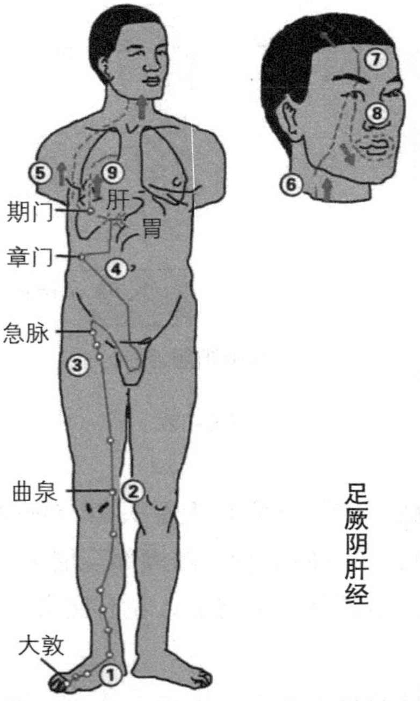

图 6–13

起于足大趾甲后毫毛处，向上沿足背至内踝前一寸处（中封穴），向上沿胫骨内缘，在内踝上八寸处交出足太阴脾经之后，上行过膝内侧，沿大腿内侧中线进入阴毛中，绕阴器，至小腹，挟胃两旁，属肝，络胆，向上穿过膈肌，分布于胁肋部，沿喉咙的后边，向上进入鼻咽部，上行连接目系，出于额，上行与督脉会于头顶部。

分支：从目系分出，下行于颊里，环绕在口唇的里边。

分支：从肝分出，穿过膈肌，向上注入肺，交于手太阴肺经。

从以上十二经脉的命名及分布等情况不难看出，它是根据脏属阴，腑属阳，内侧为阴，外侧为阳的原则，把各经按照所属脏腑结合循行于四肢的部位订出各经名称的。

十二经脉在四肢分布是太阴，阳明在前；厥阴，少阳在中间；少阴，太阳在后。在躯干部，手足三阳经分布在头面、躯干的前、后、侧；手足三阴经则分布在胸腹部。

十二经脉在体内各属，络于一定的脏腑，阳经属腑而络脏，阴经属脏而络腑，组成表（阳）里（阴）相结合的关系。各经之间又相互衔接，成为全面运行的主要通路。其中有一定穴位，是气血输注于体表的部位。十二经脉对称地分布于人体的两侧，沿着一定的方向循行。其总的循行交接规律是：

手三阴，从胸（经臂内侧）走手，交手三阳。

手三阳，从手（经臂外侧）到头，交足三阳。

足三阳，从头（经腿外侧）走足，交足三阴。

足三阴，从足（经腿内侧）走胸，交手三阴。

这样构成一个“阴阳相贯，如环无端”的循行径路。（图6–14）

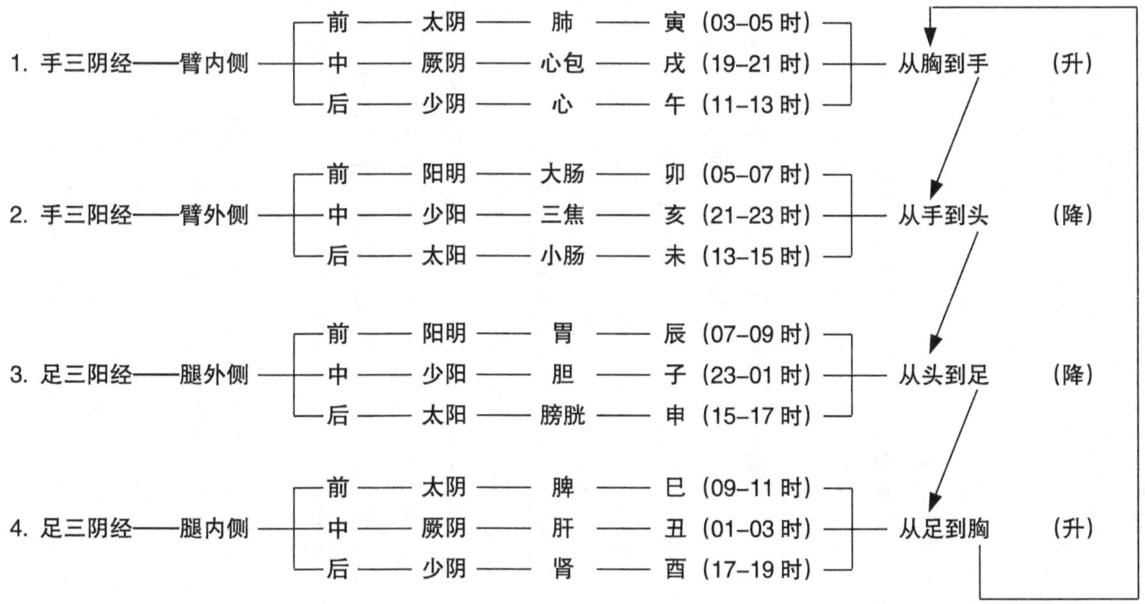

安氏十二经脉循行交接规律图

图 6–14

十二经脉是气血流注的通路。经脉中的气血运行是照应时辰一经接一经，手足阴阳经互相衔接，循环相贯的。循行开始于手太阴肺经，依次传至足厥阴肝经，再传至手太阴肺经，首尾相贯，环流不息。其次序如图 6-15 所示。

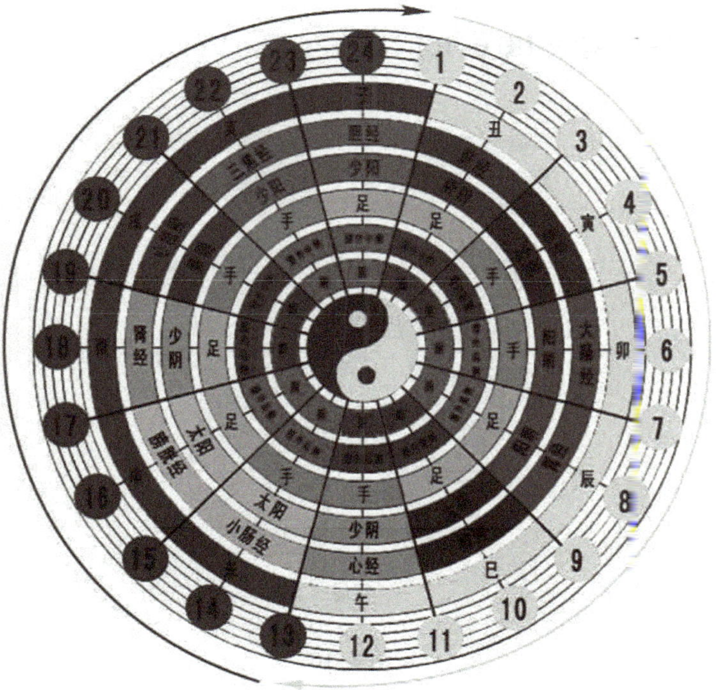

安氏十二经脉循行流注图

图 6-15

二、督任两脉

任督两脉原属于奇经八脉，督脉主气，为阳脉之海；任脉主血，为阴脉之海。因其在杨式太极拳中作用巨大，故专对此两脉加以介绍。

（一）督脉（图 6–16）

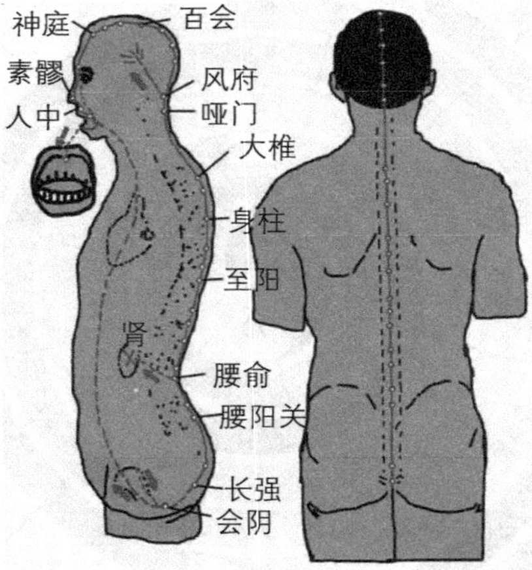

督脉

图 6–16

督，有总督的意思。督脉行于背正中，能总督一身之阳经，故称为“阳脉之海”。

起于小腹内，下出会阴，沿脊柱里面上行，至项后风府穴处进入颅内，络脑，并由项沿头部正中线，经头顶、额部、鼻部、上唇，到上唇系带处。

分支：从脊柱里面分出，属肾。

分支：从小腹内部直上，贯脐中央，上贯心，到喉部，再向上到下颌部，环绕口唇。向上至两眼下部的中央。

（二）任脉（图 6–17）

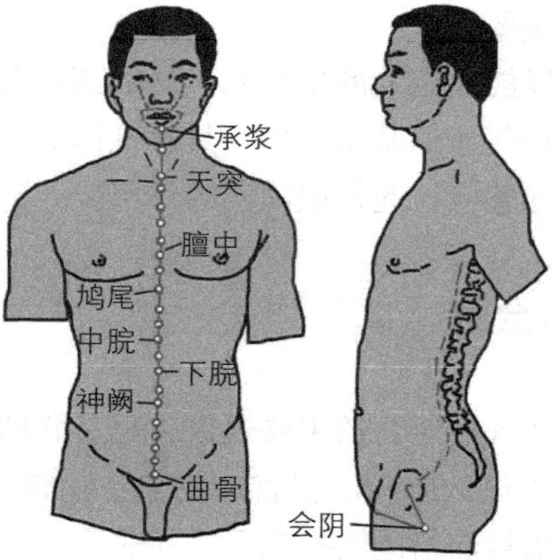

任脉

图 6–17

任，即担任。任脉行于胸部的正中，能总任一身之阴经，故有“阴脉之海”的称号。任还有“妊养”的意思，其脉起于小腹内，在女子具有妊育胎儿的作用，所以又有“任主胞胎”的说法。

起于小腹内，下出会阴穴，经阴阜沿腹部和胸部正中线上行，至咽喉，上行至颌部，环绕口唇，沿面颊，分行至目眶下。

第二节　锻炼经脉的作用

《灵枢·经脉》指出："经脉者，所以决生死，处百病，调虚实，不可不通"，概括说明了经络系统在生理、病理和防治疾病方面的重要性。

经脉之所以能决定人的生和死，是因其具有联系人体全身内外，起着运行气血的基本作用。具有抗御病邪、反映症候的作用。具有传导感应，起补虚泻实的作用。

一、联系全身

经脉是人体气血运行的主要通道，也是联结人体各个部分的基本途径。人体的脏腑、器官、皮毛、孔窍、肌肉、筋腱、骨骼等，就是依靠经络的沟通和联结而成为一个有机的整体。

经脉外行于体表，内属于脏腑，沟通表里，贯穿上下，通过多种通路和途径将机体各个部分，以及脏与脏、腑与腑、脏与腑之间，脏腑与体表，体表与脏腑，官窍、皮肉、筋腱和骨骼之间紧密地联系在一起。 使有机体各部分之间保持着完整和统一。

二、运行气血

《灵枢·本藏》论经脉的作用是："行血气而营阴阳，濡筋骨，利关节。"经气推动气血在经脉中的运行，约束气血的运行轨道，调节气血的容量，对全身脏腑气血阴阳的协调平衡起着总领的作用。没有经脉对全身的维系、协调和平衡，就不可能有机体正常的生命运动。

运行气血的功能，首先取决于“宗气”。《灵枢·邪客》说：“宗气积于胸中，出于喉咙，以贯心脉而行呼吸。”其次取决于出自“脐下、肾间”的“原气”。《难经·八难》指出，“脐下、肾间动气”是“五脏六腑之本，十二经脉之根”。经脉的功能活动表现称为“经气”。经气来源于真气，真气来自先天之原气，又依赖后天水谷精微之气的不断充养，是人体生命活动最根本的动力。原气与胸内的膻中，一上一下，分别称为上下气海。

此外，产生于中部的营气和卫气，依赖于饮食，由“水谷之气”转化而成，营气运行于经脉之中，起濡养全身的作用，并变化为血液；卫气寓布到经脉之外，起保卫全身的作用，抵抗病邪的侵犯，并有调节体温、管理汗液分泌、充实皮肤和温煦肌肉等功能。

由于宗气和原气的参与和推动，“内溉脏腑，外濡腠理”（见《灵枢·脉度》），从而使体内的脏腑和体表的五官七窍，皮肉筋骨，均能息息相通，协调一致。

三、协调阴阳

协调阴阳是除指经络气血营运全身，濡养所有器官组织外，还有“平衡阴阳”的作用。如人体内外、上下、左右、前后、脏腑、表里之间，不仅由于经脉的联系使生命有机体的各个部分相互联系，而且由于阴阳的相互协调，相互促进，相互制约，使气血盛衰、机能动静保持正常节律，从而使机体成为统一的、协调而稳定，并与外部环境息息相关的有机整体。

四、抗御病邪

经脉内联脏腑，外络肢节，当人体正气充足时，经脉之气就能首当其充，奋起抵御外邪的入侵。而当人体正气不足，抵抗力下降时，经络便会成为疾病的传入通路。邪气 (致病因素) 侵入人体，通过经络的传导由表向里，由浅入深，传入内脏，并且还会通过经络系统影响到人体的其他部分。

通过太极拳的练习，由于意念活动能激发经气和经脉本身抗御病邪的功能，从而疏通经脉，“行气血而营阴阳”，营气行于脉中，卫气行于脉外，使营卫之气密布周身。当外邪侵犯机体时，卫气首当其冲发挥其抗御外邪、保卫机体的屏障作用。

第三节　人体穴位

穴位也称穴道。它是沟通脏腑经络气血通于体表部位的特定部位。它是古代医家在针刺、按摩等后所产生的酸麻重胀热凉等感应（称“气至”）的基础上，逐渐发现与形成的。经过反复实践，人们发现这种得气感应不仅在穴位局部出现，还沿着一定的路线向远处传导，从而认识到人体各部之间有联系通路；还发现许多穴位可以治疗远隔部位的病痛，这些穴位往往有规律地排列在一条路线上；进而把这些穴位进行了归纳和分类。人体周身约有 52 个单穴，300 个双穴、50 个经外奇穴，共 720 个穴位。这些穴位中在杨式太极拳里提到了以下几个，务必了解掌握。现介绍如下：

一、劳宫穴

位置：在掌心横纹中，第二、三掌骨之间。屈指握拳时，当中指尖下是穴。（图 6–18）

经属：是手厥阴心包经荥穴。

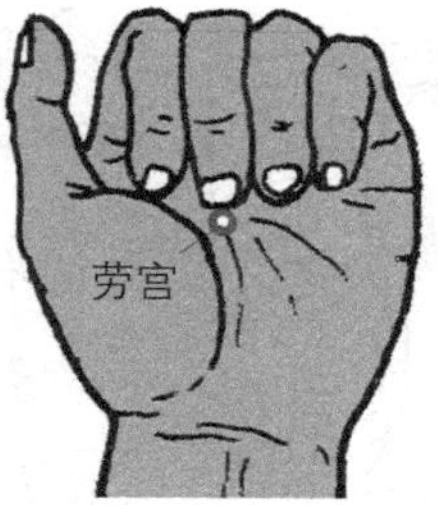

图 6–18

二、百会穴

位置：在后发际正中直上 7 寸，当头部中线与两耳尖连线的交点处。（图 6–19）

经属：是足太阳经、督脉之交会穴。

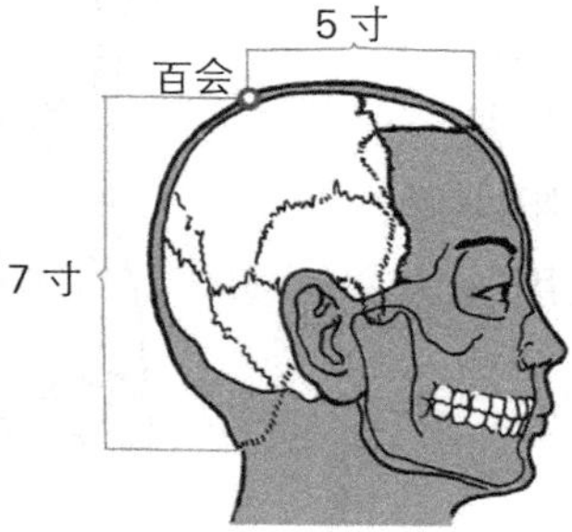

图 6–19

三、膻中穴

位置：在胸正中线上，平第四肋间隙，当两乳之间。（图6–20）

经属：是手厥阴心包经募穴；八会穴之一，气会膻中。

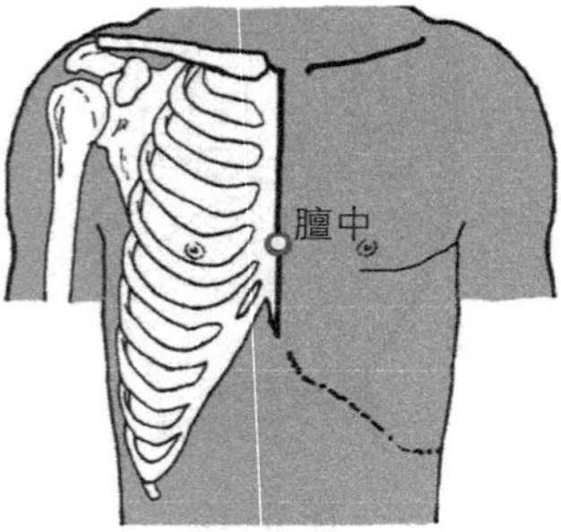

图 6–20

四、丹田穴

位置：在腹正中线上，脐下3寸处。（图6–21）

经属：是任脉与足三阴经交会穴；手太阳小肠经募穴。有强壮作用，为保健要穴。

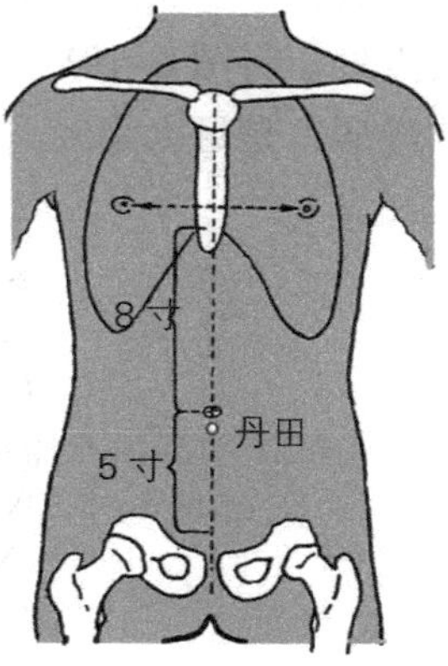

图 6–21

五、会阴穴

位置：在大便前小便后两阴之间。（图 6–22）

经属：是任脉、督脉冲脉交会点。

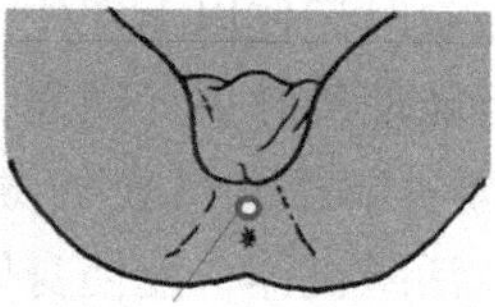

图 6–22

六、涌泉穴

位置：在足底中线瓣前、中 1/3 交点处，当足趾跖屈时，足底前呈凹陷处。（图 6–23）

经属：是足少阴肾经井穴。

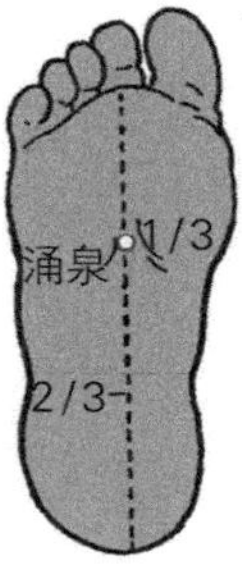

图 6–23

第四节　锻炼穴位的作用

穴位是经络脏腑之气，转输和聚集于体表的地方。人体穴位大都散在于经脉循行的道路上，它与人体各脏腑有密切的联系。因此在练习太极拳时记住以上穴位，才能使内气正确地沿经脉运行。经气运行能使经脉更加畅通，从而使血液循环系统得到改善，能使身体各部得到气血的滋养，能使脏腑功能增强，促进新陈代谢，活跃机体，能使身体健康强壮。